U0908036

国学经典丛书
名家注评本

周易

唐明邦 主编
唐明邦等 注评

长江出版传媒
长江文艺出版社

图书在版编目（CIP）数据

周易 / 唐明邦主编 ; 唐明邦等注评. -- 武汉 : 长江文艺出版社, 2015.7(2023.9 重印)
(国学经典丛书)
ISBN 978-7-5354-8036-1

Ⅰ. ①周… Ⅱ. ①唐… Ⅲ. ①《周易》 Ⅳ. ①B221.1

中国版本图书馆 CIP 数据核字(2015)第 105094 号

责任编辑：张远林　　责任校对：毛季慧
封面设计：新华智品　　责任印制：邱　莉　杨　帆

出版：长江出版传媒　长江文艺出版社
地址：武汉市雄楚大街 268 号　　邮编：430070
发行：长江文艺出版社
电话：027—87679360
http://www.cjlap.com
印刷：三河市百盛印装有限公司

开本：880 毫米×1230 毫米　1/32　　印张：9.75
版次：2015 年 7 月第 1 版　　2023 年 9 月第 4 次印刷
字数：197 千字

定价：78.00 元

编写体例

一、本书内容包括：绪论、《易经》、《易传》三部分。经、传各分原文、注释、评析。末附《易学名词概念浅释》。

二、《绪论》乃总论《周易》的特点、性质、文化内涵、在文化史上的价值及当前研究的新进展，为撰写本书的基本指导思想。

三、原文以《周易正义》为依据，间或参考帛书《周易》。坚持经传区分原则，改变经传间杂传统。经与传分离后，《文言》完全独立，不再列经文之后；《彖》、《象》与经文联系紧密，为利于参照，仍列经文之后，以示分中有合。

四、《象传》分《大象》、《小象》。《大象》与卦辞分离，集中独立成篇，题为《大象传》。《小象》与爻辞分离，集中注评，题为《象传》，文前补以［九二］、［六三］等爻题，以便参照。

五、《系辞》乃《易传》之总纲，特加《释名》，以明指归。上下传均按中心思想重新分章，与古本分章多有差异，原文顺序基本依旧。

六、注释部分，既注重义理疏通，亦不忽视象数分析。解释字义，疏通文理，力求简明扼要，深入浅出，不作周详考证；众说不一者，只列一说，间列别说备考。

七、评析部分，《易经》按每卦经文、《彖传》、《象传》分别评析；《易传》各篇，按新分章次，逐章评析。全书《评析》共二百余节。

八、附录部分，就易学常用名词术语，作简要说明，类似读易小辞典，旨在提供读易基本知识，以利初学入门。

总 序

郭齐勇 武汉大学国学院院长

国学大师钱穆先生曾说“今人率言‘革新’，然革新固当知旧”。对现代人尤其是青年一代来说，缺乏的也许不是所谓的“革新力量”，而是“知旧”，也即对传统的了解。

中国文化传统的源头，都在中国古代经典当中。从先秦的《诗经》《易经》，晚周诸子，前四史与《资治通鉴》，骚体诗、汉乐府和辞赋，六朝骈文，直到唐诗、宋词、元曲和明清小说，在传统经典这条源远流长的巨川大河中，流淌着多少滋养着我们精神的养分和元气！

《说文解字》上说“经”是一种有条不紊的编织排列，《广韵》上说“典”是一种法、一种规则。经与典交织运作，演绎中国文化的风貌，制约着我们的日常行为规范、生活秩序。中国文化的基调，总体上是倾向于人间的，是关心人生、参与人生、反映人生的，当然也是指导人生的。无论是春秋战国的诸子哲学，汉魏各家的传经事业，韩柳欧苏的道德文章，程朱陆王的心性义理，还是先民传唱的诗歌，屈原的忧患行吟，都洋溢着强烈的平民性格、人伦大爱、家国情怀、理想境界。尤其是四书五经，更是中国人的常经、常道。这些对当下中国人治国理政，建构健康人格，铸造民族精魂都具有重要意义。经典是当代人增长生命智慧的源头活水！

长江文艺出版社历来重视中华民族优秀传统文化的传播及普及，近年来更在阐释传统经典、传承核心文化价值，建构文化认同的大纛下努力向中国古典文化的宝库掘进。他们欲推出《国学经典丛书》，殊为可喜。

怎么样推广这些传统文化经典呢？

古代经典和现代读者的阅读习惯及趣味本来有一定差距，如果再板起面孔、高高在上，只会让现代读者望而生畏。当然，经典也不是任人打扮的小姑娘，一味将它鸡汤化、庸俗化、功利化，也会让它变味。最好的办法就是，既忠实于经典的原汁原味，又方便读者读懂经典，易于接受。在这个原则的指导下，《国学经典丛书》首先是以原典为主，尊重原典，呈现原典。同时又照顾现实需要，为现代读者阅读经典扫除障碍，对经典作必要的字词义的疏通。这些必要精到的疏通，给了现代读者一把打开经典大门的钥匙，开启了现代读者与古圣先贤神交的窗口。

放眼当下出版界，传统文化出版物鱼目混珠、泥沙俱下，诸多出版商打着传承古典文化的旗号，曲解经典，对现代读者尤其是广大青少年认知传承经典起了误导作用。有鉴于此，长江文艺出版社推出的《国学经典丛书》特别注重版本的选取。这套丛书30个品种当中，大多数择取了当前国内已经出版过的优秀版本，是请相关领域的名家、专业人士重新梳理的。这些版本在尊重原典的前提下同时兼顾其普及性，希望读者能有一次轻松愉悦的古典之旅。

种种原因，这套丛书必然会有缺点和疏漏，祈望方家指正。

导　言

一、《周易》——东方文化之奇葩

《周易》是我国最古老的文化典籍之一，三千多年来，在中华文明史上一直放射着耀眼的光芒。它对我国哲学、文学、史学、政治、伦理、民俗、宗教，乃至天文、历法、数学、乐律等都产生过重要影响。十七世纪，介绍到欧洲，日益引起西方哲学家、科学家的重视。当前，在某些国家甚至引起“《周易》热”。一部古代文化典籍有如此持久的魅力，在世界文化史上可谓绝无仅有。它的魅力，显示在四个方面：

（一）《周易》是世界文化史上的一部“天书”。它产生在三千年前，文句简朴、古奥，多数人识其字而不明其义，望而生畏，难以卒读；它有一套特殊的符号，即卦爻结构，这些符号同远古占卜方式相联系，令人觉得十分神秘；全书结构严谨，卦辞、爻辞同卦象、爻象相联系，井然有序；古奥词句所反映的思想文化内涵，甚为玄妙，若不经深入研究，往往难得要领。

（二）《周易》产生的历史，是一个奇迹。《汉书·艺文志》就称它是“人更三圣，世历三古”的杰作。传说上古伏羲氏画出八卦，中古文王和周公重卦系辞而演为六十四卦的《易经》，近

古孔子阐发其义理，写成“十翼”，是为《易传》。《周易》是一部占筮之书，演变成哲学典籍，经历了数百年之久，其酝酿成型而丰富完善的过程，为任何其他古代典籍所不可比拟。

（三）《周易》的文化思想价值，异常特出。早在西汉时期，它就被列入学官，视为“六经之首”，同《诗》《书》《礼》《乐》《春秋》诸经不同，它不只提供某一方面的文化知识，尤其为锻炼理论思维能力提供教材，为一切学术研究者所重视。魏晋时期，“玄学”盛行，《周易》又驾乎《老》《庄》成为“三玄之冠”，为提高中华民族的抽象思维能力，发挥过重大影响。三千年来，研究《周易》，揭示其象数奥秘，阐发其精深义理者，代不乏人，各有著述，形成了一门独立发展的学科——“易学”。易学史上，学派甚夥，《四库全书》将其概括为“二派六宗”。迨及近代，不少中外科学家将《周易》象数同现代自然科学相结合，在传统的象数派和义理派之外，又异军突起科学易学派，此派发展迅猛，方兴未艾。

（四）称《周易》为东方文化之奇葩，尤在其玄妙的义理在世界文化史上独树一帜。它为人们提供了一幅特殊的宇宙演化图式，即所谓“《易》有太极，是生两仪，两仪生四象，四象生八卦”。（《系辞上》）以太极为原初的这一宇宙演化理论，力求探索宇宙的起始及其演化过程，立论恢宏，思虑玄妙，基本上奠定了东方哲学思维模式的基础，影响极为深远。《周易》哲学的另一特点，在于建立了“三才”统一的宇宙论，主张“立天之道，曰阴与阳，立地之道，曰柔与刚，立人之道，曰仁与义”。（《说卦》）三才之道的统一，涵盖了宇宙之阴阳消长，万物之刚柔变化，人生之道德准则，致广大而尽精微，极高明而道中庸。三千年来，《易》乃大道之原，已成为中华民族的共识，并已日益得到国际易学同仁的认同。

二、《易经》的结构及其文化内涵

《周易》一书分《易经》《易传》两大部分。经乃占筮之书，编成于殷周之际，为上古巫史文化的遗存；传乃战国中后期作品，为自成体系的哲学著作，反映新兴封建阶级的世界观。

《易经》结构特殊，体系井然，由符号系统和文字系统两大部分有机组合而成，如此体例的哲学著作，世界文化史上实属罕见。

《周易》的符号系统，由八经卦（三画卦）和六十四别卦（六画卦）组成。八卦和六十四卦的卦象都由阴（⚋）、阳（⚊）两个符号依不同次序组合。

八卦指：乾（☰）、坤（☷）、坎（☵）、离（☲）、震（☳）、巽（☴）、艮（☶）、兑（☱），代表天、地、水、火、雷、风、山、泽八种物质性的东西。远古之人认为这是构成宇宙万物的八种基本物质要素。

六十四卦，每卦六爻，分别由两经卦构成。六十四卦有一定先后次序，卦序中包含有深刻哲理，其中否泰，剥复，损益、鼎革，既济未济等卦，从卦名即可看出有着对立统一关系。每卦六爻，又组成一个独立的系统结构，内部存在着贞悔、三才、比应、承乘、互体、旁通等关系。

《周易》的文字系统，包括六十四节卦辞，三百八十四节爻辞。其文字内容多从上古占筮所得的繇辞筛选而来，还有一些属于古代的民歌、民谣、哲理格言等。

卦辞断一卦之吉凶，爻辞断一爻之休咎，卦、爻辞中，包括取象之词，叙事之词，断占之词等不同组成部分。

符号系统和文字系统显然各有特点。符号系统的特点，在于使思想规范化，系统化，乃至图式化；但有很大的局限性，它是一些“空套子”，不辅以卦爻辞则难于独立表述某种固定的思想。文字系统的特点，在于古奥的词句具有鲜明的形象性，而这些形象所表述的思想，除极少记述特殊历史事件外，大都超越时空，没有固定所指，它同符号一样，也类似一些“空套子”，可以任人拟议，这些词句向无确诂，而富有极大的再诠释性。符号系统与文字系统相互诱导，相互启发，演成极为繁复、言人人殊的理解义。

《易经》包含的四百五十节卦爻辞，有着广泛的文化内涵。如果将它从卦爻象中独立出来，从研究上古文化知识的角度加以考察，所包含的自然、社会知识内容，大体可分为如下一些方面（各举一、二例以窥全豹之一斑）：

关于自然现象、自然规律的知识。“履霜，坚冰至。”（坤六二）“密云不雨，自我西郊。”（小畜卦辞、小过六五）

关于阶级矛盾、政治斗争的知识。“大君有命，开国承家，小人勿用。”（师上六）“何校灭耳，凶。”（噬嗑上九）

关于古代战争的记载。“高宗伐鬼方，三年克之。”（既济九三）

关于古代农业、畜牧业的知识。“不耕获，不菑畬。”（无妄六二）“畜牝牛，吉。”（离卦辞）

关于商业、交通知识。“旅即次，怀其资，得童仆。”（旅六三）“贲其趾，舍车而徒。”（贲初九）

关于历史事件。“王用享于岐山。”（升六四）“帝乙归妹。”（归妹六五）

关于婚姻习俗。“归妹以须，反归以娣。”（归妹六三）“枯杨生华，老妇得其士夫。”（大过六五）

关于祭祀、占卜。“王用享于帝。”（益六二）“初筮告，再

三渎，渎则不告。”（蒙卦辞）

关于伦理思想。“不恒其德，或承之羞。”（恒九三）“不事王侯，高尚其事。”（蛊上九）

古代的民歌。“鸣鹤在阴，其子和之；我有好爵，吾与尔靡之。”（中孚九二）

哲理格言。“无平不陂，无往不复。”（泰九三）“其亡其亡，系于苞桑。”（否九五）“介于石，不终日。”（豫六二）

总之，《易经》中包含的古代思想文化资料相当丰富，剥去其占筮体系的外壳，不难发现其古奥文句中，保存着许多宝贵的上古知识。难怪历史学家从中考证出殷先祖王亥“丧牛于易”的故事。（旅上九）民俗学家发现有古代抢婚制度的记录。（屯六二：“屯如邅如，乘马斑如，匪寇，婚媾。”）天文学家从中找到世界上最早关于太阳黑子的记载。（丰六二：“丰其部，日中见斗。”）研究气功的人，发现有关于运气过程的描述。（艮卦卦爻辞）

三、《易传》对《易经》思想的重大发展

《易传》是阐发《易经》思想的论著，古称“十翼”，它是研究《易经》的十篇辅助资料，是在《易经》这部“占筮之书”问世之后，经过后人长期研究，到战国中后期才写成的第一部易学专著。古人认为它是孔子一人所作，近代学者考证，它决非一人所写，而各篇写作时间也先后不一。不过，这十篇论述易理的文章，观点大体一致，在思想史上自成体系，反映的是战国中后期新兴封建阶级积极进取的思想面貌。

《易传》尽管是阐发《易经》的哲学论著，却同《易经》思想有很大历史差异，其中许多思想并非《易经》所固有，无非是

借《易经》思想框架，发挥作者自己的世界观和思维方法。

《易传》思想体系中，关于“形而上者谓之道，形而下者谓之器”的原理，关于河图、洛书之说，关于太极两仪的理论，关于大衍之数和天地之数的说法，以至关于四营十八变的占筮方法等，在《易经》经文中都找不到根据。

《易传》对《易经》的重大发展，在于它将一部占筮之书，改造成为理论性很强的哲学著作，如果没有这个改造和发展，《易经》在中国思想史、文化史上的地位和作用将会大为改观，远不会有后来这么高的学术价值。《易传》在哲学史上的价值，在于它营造了一个比较精致的客观唯心主义宇宙观，更可贵的是其中包含了相当丰富的朴素辩证法思想。它的唯心主义思想为历代唯心主义者所继承和发展，其朴素辩证法思想对后代辩证法思想家们的理论有着极为深远的影响。

首先，《易传》建立了“天地絪缊，万物化醇”的宇宙发展观。它肯定天地万物不断推移变化，人类社会的物质文明和精神文明都是不断进化发展的。《易传》将自然和社会不断变化发展，视为普遍规律，要求人们的思想和行为，应当同这一普遍规律相适应。它说：“《易》之为书也不可远，为道也屡迁。变动不居，周流六虚，上下无常，刚柔相易，不可为典要，唯变所适。”（系辞下）

其次，《易传》提出了可贵的“刚柔相推，变在其中”的变化内因论。认为事物运动变化的原因，不是某种超自然的神灵主宰，而是事物内部固有的一阴一阳两种对立力量作用的结果。它把阴阳双方对立的基本属性规定为一刚一柔，“刚柔相推而生变化”。由于事物内在力量的“刚柔相推”或“刚柔相摩”，从而万物“生生”不已，大化“日新”又新。

再次，《易传》明确地论述了“穷上反下”、“革故鼎新”的矛盾转化思想。认为事物内部矛盾着的双方，既有着统一性，也存在斗争性，矛盾的双方是可以相互转化的，犹如“日中则昃，月盈则食”。事物的转化，不只是循环往复，而且有“革故鼎新”的前进运动。

《易传》阐述的天地人“三才”统一原理，为历代思想家所重视，成为一脉相承的东方思维模式。它指出：“立天之道，曰阴与阳；立地之道，曰柔与刚；立人之道，曰仁与义。”天道、地道、人道相统一，构成天人之际三纲领，包含了宇宙演化，社会发展，人际关系的广泛思想内容。这种天人一体的宏观宇宙哲学，在世界思想史上具有极大优越性。

四、易学及其发展历史

《周易》问世后，最早见于《左传》记载，在鲁庄公二十二年，即公元前672年。近三千年来，研究《周易》者代不乏人，为阐述易理而留下的易学著作，不下三千种，形成独立发展的易学史。所谓“易学”就是历代学者对《周易》一书所作的种种解释，这些千差万别的释解，形成了一套同中有异、异中有同的理论体系。

近三千年的易学发展史，大体上可分为六个各有特色的历史时期。

先秦易学。在言、动、象、占充分发展的基础上，逐步理论化，终于以《易传》为代表，发展《周易》哲理，奠定易学发展的理论基础。

两汉易学。成为经学的分支，以象数推演为特色，卦气、纳甲、爻辰名目繁多，开辟了《周易》象数学传统。

晋唐易学。受魏晋玄学影响，以王弼易学为代表，扫象言理，将易理玄学化，开《周易》义理派之先河。

宋明易学。以程朱易学为代表，沿义理派发展，将易学伦理化，成为宋明理学的核心内容。同时兴起以邵雍为代表的先天象数学派，将河图、洛书引入易学，使《周易》日益神秘化，以致其末流同江湖术数混杂。

清代易学。王夫之等易学大师，将象数与义理结合，作出重大贡献。后来受汉学影响，着重清理中断多年的汉易，力图回到汉易传统。

五四以后，学者们在新的科学方法指引下，打破汉代以来“以传解经”的传统研究方法，恢复《易经》和《易传》的本来面目，开创《周易》研究新局面。当前的《周易》研究，在义理、象数两方面都各有深入。同时不少现代自然科学家热心加入易学研究行列，力图将《周易》象数同现代科学相结合，势将形成异军突起的科学易学派。

人们常说，“诗无达诂”。从易学史看来，也可说“《易》无达诂”。不同时代的易学，受其时代学术文化氛围的影响，无不打上时代烙印。同一时期的易学流派，除主流外，亦存支流，不可一概而论。

值得深思的是，一部文化典籍，或哲学著作，为什么竟能历三千年而不衰，并且迭起新意，久而弥新？这种现象，在世界文化史上不可多得。这是中华民族智慧的特殊产物，世界学术界日益重视它，不是没有理由的。有人称《周易》为外星人智慧的启示录，如果以此形容《周易》的神奇作用则可，苟信以为真，则难免有贬低中华民族智慧之嫌。

五、《周易》蕴涵的民族意识特征

作为“六经之首”的《周易》，是古代士人研习哲理的良好教科书，的确教育培养了一代又一代哲人，在中华民族理论思维发展史上，有着不可磨灭的贡献。

《周易》尤其以雄伟的气概，博大的情怀，哺养中华民族意识，对涵养我国人民坚强的凝聚力，产生了深远的影响。精湛易学思想的深层结构，可谓国魂之典范，其基本要领，表现为以下三端。

突出的主体意识，此其一。“天行健，君子以自强不息。”“地势坤，君子以厚德载物。”《周易·象传》提倡刚健自强的名言，早已成为中华民族的共识。自强不息精神。激励着历代政治家、思想家、科学家发愤图强，勇于探索，敢于标新立异，发扬“舍我其谁”的主人翁意识，在社会面临狂风巨浪之时，勉作中流砥柱，挽狂澜于既倒。历代无数爱国民族英雄，大无畏的政治革新家，探索宇宙奥秘的科学家，他们身上无不凝聚着这种“自强不息”精神。

强烈的忧患意识，此其二。《易传》云：“作《易》者，其有忧患乎?”又云：“《易》之兴也，其当殷之末世、周之盛德邪?当文王与纣之事邪?是故其辞危。危者使平，易者使倾。”（《系辞下》）中国流行的许多格言，如“生于忧患而死于安乐”，“多难兴邦”，“艰难困苦，玉女于成”，都是关于忧患意识的重要性的论述。具有忧患意识的人，都是忠贞不渝的爱国主义者，他们那忧国忧民的崇高思想，鼓舞着一代代人的刚健、自强的奋发精神，为民族的兴旺、国家的富强作出光辉贡献。中华民族虽迭经忧患，而依然屹立于世界的东方。

坚定的革新意识，此其三。《易传》主张“革故鼎新”，宣扬“汤武革命，顺乎天而应乎人”。革新进取思想，贯穿《周易》全书。历代政治家、科学家在革新进取精神激励下，破除迷信，解放思想，推动社会进步，科技革新。

国有国魂，民族有民族魂，它是一个国家民族最高精神的集中表现。国魂或民族魂，是千百年来一脉相承的优秀思想传统的结晶，是一个国家、民族强固凝聚力的象征。在我国，孔子的“仁”，老子的“道”，墨子的“兼爱”，都不足以当国魂之美名。我们的国魂，充分显示在上述《周易》思想精华中，其基本思想为历代进步思想家所继承和发扬，深入人心。

六、《周易》——打开宇宙迷宫之门的一把金钥匙

我国历代科学家，为探索宇宙和生命的奥秘而呕心沥血。他们对科学技术的发展作出了永垂史册的贡献。十七世纪前，我国科学技术一直居于世界科技发展的前列。不言而喻，科学家们在探索宇宙、生命奥秘时，掌握着锐利的思想武器。要打开神秘的科学殿堂，手中若无一把金钥匙，那是不可能的。基于这种考虑，著名科学家爱因斯坦，为中国人在科学上的卓越创造力感到十分惊奇，曾经说过众所周知的这样一段话：“西方科学的发展，是以两个伟大的成就为基础，那就是希腊哲学家发明形式逻辑体系（在欧几里德几何学中），以及通过系统的实验发现有可能找出因果关系（在文艺复兴时期）。在我看来，中国的贤哲没有走上这两步，那是用不着惊奇的。令人惊奇的倒是，这些发现（在中国）全都做出来了。”（《爱因斯坦文集》第一卷，第573页。）爱因斯坦的惊奇，引人深思。中国古代科学家深入宇宙迷宫，做出了举世公认的科学技术创造，他们究竟掌握了什么神奇的思维

方法和科学方法？

古代科学家的思维方法和科学方法，同他们所受的优秀文化教养分不开。这种教养是多方面的。而易学思想的熏陶，可以说是其主要方面。在古代，《周易》作为“六经之首”，人人必读。诸经之中，唯独它对于锻炼人们的理论思维能力起着特有的重要的作用。

首先，《周易》哲学为科学家们提供了先进的思维方法。它帮助科学家建立大化流行，生生不息的宇宙发展观；建立万物变化日新，物极必反的矛盾转化思想；建立仰观俯察，穷理尽性的认识论原则；建立人能“赞天地之化育”的主体能动性思想。《周易》阐述的“一阴一阳之谓道”，“刚柔相推而生变化”的宇宙观，较之西方中世纪的科学家们的宇宙观，不能不具有优越性。《周易》尤其蕴涵着丰富的朴素辩证法思想。古代科学家虽未掌握完备的形式逻辑，却十分熟悉以《周易》为代表的古代辩证逻辑，这对于他们打开宇宙迷宫，无异于一把金钥匙，有了它，许多科学难题便迎刃而解。

其次，《周易》象数为科学家们提供了有益的思维模式。象数思维法是《周易》特有的思维方法。它借助《周易》的卦象和爻象，进行形象思维，取象比类，触类旁通，以推动理性思维的发展。人们在思维过程中，把握思维客体，加工思维内容，形成理性认识，都通过易学象数的推衍程式。

易学象数思维方法，在中华民族幼年时期开始形成，几千年来不断充实发展。它经受住时间的考验，对古代科学家有着持久的魅力。

取象比类，是象数思维的基本特征；阴阳对称，刚柔调和，是象数思维的致思准则；整体思维，是象数思维的合理内核；注重节律性，强调序列性，是象数思维的突出优点。象数思维方法同西方形式逻辑思维方法不同的地方，在于它不只提供一种思维形式，同时诱导思维内容，它是思维内容同思维形式紧密结合的一种奇特方式。

象数思维方法，有利于总结人类的实践经验，便于归纳现象，作出新的结论，进行演绎推理。它是归纳法与演绎法的结合。它既非单纯讲综合，亦非单纯讲分析，而是巧妙地将分析与综合统一起来，形成一种独特的思维模式。

象数思维方法，是中华民族理论思维的特殊方式，是古代先哲智慧的结晶。数千年来，一脉相承. 对科学思维的发展起着重要作用。在古代科学技术的各个领域，都曾经普遍地加以运用。打开中国古代科学技术史，我们不难发现：天文学家，借用象数显示星移斗转的周期；历法学家，借用象数描绘阴阳消长、物候变化的节律；医学家、气功师借用象数总括人天统一的节度；乐律学家，借用象数表志律吕损益的法则。古代的治河专家，在统筹治理黄河、淮河、运河这样浩大的系统工程时，若无精密的象数思维的锻炼，要使工程指挥若定，万无一失，简直是不堪想象的，难怪历史上著名的治河专家，多是训练有素的易学家。

七、《周易》对现代科学方法论的启迪

《周易》在海内外日益受到现代自然科学家的青睐，这不是偶然的。人们意识到它可能给予现代科学方法论以某种有益的启迪。以往的易学家对此是难以想象的。

一部世界科学技术史，向人们显示了一个普遍真理，每一门自然科学的新发展，都必然同新的科学方法相联系。杰出的科学家们的成功事实表明，他们之所以在科学上作出新的贡献，除了受到当时生产、科学实验和科学发展水平的影响外，起决定作用

的是他们采用了与众不同的新的科学方法。当前，为了推动科学技术发展，科学方法论的研究，已日益提到重要地位。

现代科学方法论，乃是对各门自然科学特殊方法论的概括和总结，它随着特殊方法论的发展而不断发展。现代自然科学飞速发展的事实证明，不但各门自然科学的特殊方法日新月异，而且各特殊方法之间相互渗透、融摄的情况已愈来愈突出。自然科学的一般方法，如模拟方法、数学方法、系统方法、类比方法等，已经超出某一门自然科学而成为各门自然科学通用的方法了。

令人感兴趣的是，人们日益发现，一些现代自然科学通用的方法，往往可以从《周易》哲理和《周易》象数中得到某种启示或者说有某些相通、相似之处。

最早萌发这一意识的，无疑是德国著名哲学家、数学家莱布尼兹（1646—1716）。他在十七世纪末年，发明了“二进制新算术”，即今天电子计算机所用的二进制数学原理。当他看到友人由中国寄给他的《周易》卦象图后，欣喜异常，于1697—1702年间，连续给这位在中国研究《周易》的友人鲍威特·白晋（Bouvet）通信，十分称赞《周易》的奥妙，特别谈到他的二进制算术与中国古代《易图》的关系：“这个《易图》，可以算现存科学之最古的纪念物。然而这种科学，依我所见，虽为四千年以上的古物，数千年来却没有人了解它的意义。这是不可思议的，它和我的新算术完全一致。……要是我没有发明二元算术，则此六十四卦的体系，即伏羲《易图》，虽耗费许多时间，也不会明白的吧！”（转引自朱谦之《中国哲学对于欧洲的影响》，第231页，福建人民出版社，1985。）鲍威特送给莱布尼兹的两个易图，是《伏羲六十四卦次序图》和《伏羲六十四卦方位图》（圆图中含六十四卦方图）。两图均由宋代邵雍所绘，载于朱熹《周易本义》卷首。莱布尼兹用二进制算术符号 1 代表⚊（阳爻），用 0 代表⚋

(阴爻)，正好可以将六十四卦卦象用数码代替。他所说的“完全一致”，就是这个意思。二千多年前承传下来的易卦符号，可以用最新的二进制算术法则加以破译，在人类文化史上不能不说是一个奇迹。这一奇迹的出现，理所当然地引起世界科学家们的注意。

在当代，《周易》象数对现代科学方法的启迪，突出地反映在量子论的创立者玻尔的认识中。玻尔创造性地提出“原子结构模型”假说，并得到证实。他将自己的卓越创造归功于《周易》太极图的启发，以至对太极图十分崇拜，用太极图设计族徽，以志永恒纪念。玻尔如此崇拜太极图，大概是由于他从太极图中得到常人所不易得到的启示，比如：相对原理，互补原理等。尽管在太极图中这些原理是异常模糊的，未有科学表述，对于一个深思熟虑的科学家，可说是心有灵犀一点通，发生了化腐朽为神奇的妙用。

当然，我们不能说《周易》象数本身具有如此神通，可以使科学家作出重大科学发现。科学家的创造发明，是长期科学实验取得的成果，本与《周易》象数无关。不少科学家崇拜《易图》、太极图，原因何在？这只能说科学家们在费尽千辛万苦而作出重大科学发现与发明之后，力图将自己取得科学成果的科学方法加以总结，使之上升为普遍的法则，这时他们的思维需要而且可能超出专业知识的狭隘圈子，产生思想上的飞跃，力图从抽象思维方法中去寻求帮助，《易图》、太极图正好能发挥其抽象的“宇宙代数学”的特点，给予科学家以某些意外的启示。这种情况，正如牛顿从苹果落地的现象中得到地心引力存在的启示，瓦特从茶壶盖受蒸汽冲动而启闭的现象中得到创造活塞引擎的启示一样，具有很大偶然性。

在“《周易》热”蓬勃发展的今天，可以预期古老的中华

《易图》所蕴涵的整体观念、系统原理、序列思想、相对原理、对称图式、互补原则、模糊原理、均衡思想、周期循环思想、太极观念等，肯定能够给予世界科学家以更多的新的启示。果真如此，则不唯人类科学发展之福，亦乃中华民族优秀文化之光。

八、《周易》研究的新进展

建国以来，《周易》研究工作不断发展。学者们从不同侧面，用不同方法，剖析《周易》思想体系，总结易学历史，力图解开千古之谜。1984 年初夏，在武汉东湖之滨举行了易学史上的空前盛会——中国《周易》学术讨论会，对三十多年易学研究成果做了大检阅。人们高兴地看到，易学研究引进了现代科学的新方法，利用了近年考古发掘的新资料，开拓了《周易》研究的新领域，提出了许多新课题，标志着易学研究进入一个新时期。1987 年在济南召开的国际《周易》学术讨论会，是这一研究风尚的进一步发展。《周易》研究的新发展，展示在以下诸方面：

关于八卦起源问题。八卦是无字“天书”，其神秘性在世界文化史上首屈一指。关于它的起源，言人人殊。郭沫若认为“八卦是既成文字的诱导物”，先有文字，后经改变方位、减省笔画而成八卦。冯友兰认为八卦由模仿占卜的龟兆而来，是标准化的“兆”。高亨认为八卦中的阴阳爻象征占筮用的两种竹棍，八卦是有节和无节两种竹棍的不同排列方式。李镜池认为阴爻和阳爻象征古代结绳记事中的小结和大结，古人用结绳方法记录占筮之数，后来衍化为八卦。诸种假说均缺乏文物验证。1980 年，张政烺提出一种新假说：八卦由古代数卜记录符号演化而来。他分析了陕西岐山出土的周原卜甲、安徽阜阳出土的双古堆汉墓《周易》残简、湖北江陵天星观出土的战国楚墓中的卜筮残简上面的大量奇异数字，肯定那些奇异数字都是筮数记录符号，先有一、五、六、七、八、九等字，逐渐省为一、六、七、八四字，最后省为一、六二字。如以阳爻（⚊）代替一，以阴爻（⚋）代替六，即成八卦。这一发现对探讨八卦起源，筮数同卦象的关系，打开了新思路。

关于《易经》成书年代。多年的探讨，形成三派观点。郭沫若答李镜池书，主张春秋战国说，认为西周金文中无八卦痕迹，乾坤等字古书中很晚才出现，妇女从一而终的道德观念已见于《易经》，足见《易经》不会早于春秋时期。张岱年认为《易经》成书于西周初年，高宗伐鬼方、帝乙归妹、箕子之明夷等，都是商及西周初年的故事，周成王以后的故事未见引用，故其成书不应晚于成王时代。萧萐父认为《易经》乃殷周之际作品，其卦爻辞乃从古代筮辞中筛选而来，《易经》乃供占筮用的简明定本，殷周之际已编纂成书。

关于《易经》《易传》的性质。有人认为《易经》只是占筮之书，够不上思想体系，只个别卦爻辞可以分析出哲学观点。有人认为《易经》不应称为占筮之书，它有严整的思想体系，从来就是古代哲理著作。《易传》是自成体系的哲学著作，人所公认。关于它的哲学性质，认识却大有分歧。有的认为，它是唯物主义宇宙观，有的认为它是客观唯心主义体系。冯友兰认为：《周易》哲学"可以称为宇宙代数学"，它一讲"流行"，二讲"对待"。若加上一个原则，就是"发展"，这样便可构成一套比较完整的辩证的宇宙代数学。

关于易学发展史。近三千年的易学史，以往人们很少专门研究。学者们只用汉易、晋易、宋易等称呼，概指不同时期的易学，易学史分期的概念，从不明确。六十年代初，刘蕙孙最先提出古代易学发展史当分五个时期，即作为占筮之书的早期阶段；

符号、文字结合的《周易》定型时期；渗入五行学说的战国秦汉时期；玄学化的魏晋时期；理学化和江湖术数化的宋元明清时期。潘雨廷认为易学发展应分为“三古”易、汉易、魏晋易、唐易、宋易、清易、现代易七个发展阶段。朱伯崑认为，一部易学史当分为先秦时期、汉唐时期、两宋时期，明清时期、近代。他已完成多卷本《易学哲学史》巨著。近年来，加强易学史研究，已成为共同努力趋向，不同风格的易学史正在撰写中。唐明邦已在武汉大学开设《易学源流举要》课。

关于《周易》象数学。长期以来，学者们对《周易》义理的研究相当重视，在哲学、史学、文学、政治、伦理诸方面都有专门探讨，文字训诂声韵方面亦多涉猎，唯独在《周易》象数方面很少有人问津。尚秉和坚持“以象解易”，著《周易尚氏学》（1980年出版），是研究象数学的仅存硕果。近年来，学者们在现代科学方法论启发下，开始认识到《周易》象数学并非一无是处，不能一概否定，它对人们认识客观世界，曾有某些积极作用；象数思维模式，正是易学同科学技术结合的基础。汉代周易象数学，以象解易，提出卦气说、纳甲说、爻辰说、八宫说等，向烦琐哲学发展，后来走向自己的反面。王弼扫象而言理，乃汉易发展物极必反的必然结果。

王弼扫象，突出义理，在易学发展史上，自然有其功绩。不过尔后数百年间，象数学受到歧视，其中有关象数思维方法的合理成分亦被简单地抛弃，对易学发展造成了不利影响。宋代朱震、邵雍、蔡元定等，拾象数学之遗绪，引起学者重视。清代易学家乃掀起重新研究汉易的学术风气。随着道教、气功、武术的发展，《周易》象数学的研究已出现新的转机。

宋元以来，流落民间的江湖术数日趋活跃，多借阴阳、五行、八卦、易图掩人耳目以售其术，以致广大群众往往将五行、八卦、太极图与江湖术数等同，欲对易学象数作科学研究者，往往望而却步，这是自然的。

当前《周易》研究的发展趋势，是从哲学、社会科学、自然科学诸方面进行多角度、多侧面、多层次的交叉综合研究。易学阐扬的刚健主动、自强不息的民族传统精神，定将大大发扬；《周易》范畴体系的逻辑结构，终将得到完整的揭示；《周易》象数思维模式在科学思维中的地位与作用，终会得到肯定；易学思想体系及其价值取向同当今物质文明和精神文明建设的关系，终会得到科学回答。随着现代科学研究方法的发展，在交叉综合研究中，知识结构的互补作用的发挥，《周易》思想体系的科学价值，将日益得到认同。处于中西文化不断交流融会的今天，《周易》发挥着中西文化的一个结合点的作用，这是值得庆幸的。

目　录

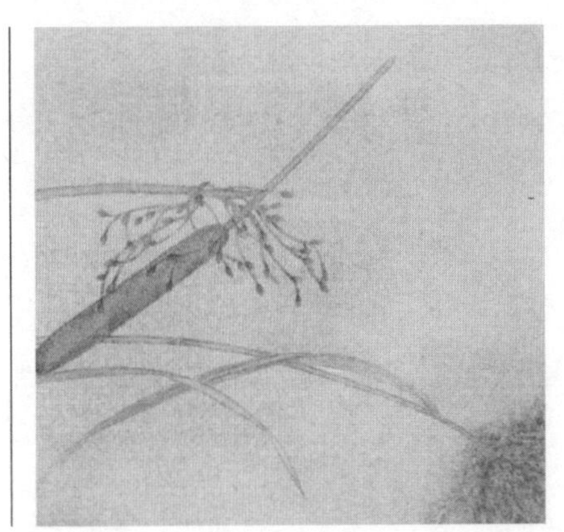

易经　彖传　象传

乾䷀（乾下乾上）

乾：元、亨、利、贞①。

初九：潜龙，勿用②。

九二：见龙在田，利见大人③。

九三：君子终日乾乾，夕惕若。厉，无咎④。

九四：或跃在渊，无咎⑤。

九五：飞龙在天，利见大人⑥。

上九：亢龙，有悔⑦。

用九：见群龙无首，吉⑧。

【注释】 ①乾：卦名，意谓健。卦象乾下乾上，由六阳爻组成。元、亨、利、贞：卦辞，总论乾（天）的德性。《周易程氏传》："元亨利贞，谓之四德。元者万物之始，亨者万物之长，利者万物之遂，贞者万物之成。"开始、发展、成熟、收藏，反映了事物发展的节律。贞下起元，循环不已，体现天行健的全意。 ②初九：爻题。谓阳爻（九）居初位。易卦六爻，次序由下而上。第一爻为初，第六爻为上。阳爻读九，阴爻读六。初、上二爻，先读爻位，后读爻象，如初九、上九；二、三、四、五各爻，先读爻象，后读爻位，如九二、九三、九四、九五。 潜龙勿用：爻辞。潜：隐藏。龙：传说中的动物，其特性变化莫测，隐现无常，代表阳爻的德性。潜龙：喻事物发展尚处在潜伏阶段，积聚力量，待时而兴。勿用：断占之词，谓不宜有所作为。 ③见：同现，显现。田：田野，地上。 见龙在田：谓龙不再潜藏深渊，而显现于地上。喻事物已有所发展。 利见大人：断占之词，谓筮遇此爻，利于大德之人出来治世。 ④乾乾：不倦怠。 惕：警惧。 若：语词。 惕若：谨慎小心的态度。 厉：危险。 无咎：断占之词，没有过失。 白天勤奋努力，夜里忧惧警惕，虽陷危险境地，亦可免于咎过。 ⑤或跃：似跃而未跃。 或跃在渊：谓龙不安于潜藏，欲有跃动，仍待时机来临，不莽撞行事，故无咎。 ⑥飞龙在天：喻事物顺利发展，趋于极盛，若游龙飞天，得意自在。 ⑦亢：极高。 亢龙有悔：喻龙飞过高，超过极限，向反面转化，故有悔。 ⑧用九：乾卦特有的爻题。古代筮法，本卦为乾，变卦亦为乾，无爻变，六爻皆九，则以"用九"爻辞断占。无首：首尾相衔，无有开端。或谓群龙并出，无为首者，不居首位，则无过亢之灾，故吉。

【评析】 一、乾卦六爻爻辞从总体上看，龙由潜而见，由或跃而飞天，喻事物发展有其由酝酿到发展、由低级到高级的发展过程，蕴涵着可贵的发展、变化观点。

二、九三爻辞，谓朝乾夕惕，虽厉无咎，暗示经过主观努力，可化险为夷，转危为安。

三、亢龙有悔，喻"物极必反"、祸福相倚的深刻哲理。

【彖传】[①]

大哉乾元，万物资始，乃统天[②]。云行雨施，品物流形[③]；大明终始，六位时成，时乘六龙以御天[④]。乾道变化，各正性命，保合太和，乃利贞[⑤]。首出庶物，万国咸宁[⑥]。

【注释】 ①彖：断。《彖传》为《十翼》之一，分上下篇。上经之《彖传》为《彖上》，下经之《彖传》为《彖下》。 六十四卦之卦辞，又称"彖辞"，以之断一卦之吉凶；《彖传》即对各卦卦辞意义的阐发。

《彖传》本独立为篇，汉人将其分别列于各卦卦辞之后，唯乾卦《彖传》列于所有卦辞爻辞之后。本书依乾卦例，一律列于每卦卦爻辞之后。此节《彖传》是对乾卦卦辞“元亨利贞”的阐发。 ②乾元：万物之本原。《周易》提出“乾元”与“坤元”，作为对立统一的宇宙万物的本原。故云“大哉乾元，万物资始”，“至哉坤元，万物资生”。乾元为阳，坤元为阴，阴阳合和，化生万物。阳为主，阴为从，故乾元“统天”，坤元“顺承天”。 ③云行雨施：乾元的运动变化，如云行于天，雨施于地，以利万物生长。 品物流形：万物各具形态而不断发展。 ④大明：指太阳，象征乾元。 终始：日出日没，终而复始，普照大地。 六位：指乾之六爻，各有其位，依时而成。 六龙：指乾卦六爻，象龙之潜、见、惕、跃、飞、亢，升降变化。 御天：驾御天道变化，喻事物生长、发育、成熟、收藏的变化过程。 ⑤乾道：乾元。 性命：万物各具生命与特性。 保合：保持乾元坤元的交合。 太和：乾坤二元、阴阳二气的对立统一状态。 利贞：顺利、贞固。二气调和，万物乃“利”，二气保合，万物乃“贞”。 ⑥首出庶物：指乾元为万物之始。 万国咸宁：指象征乾元的君主，可使万国安宁。

【评析】 一、元亨利贞，谓之“四德”，象征事物发展具有生长、发育、成熟、收藏四个阶段。卦辞并未阐发其具体含义。《彖传》将此变化过程普遍化，使之成为自然、社会、人事变化的普遍进程。

二、《彖传》特别强调乾坤、阴阳二气的统一调和，是万物生长变化的必要前提。自然与社会只有保持对立统一的太和状态，才能永恒通利。“保合太和”的矛盾调和状态是普遍有利的，是事物发生发展的根本所在。

【象传】[①]

［初九］“潜龙勿用”，阳在下也[②]。

［九二］“见龙在田”，德施普也[③]。

［九三］“终日乾乾”，反复道也[④]。

［九四］“或跃在渊”，进无咎也[⑤]。

［九五］“飞龙在天”，大人造也[⑥]。

［上九］“亢龙有悔”，盈不可久也[⑦]。

［用九］用九，天德不可为首也[⑧]。

【注释】 ①《象传》：又简称《象》，分上下两篇，各有《大象》和《小象》。《大象》是对卦辞的解释。本书将六十四卦的《大象》部分集中注释评论，不再分散到各卦。《小象》是对爻辞的解释。本书将这一部分按所释的卦集中注释，如乾卦之例，不再分散插入各爻，便于读者掌握经文和传文的不同思想内容。 ②释乾初九取“潜龙”之象的原因。九为阳，初为六爻之下位。阳居下位，不利。因其违反阳当在上、升腾之本性，故宜“勿用”。 ③释九二，龙现于田，表明已开始改变潜伏不动的状态；与此爻象相应，利见大人，表明大德之人经过潜藏修养，可以将大德普施于世，为世造福了。 ④释九三，终日自强不息，正是因为世道有反有复，前途坎坷，不可掉以轻心，需经主观努力，乃可处危厉而无咎。 ⑤释九四，或腾跃，或潜渊，进退自如。在潜伏之后，取向于“进”，求得新的发展，前途美好，无咎。 ⑥释九五，九为阳爻，五为阳位，阳爻居阳位，显示光明正大。象潜龙经过潜藏，积累了力量，飞腾于天，喻大人德才兼备，大有作为，造化光辉前景。 ⑦释上九，龙飞过高，不可持久；若阳极生阴，乐极生悲，物极必反，故有悔。 ⑧用九：即九之用。古代筮法，按“大衍之数”规定，四营三变而得七、八、九、六之数，七、八为少阳少阴，不变；九、六为老阳老阴，可变。“用九”表明九可变六，六阳变为六阴，乾卦变为坤卦。这种相互转化现象是永恒的，故谓自然（天）的德性（规律）不会有终结（首，终也，如人体以趾为初，以首为终）。

【评析】 《象传》是战国中后期学易者对《易经》的解释，反映的是新兴地主阶级的世界观。对经文的解释，一般忠实于原文，但多从社会人事方面阐发易理，其思想性较经文为强，但也有牵强之处。

《乾·象》着重论述乾卦六爻爻辞，以龙为象，描述了龙由潜、见、惕到跃、飞、亢的变化过程。说明其所以“终日乾乾”，是因为世道反复；“亢龙有悔”，是由于物极必反。这都含有深刻的哲理。

坤☷（坤下坤上）

坤：元亨，利牝马之贞[1]。君子有攸往，先迷后得主[2]，利。西南得朋，东北丧朋[3]。安贞，吉[4]。

初六：履霜，坚冰至[6]。

六二：直方大，不习无不利[6]。

六三：含章可贞[7]。或从王事，无成有终[8]。

六四：括囊，无咎、无誉[9]。

六五：黄裳，元吉[10]。

上六：龙战于野，其血玄黄。[11]

用六：利永贞。[12]

【注释】 ①坤：卦名，意为顺。卦象坤下坤上，由六阴爻组成，象地。 元亨，利牝马之贞：卦辞之一。元亨：即大亨。牝马：雌马。贞：占问。 有利于占问有关牝马之事。 ②有攸往：有所往，指出访之事。先迷：起先迷失方向。 后得主：终于受到主人款待。 ③朋：朋友或古货币朋贝（十贝为朋）。谓商旅之事，往西南可得朋，利；往东北则丧朋，不利。 ④安贞吉：安于正道，吉。或占问安康、安居之事，吉。此为卦辞另一部分。 ⑤初六：初指爻位，六指爻性，阳称九，阴称六。谓坤的初爻为阴。 履：踩踏。 坚冰：厚实坚硬的冰。 脚踩薄霜，当预知严寒将至。喻事物发展有其必然趋势，“冰冻三尺，非一日之寒”。 ⑥直方大：指大地（坤）有平直、方正、广大的特性。 顺从大地的德性行事，往不习惯之地，亦无不利。 ⑦含章：饱含文采，指大地秀美可爱。 可贞：所占之事可行。 贞：同占。 ⑧王事：国之大事。 顺从王者参与大事，即使无成，亦有善终。 ⑨括囊：结扎囊口。喻人缄口无言。默而无言，虽无美誉，亦可无咎。⑩黄裳：黄，正色；裳，下衣（上为衣，下为裳）。喻虽为正色而甘居下体。元吉：大吉。⑪龙战于野：阴盛至极，与阳相争。玄黄：同泫潢，流血很多的样子。反映古代部落之间战斗的激烈。⑫用六：坤卦特有的爻题。依古筮法，本卦与之卦均为坤，六爻皆六，则以“用六”爻辞断占。利永贞：有利关于长期事务的占问。

【评析】 坤卦的卦爻辞基本上是关于大地之事，如大地上发生的商旅、居处、农事、战争等。强调坤的柔弱、顺从、居下的特性，故主张“从王事”有终，“黄裳”元吉。

“履霜，坚冰至”，是对自然气候变化规律的总结，含有事物发展由量的积累到质的变迁的哲理。

“龙战于野，共血玄黄”，总结阴阳之间的激烈冲突，反映古代氏族或阶级的剧烈斗争，予后世以深刻启示。

【彖传】

至哉坤元，万物资生[①]，乃顺承天[②]。坤厚载物，德合无疆[③]。含弘光大，品物咸亨[④]。牝马地类，行地无疆，柔顺利贞[⑤]。君子攸行，先迷失道，后顺得常[⑥]。西南得朋，乃与类行[⑦]。东北丧朋，乃终有庆[⑧]。安贞之吉，应地无疆[⑨]。

【注释】 ①坤元：阴气，与乾元阳气相对。万物生长，为乾元坤元相结合。资生：万物依靠坤元而成形。②顺承：顺从、承受。指承奉乾阳之气而变化。③坤厚：大地厚重。德合：地的德性在与天结合。谓厚实的大地，承载万物，与天结合，其作用广大无穷。④含：包容。弘：宽大。地能包容宏大的阳气，发扬光大，使万品物类无不亨通。⑤牝马：属阴性，故谓与地同类。牝马行地，不失其柔顺特性。谓柔顺的坤阴与刚健的乾阳相配合，化生万物。⑥君子攸行：君子当体现坤道而行动。先迷：先于阳而动则迷失方向，有失柔顺之道。后顺：后于阳而动，守顺从之德，则合常理。⑦朋：同类。《说卦》所列八卦方位，坤居西南，故谓“西南得朋”，乃与“类”行。⑧《说卦》艮居东北。艮为阳卦，与坤阴虽不同类，然阴阳结合，仍“有庆”而终。⑨安贞：安静、正固。谓“君子”行事，能安定固守坤道，永远与柔顺之坤德相应，则得吉。

【评析】《彖传》着重赞美“坤元”的品德。它禀性柔顺，奉承乾元，资生万物，包容万类，不先阳而动，不背阳而行，阴阳和合，品物有庆。对坤阴的特性、作用作了阐发。

【象传】

［初六］“履霜坚冰”，阴始凝也[①]。驯致其道，至“坚冰”也[②]。

［六二］六二之动，直以方也[③]。“不习无不利”，地道光也[④]。

［六三］“含章可贞”，以时发也[⑤]。“或从王事”，知光大也[⑥]。

［六四］“括囊无咎”，慎不害也[⑦]

［六五］“黄裳元吉”，文在中也[⑧]。

［上六］“龙战于野”，其道穷也[⑨]，

［用六］“用六永贞”，以大终也[⑩]。

【注释】①阴始凝：阴气开始与阳气结合，凝结而成霜。②驯致其道：顺从这一规律发展，阴气日益增长，导致“坚冰”产生。此释初六爻辞。③以：且。六二代表阴气，它的运动，凝为大地，既平直，且方正。④地道：阴气柔顺的特性。谓发挥柔顺之性，与阳结合，使万物发育光大。⑤以时发：指地有饱含文采之美质，按照时令变化以发扬其美质。⑥知：智慧。君子从事王业，其智慧则依时机变化而光大。⑦慎：谨慎。谓遇事采取“括囊”态度，谨慎从事，不致受害。⑧文：文采。黄裳为正色而甘居下体，表明含蓄、谦和，文采居中不外露。 ⑨穷：终极。 谓坤阴发展到上位，已至终极，必然同乾阳发生斗争，故有“龙战”之象。 ⑩永贞：永久、正固。 谓坤“用六”表明坤之六爻皆变为阳，即转化为乾阳，阴阳相互转化，乃永恒的法则，终极的真理。

【评析】 《坤·象》论述了坤阴的柔顺特性，在事物变化中的顺从地位，能与乾阳结合而化生万物。论述了坤阴与乾阳既凝结而统一，又“龙战”而斗争，还可相互转化。将乾元与坤元的特性加以综合思考，不难体会出古人对对立统一思想的揭示是十分深刻的。在我国传统思维中，没有孤立的乾元和坤元，乾坤总是对立统一的。说《周易》以乾为首，王夫之认为不对，应是“乾坤并建”，有乾而无坤或有坤而无乾的现象都是不存在的。

屯䷂（震下坎上）

屯：元、亨、利、贞。勿用有攸往，利建侯[①]。

初九：磐桓，利居贞，利建侯[②]。

六二：屯如邅如，乘马班如，匪寇，婚媾。女子贞不字，十年乃字[③]。

六三：即鹿无虞，惟入于林中。君子几不如舍，往吝[④]。

六四：乘马班如，求婚媾，往吉，无不利[⑤]。

九五：屯其膏，小贞吉，大贞凶[⑥]。

上六：乘马班如，泣血涟如[⑦]。

【注释】 ①：屯：卦名。卦象震下坎上，象征险难。 元、亨、利、贞：注见乾卦。意为虽有险难，但前途光明。勿用有攸往，利建侯：断占之词，谓占得此卦，不宜外出，但利于建立侯国。 ②磐桓：何楷注：“磐，大石也。桓，柱也。磐桓，以大石为柱。”磐桓象征安稳。利居贞，利建侯：断占之词。 坚强的石柱，象征房屋安稳，亦象征忠臣鼎力辅佐国王，故曰“利居贞，利建侯”。 ③屯如邅如，乘马班如，匪寇，婚媾：爻词。高亨注：“屯，聚也。邅，转也。班，读般，旋也。”“匪，非也”。 许多骑马的人聚在一起，欲进不进，来回兜圈子，但他们不是盗寇，是为求婚而来。 女子贞不字，十年乃字：亦为爻词。字，孕也。其意承上文而发，谓守贞操的女子，婚媾以后，不会马上生育，要到十年（犹多年）才能生育。反映了古代的婚姻习俗：一是抢婚，二是童子婚。“十年乃字”，说明女子虽成年，男方是童子，尚未成年。这种童婚习俗，解放前我国某些地区仍有遗存。 ④即鹿：逐鹿，泛指狩猎。虞：虞人，古代掌管山泽禽兽之人。狩猎须在虞人帮助下才有收获。惟：独也。 几：近也，指接近野兽。 狩猎而无虞人帮助，独自进入林中，那是很危险的，宁可不去追逐。 ⑤骑马人迂回不进，是为求婚。去求婚不会不顺利。 ⑥屯：积聚。 膏：油脂，引申为恩泽。 屯其膏：恩泽积滞无所施及。 小贞吉：谓占问小事而遇上此卦则吉利。大贞凶：谓占问国家大事则为凶兆。因恩泽不施，则国无贤臣辅佐。⑦乘马的人犹豫不进，（因其看到）有人哭泣不止。

【评析】 “屯”，下震上坎，象征雷雨并作，险象横生。《说文》：“屯，难也。”虽逢险难，但在《易》的作者看来，并非坏事。险难之中，包含着美好的前景，故曰“屯，元、亨、利、贞”。全卦正是扣住这一旨意，启迪人们要注意化险为夷。怎样才能化险为夷呢？《易》的作者告诉人们：一是当险难出现的时候，要寻找依靠力量，如“磐桓”（坚强的石柱）之类。有了这个“磐桓”，居家的可以安居，有国的可以封侯。二是对某些似是而非的事物，要取分析态度，作出恰当的判断，千万不能把为“婚媾”而来的人群当做盗寇。三是在关键时刻要善于作出正确的选择，做到“君子几不如舍”，不能因小失大。

【彖传】

《彖》曰[①]：屯，刚柔始交而难生[②]。动乎险中，大亨贞[③]。雷雨之动满盈，天造草昧，宜建侯而不宁[④]。

【注释】 ①《象》：指《象传》，见《乾卦》注释。 ②刚柔始交：即阴阳始交，或指乾坤始交（金景芳）；或指雷雨并作（高亨）。程颐认为指"震始交于下，坎始交于中"（《程传》）。《程传》之说较为贴切。"震始交于下"，符合"震卦"的特点，它一阳爻在下，两阴爻在上，"阳伏而不能出，阴迫而不能蒸"，此阴阳相交，于阳尤为不利；坎卦一阳爻居中，但上下均为阴爻，"阳"处于孤立无援的地步，难免落入陷阱，故《说卦》曰："坎，陷也。"综观全卦，阴阳相交，阳均处于不利地位，故曰"刚柔始交而难生"。③屯，震下坎上，震为动，坎为陷。陷，险也。动而遇险，故曰"动乎险中"。《象传》作者看来，动而遇险并不可怕，险中有着"大、亨、贞"的美好前景。 ④天造草昧：即天地造始于冥昧。 不宁：高亨曰："不"通"丕"，大也。"丕宁"，大宁也。 雷雨并作，充盈天地之间，万物造始于冥昧之中。在这样的情况下。宜建立诸侯治理万方，以求大安。

【评析】 （一）"刚柔始交而难生"的命题，在一定程度上透露了"矛盾运动推动事物发展"的思想。"难生"，不是事物发展的障碍，而是事物发展过程中的一个关节点，突破这个关节点，事物就会出现质的飞跃，故曰"动乎险中，大亨贞"。

（二）《象传》从政治上提出了建侯立国的必要性。雷动雨作，天地始成，万物始生，有了人类，有了社会。在这样的情况下，必须建侯立国，以治理万民，求得社会大安。这里透露了这样一种历史观：侯国的建立，是为了解决社会的不宁。

【象传】

［初九］虽"磐桓"，志行正也。以贵下贱，大得民也[①]。

［六二］六二之难，乘刚也。"十年乃字"，反常也[②]。

［六三］"即鹿无虞"，以从禽也。"君子舍之，往吝"，穷也。[③]

［六四］求而"往"，明也[④]。

[九五]“屯其膏”，施未光也[5]。

[上六]“泣血涟如”，何可长也[6]？

【注释】 ①磐桓：与经文之磐桓含义略异。经文之“磐桓”指坚强的石柱，此“磐桓”为前进受阻之貌。荀爽曰：“磐桓者，动而退也。”“动而退”，意为前进受阻。 虽然前进受阻，但仍然意志坚定，德行端正。 以贵下贱，大得民也：尊贵者向卑贱者表示谦让，可以大得民心。 ②乘刚：阴柔在上，阳刚在下，这叫做乘刚。屯卦六二居初九上，是柔乘刚之象。六二这一爻的“难”，是由于它乘刚造成的。反常：指婚后十年才生育，违反常情。 ③以从禽：意为跟着猎物后面追逐而入迷途。硬要追下去，必然遭穷困，故曰“往吝，穷也”。 ④主动前往求婚，是明智的。 ⑤施未光：“光”，读为“广”。恩泽积留而未普遍布施。 ⑥流泪不止，焉能长久？

【评析】 屯卦《象传》提出了两种值得重视的思想：一是强调一个人在遇到困难的时候，不应灰心丧气，而应振作精神，百折不挠，继续前进，做到“虽磐桓，志行正也”。二是强调统治者应当对被统治者采取谦让态度，千万不能盛气凌人。故曰：“以贵下贱，大得民也。”肯定民心之向背对巩固统治的重要作用。

蒙䷃（坎下艮上）

蒙：亨。匪我求童蒙，童蒙求我。初筮告，再三渎，渎则不告。利贞[1]。

初六：发蒙，利用刑人，用说桎梏，以往吝[2]。

九二：包蒙吉，纳妇吉，子克家[3]。

六三：勿用取女，见金夫，不有躬，无攸利[4]。

六四：困蒙，吝[5]。

六五：童蒙，吉⑥。

上九：击蒙，不利为寇，利御寇⑦。

【注释】 ①蒙：卦名。卦象坎下艮上。《周易本义》云：“蒙：昧也。物生之初，蒙昧未明也。”亨：通也。为什么蒙昧反而通达呢？因为事物随条件而变，蒙昧无知，通过学习，不知就可以转化为知，蒙可以变为不蒙。 匪：非也。童蒙：幼稚蒙昧之人。 我：指筮者。 渎则不告：古代筮占只占一次，如果初筮而不信，再三占筮，便是渎犯神灵，故“不告”。 ②发蒙：开启蒙昧。 刑人：受刑之人。 说：读为“脱”。 桎梏：古代刑具。郑康成曰：“木在足曰桎，在手曰梏。”(《周礼疏》)吝：难也。只要开启蒙昧，即使是受刑之人，也可以改造过来，为我所用，脱去他们的枷锁，让他们放开手脚劳动。但这些人不宜派往远方，否则难以管理，故曰“往吝”。有鉴于此，故筮遇此爻，不宜外出。 ③包：包容也，与下文“纳妇”之“纳”字相对立。 包蒙：指容纳蒙昧之人。贵族容纳蒙昧之人（奴隶），将带来好处，故曰“包蒙吉”。 纳妇：娶媳妇。 克：成也。古代把增加奴隶、婚娶及儿子成家都看成喜事，故一并论述。 ④取女：抢夺女子。《说文》：“取，捕取也。”金夫：使用金属武器的勇夫。 不有躬：丧身。 不要抢夺女子，用武力抢夺女子的勇夫，有的已经丧身。 ⑤蒙：蒙昧之人，泛指奴隶。困蒙：使奴隶处于困境。 吝：难也。 谁要危困奴隶，必激起反抗，自找麻烦。 ⑥童稚之人虽然蒙昧，但会逐渐成熟，故吉。 ⑦击：打击。 寇：盗寇，指起义奴隶或外族侵略者。 严厉打击起义奴隶或外族入侵者。故筮遇此爻，对盗寇不利，抗御盗寇有利。

【评析】 本卦重在开导奴隶主贵族要妥善处理同奴隶的关系。提出了几种见解：第一，蒙昧之人并非一成不变，只要引导得法，蒙就可以转化为不蒙。第二，刑人脱去枷锁，亦可为我所用。第三，宽容奴隶，于贵族有利；“困蒙”未必有好下场。

【彖传】

蒙，山下有险，险而止，蒙①。蒙，亨，以亨行时中也②。

"匪我求童蒙，童蒙求我"，志应也[③]。"初筮告"，以刚中也。"再三渎，渎则不告"，渎蒙也[④]。蒙以养正，圣功也[⑤]。

【注释】 ①蒙，上艮下坎。艮为山，坎为险，象征"山下有险"。又，艮为止，故蒙含"险而止"之意。 ②"蒙"何以"亨"？因其九二与六五相应，乃刚柔得中之象，即阴阳相和，故能亨通。发蒙须得时中乃亨通。 ③"童蒙求我"，"我"之志与"童蒙"之志正相吻合，故曰"志应也"。 ④"渎"乃过度愚昧所造成，对过度愚昧之人，告亦无用，不如不告。孔子说："不愤不启，不悱不发。举一隅不以三隅反，则不复也。"(《论语·述而》)可与此意相互发明。 ⑤蒙昧之人，能教养其贞正之德，乃成作圣之功。干宝曰："武王之崩年九十三矣，而成王八岁，言天后成王之年，将以养公正之道，而成三圣之功。"此释颇为精当。

【评析】 《彖传》阐明对"蒙"的基本认识："蒙"不是一成不变，也有通达之时，故曰"蒙，亨。"蒙不是什么都糊涂，也有与"我""志应"之时。面对"蒙"，可以考验人的品格，培养人的节操。

【象传】

［初六］"利用刑人"，以正法也[①]。

［九二］"子克家"，刚柔接也[②]。

［六三］"勿用取女"，行不顺也[③]。

［六四］"困蒙"之吝，独远实也[④]。

［六五］"童蒙"之吉，顺以巽也[⑤]。

［上九］"利用御寇"，上下顺也[⑥]。

【注释】 ①"利用刑人"，这是对法典的修正。以前的法律不准用刑人，随着社会的发展，法亦趋于宽容。 ③蒙卦九二与六五，一阳一阴，并处中位，是刚柔相应、阴阳相感之象。"包蒙"、"纳妇"、"子克家"等吉事都由此而定。 ③蒙六三居九二之上，是为柔乘刚，女逆男。

逆男之女，其行不顺，故不可取。④实：指阳刚，喻贤明之人。蒙六四远离九二与上九两阳爻，孤立无主，故曰“独远实也”。困于蒙昧，遭致艰难，是因为远离贤明之人。⑤顺：柔顺。巽：屈服。谓童蒙之吉，在柔顺而服从。⑥御寇之有利，在上下相和顺。

【评析】 蒙卦《象传》突出尚刚思想。“困蒙”之所以“吝”，以其离阳刚太远；“童蒙”之“吉”，因其柔能顺刚；“御寇”之得利，因其阴能从阳，均以阳刚能否制阴柔为转移。

需䷄（乾下坎上）

需：有孚，光亨，贞吉。利涉大川①。

初九：需于郊，利用恒，无咎②。

九二：需于沙，小有言，终吉③。

九三：需于泥，致寇至④。

六四：需于血，出自穴⑤。

九五：需于酒食，贞吉⑥。

上六：入于穴，有不速之客三人来。敬之，终吉⑦。

【注释】 ①需：卦名。卦象乾下坎上。《〈周易〉程氏传》曰：“需者，须待也。以二体言之，乾之刚健上进，而遇险未能进也，故为需待之义。”孚：信也。光亨：广大而亨通。从卦位看，九五居君位，有刚健中正之德。刚健中正，自然给人以诚信。有诚信自能广大亨通。涉大川：过大河。古人涉川，工具简陋，常遇险难，事先需占筮，故《易》断占涉川，时有所见。②利用恒：用，以也。恒，久也。谓利在持之以恒。在郊外坚持等待，没有什么危险。③沙：沙洲。小有言：招致小的口舌是非。④泥：泥沼。致寇至：招致盗寇到来。⑤穴：古时穴居，指住处。遭遇盗寇，造成流血，当迅速离家出走。此承上

“致寇至”而言。 ⑥需于酒食：《〈周易〉程氏传》曰：“宴安酒食以俟之，所须（需）必得也。” ⑦回到家，有几位未经邀请的客人到来。待之以礼，终得吉。

【评析】 《易》对“需”予以赞美，认为“需”包含着诚信，抱有信念，耐心等待，结果广大而亨通。“需”就是侍机而动，以不变应万变，富有哲理。春秋末年，越国范蠡辅佐勾践灭吴，就是运用待时而动的策略。他说：“时不至，不可强生；事不究，不可强成。”当勾践急不可耐时，范蠡一再主张：“王姑待之。”终于看准时机，一举灭吴。（参见《国语·越语》）

【彖传】

需，须也。险在前也，刚健而不陷，其义不困穷矣[①]。需，“有孚、光亨、贞吉”，位乎天位，以正中也[②]。“利涉大川”，往有功也[③]。

【注释】 ①须：待也。“需”之训“待”，以需卦之卦象为依据。需卦下乾上坎，乾健也，坎险也，有刚健而遇险之象。唯刚健之人乃能待时而动，不致困穷。 ②位乎天位：首“位”字同“立”。“天位”，君位。需卦九二与九五均阳爻，乃阳刚处中正之位，故“有孚、光亨、贞吉”。 ③“利涉大川，往有功也”，是因为乾刚而能等待。

【评析】 《彖传》所释，同经义相吻合，均重视待机而动。只要善于等待，就能“刚健而不陷”，无往而不胜（“往有功也”）。

【象传】

[初九] “需于郊”，不犯难行也。“利用恒，勿咎”，未失常也[①]。

[九二] “需于沙”，衍在中也。虽“小有言”，以吉终也[②]。

[九三] “需于泥”，灾在外也。自我“致寇”，敬慎不败也[③]。

[六四]“需于血”，顺以听也[4]。

[九五]“酒食贞吉”，以中正也[5]。

[上六]“不速之客来”，“敬之，终吉”。虽不当位，未失大也[6]。

【注释】 ①犯难：冒险也。等待于郊外，不冒险行动，故无咎。未失常：不违反常规。长久等待亦无咎，因其不违常规。 ②衍：宽绰也。虽然停在沙丘，迫近险地，但宽裕居中，犹可补救。故虽小受言语之责，仍能以吉告终。 ③九三以阳刚而逼近上坎，故云“灾在外也”。九三之迫近险难，由其自动所致，故云“自我致寇”。但能“敬慎”从事，待时而动，不致伤败。 ④听：指听从天命（指时机）。等待流血遭殃，不如随顺时机，主动自穴迁出。 ⑤中正：指九五得中正之位。故需于酒食而贞吉。 ⑥不当位：指上六不当中正之位。但只要对不速之客待之以礼，则不会有大的损失。

【评析】 需卦《象传》阐述了以柔克刚思想。如招来盗寇，采取“敬慎”态度，仍可逢凶化吉。又如虽有“流血”的可能，只要顺从时机，主动后退，犹可平安无事。

讼䷅（坎下乾上）

讼：有孚，窒惕，中吉，终凶。利见大人，不利涉大川[1]。

初六：不永所事，小有言，终吉[2]。

九二：不克讼，归而逋其邑人三百户，无眚[3]。

六三：食旧德，贞厉，终吉。或从王事，无成[4]。

九四：不克讼；复即命，渝，安贞吉[5]。

九五：讼，元吉[6]。

上九：或锡之鞶带，终朝三褫之[7]。

【注释】　①讼：卦名，意为争讼，引申为斗争。卦象下坎上乾。　孚：通俘，指俘虏。　窒：借为恎，警惧也。　经过争讼，得到俘虏，但要警惕，中期平安，终有凶险。筮遇此卦，利见大人，不利涉大川。　②永：久也。　言：言语，责难之言。　做事不持之以恒，虎头蛇尾，难免遭受小的谴责，但结果吉利。　③克：胜也。　逋：逃亡。　眚：灾难。　而：疑为“已”。时间副词。　诉讼失利，回到家里，邑人(奴隶)已逃亡三百户。但未造成大难。　④食旧德：犹食旧禄，享受世袭俸禄。　贞：坚守。　王事：指君王之事。　享受世袭俸禄，坚贞自守，以防危难，终吉。或顺从君王之事，无敢居其成。　⑤复：返也。　即命：从命。　渝：变也。　诉讼失利，回到家里，遵从王命，改变态度，终得平安。　⑥争讼得胜，大吉。　⑦锡：借为赐。　鞶带：皮革制的腰带，贵族赏赐品。　褫：夺也。　君王赐以鞶带，遭到反对，乃至一日三赐三夺，足见争讼激烈。

【评析】　讼卦经文，反映了奴隶主阶级内部激烈的政治斗争。这种斗争，或围绕诉讼进行，或围绕权力展开，在斗争中有的失利，导致倾家荡产(邑人逃亡三百户)；有的取胜，得到国君赐给的荣耀，有的安分守已，没有受到冲击。总之，明争暗斗，互相角逐，矛盾极其尖锐。

【彖传】

讼：上刚下险，险而健，讼[①]。讼，“有孚，窒惕，中吉”，刚来而得中也[②]。“终凶”，讼不可成也[③]。“利见大人”，尚中正也[④]。“不利涉大川”，入于渊也[⑤]。

【注释】　①此释卦名。讼，上乾、下坎。乾，刚也，健也；坎，险也。上刚下险，象征险毒，难免争讼。　②有孚，窒惕，何能中吉呢？因九二、九五均为阳爻，居上下体之中位，是“刚来而得中”，刚健之人，守中正之道，故吉。③争讼之所以“终凶”，因讼卦上乾下坎，刚健而阴险，必争讼不已，无可成，故终凶。　④九五为阳爻，阳刚居中正之位，故曰“尚中正也”。定能得到君王赏识，故“利见大人”。　⑤为何“不利涉大川”？因讼卦上乾下坎。荀爽曰：“坎在下为渊”，涉川必遇险。

【评析】 《彖传》再次透露尚刚思想。阳刚若居中正之位，就可以逢凶化吉，就可以得到统治者的关照。

【象传】

［初六］ “不永所事”，讼不可长也。虽“小有言”，其辩明也[①]。

［九二］“不克讼”，“归逋”窜也。自下讼上，患至掇也[②]。

［六三］“食旧德”，从上吉也[③]。

［九四］“复即命，渝，安贞。”不失也[④]。

［九五］“讼元吉”，以中正也[⑤]。

［上九］以讼受服，亦不足敬也[⑥]。

【注释】 ①讼不可长：诉讼不会持续长久。 其辩明：略遭责难，终会辩明是非。因初六以柔弱居下而起讼，招来祸患。上有中正当位之人（九五），终会弄清是非。 ②窜：逃走。九二居下，九五居上，乃“自下讼上”之象。 掇：取也。 患至掇：祸患乃自取。 ③从上：服从在上者。食旧德有吉，因其顺从在上者。六三质本阴柔，居乾刚之下，处柔守弱，自能消灾，故曰“从上吉”。 ④改变主意，从命，则不会再受损失。 ⑤九五以阳刚而居中正之位，故大吉。 ⑥经过争讼而受服饰（鞶带）之赏，不足以受人尊敬。

【评析】 讼卦《象传》，宣扬安分守己，服从君上统治的道德准则。不安分守己，“自下讼上”，必将自取灾祸；老实“从上”，自能逢凶化吉。

师䷆（坎下坤上）

师：贞，丈人吉，无咎①。

初六：师出以律，否臧，凶②。

九二：在师中，吉，无咎。王三锡命③。

六三：师或舆尸，凶④。

六四：师左次，无咎⑤。

六五：田有禽，利执言，无咎。长子帅师，弟子舆尸，贞凶⑥。

上六：大君有命，开国承家，小人勿用⑦。

【注释】 ①师：卦名。卦象坎下坤上。何晏曰："师者，军旅之名。"贞：正也。 丈人：《子夏易传》作"大人"。 军旅坚守正道，纪律严明，首领（丈人）必受拥护，故无咎。 ②律：纪律。 臧：善。否臧：不善。 军旅出征，必须纪律严明，军纪不善，必遭凶败。 ③在师中：在军旅之中。三：多次。 锡：赐也。 命：任命。 三锡命：多次委以重任。 ④舆尸：用车载尸而归。虞翻曰："坤为尸，坎为车"，尸在车上，故凶。六三乃阴居阳位。朱熹曰："以阴居阳，才弱志刚，不中不正，……故其象占如此。" ⑤左次：《程氏传》注："退舍也。" 师左次：军旅主动后撤。六四阴柔而居上卦之下，有退舍之意。 ⑥田：猎也。 有：犹"及"也。 禽：泛指鸟兽。 及禽：射中禽兽。执言：抓住。 乃：虚词。 打猎射中禽兽，将它抓获，不会有危险。长子：军中主帅。 弟子：副帅。 主帅领师出征，副帅战死，载尸而归。筮遇此爻必凶。 ⑦大君：国君。 开国：封侯建国。 承家：世袭卿大夫之位。 国君发布命令，有的封为诸侯，有的世袭官爵。但小人不利。

【评析】 师卦经文有两点值得注意：一、主张“师出以律”，是古人实践经验的总结，今天仍有指导意义。二、反映“任人唯亲”。大人“开国承家”，“小人勿用”，正是奴隶主贵族的用人路线。

【彖传】

“师”，众也[①]。“贞”，正也。能以众正，可以王矣[②]。刚中而应，行险而顺，以此毒天下，而民从之，“吉”又何“咎”矣[③]。

【注释】 ①众：士卒。“师”乃有组织的群众。无纪律之师，乃乌合之众。 ②军队首领能统帅士兵维持正义，则无敌于天下，可以成为国王。 ③此释卦辞“无咎”。九二以阳刚居中，而六五以阴柔应之，故“刚中而应”。师卦坎下坤上，坎为险，坤为柔顺，乃“行险而顺”之象。 毒：俞樾曰：“毒，读为督，治也。”中正之君，有柔顺之民响应，行虽遇险，仍然能顺利。君主治理天下，百姓顺从，自然太平“无咎”。

【评析】 这里提出了“能以众正，可以王矣”的命题。认为，如能领导众人走正道，就可以称王于天下。以能否领导众人走正道作为挑选统治者的重要条件，在阶级社会是难能可贵的。

【象传】

［初六］“师出以律”，失律凶也[①]。

［九二］“在师中吉”，承天宠也。“王三锡命”，怀万邦也[②]。

［六三］“师或舆尸”，大无功也[③]。

［六四］“左次无咎”，未失常也[④]。

［六五］“长子帅师”，以中行也。“弟子舆尸”，使不当也[⑤]。

［上六］“大君有命”，以正功也；“小人勿用”，必乱邦也[⑥]。

【注释】 ①失律：军队丧失纪律。 ②承天宠：受天恩，喻受君王嘉奖。怀万邦：考虑到天下万国，需要能臣去治理。 ③大无功：战斗失败惨重。④未失常：未违反战争规律。打仗有进有退，适宜的退却，乃战争之常事。 ⑤中行：行中正之道。 使不当：用将不当。指六五为阴居阳位，位不当，帅师必败，故舆尸。 ⑥正功：论功行赏。 乱邦：危害国家。“大君有命”，在论功行赏；“小人勿用”，以免危害国家。

【评析】 《象传》主张维护奴隶主统治。认为人有贵贱之分，位有高下之别，用人要注意“当位”，将帅“使不当”，会造成“舆尸”的悲剧。把“小人”提拔到领导岗位，会给整个国家带来灾难。

比䷇（坤下坎上）

比：吉。原筮，元永贞，无咎。不宁方来，后夫凶[①]。

初六：有孚，比之无咎。有孚盈缶，终来有它，吉[②]。

六二：比之自内，贞吉[③]。

六三：比之匪人[④]。

六四：外比之，贞吉[⑤]。

九五：显比，王用三驱，失前禽，邑人不诫，吉[⑥]。

上六：比之无首，凶[⑦]。

【注释】 ①比：卦名，亲辅之意。卦象坤下坎上。比与师相对应。“师”用于战斗，是矛盾加深的表现。“比”用来亲辅，是矛盾缓和的表现。 比吉：意为亲辅乃是吉道。 原：与下文“后”相对，当训“先”。 不宁方来：指不安宁之国派使者来表示亲比。 后夫：霸主会盟之后到者，不愿真诚亲附。 后夫凶：高亨注：此说疑是古代故事。《国语·鲁语》“昔禹致群神于会稽之山，防风氏后至，禹杀而戮之”，是其类也。 ②孚：信也。 有孚盈缶：《程氏传》注：“诚信充实于内，若物之盈于缶中也。” 终来有它：当是倒语，犹言“终有它来”。有诚信之人，与之亲比，不会有危险。已若诚信充实于内，终会有他人来亲比，故吉。 ③出自内心的亲比，是正常的表现，故吉。 ④匪人：奸人。 六三所比者，皆为奸人。因六四与六二均上应于九五（攀上），同六三亲比，非诚信也，故皆为奸人。 ⑤外比：指臣下亲于君上。如六四上比于九五。九五为君位，六四以臣亲君，有忠贞之德，故吉。⑥显比：明显的亲比，指君王公开亲近百姓。 三驱：网开一面，从三方面驱赶禽兽。 前禽：向前方逃走的禽兽。 邑人：乡人。 诫：通告。此段似在讲一个故事：某君王出猎，网开一面，从三面驱禽，不射杀向前面逃走者，只猎获迎面而来者。乡人知情不报，王亦不责备。故曰：“吉。”用故事说明“显比”。 ⑦首：首领。 无首：无在上的首领。 上六，性阴柔，必亲比于上乃可成势。但上面没有可供亲比者，乃失势之兆，故凶。

【评析】 此卦着重强调亲比的重要性。亲比的范围比较广泛，或自内亲于外，或自外亲于内，或自下亲于上，或自上亲于下。亲比的原则在于诚信、忠贞。与没有诚信、缺乏忠贞的人亲比，是“比之匪人”，结果必遭凶祸。在奴隶社会，亲比原则是调节统治阶级内部关系、安定社会的重要条件，乃儒家“亲亲”原则之先声。

【彖传】

比，吉也。比，辅也，下顺从也[①]。“原筮元永贞无咎”，以刚中也[②]。“不宁方来”，上下应也[③]。“后夫凶”，其道穷也[④]。

【注释】 ①辅：指下级对上亲辅。对上亲辅，即“下顺从”，故“比，吉”。 ②原筮之所以元永贞、无咎，是因为九五以阳刚处中正之位。 ③不宁方来，恰似六二以阴柔而应九五之阳刚，乃“上下相应”之象。 ④为何后夫凶？《彖》答曰：“其道穷也。”荀爽曰：“后夫谓上六逆礼乘阳，不比圣王，其义当诛，故其道穷凶也。”

【评析】 《彖传》肯定亲比原则。认为臣下亲比于君主，则能上下相应。如果不亲比于君上，必然“其道穷”。

【象传】

［初六］比之初六，有它吉也①。

［六二］“比之自内”，不自失也②。

［六三］“比之匪人”，不亦伤乎③？

［六四］“外比”于贤，以从上也④。

［九五］“显比”之吉，位中正也；舍逆取顺，“失前禽”也。“邑人不诫”，上使中也⑤。

［上六］“比之无首”，无所终也⑥。

【注释】 ①它：指六四。因初六通过六四，上比于九五，得吉。②亲比出自内心，不会自有所失。③比于奸人，怎不受伤害呢？④“外比”，犹“上比”。臣下上比于贤君，是以下从上，故“吉”。⑤“显比”之所以“吉”，由于位中正。失去前逃的禽兽，是由于舍弃逆者（迎面而来之兽）而追逐顺者（指背向己而前逃之兽）。邑人未遭训诫，是因为亲上的使臣守中正之道。⑥终：指善终。亲比而无首领，不会有好结果。

【评析】 《象传》认为亲比必须有原则。“比之于内”，就不会有所失；“外比于贤”，就能体现“下顺上”。所比之人，必须为人“中正”；“比之匪人”，难免遭受伤害；朋比为奸，终会遭殃。

小畜☰（乾下巽上）

小畜：亨。密云不雨，自我西郊①。

初九：复自道，何其咎。吉②。

九二：牵复。吉[③]。

九三：舆说辐，夫妻反目[④]。

六四：有孚血去、惕出，无咎[⑤]。

九五：有孚挛如，富以其邻[⑥]。

上九：既雨既处，尚德载。妇贞厉。月几望，君子征，凶[⑦]。

【注释】 ①小畜：卦名。卦象乾下巽上。畜，历代注家训“蓄”或“养”，实宜训“牲”，小畜犹言“小牲”。“小畜”与“大畜”对言。在大畜，涉及“良马”、“童牛”、“豮豕”等，均为大的牲畜。从内容看，本章乃畜牧专卦。“密云不雨，自我西郊”，讲的是气候变化。放牧必须注意气候。密云来自西郊，向东浮动，不会下雨，俗谚“云向东，一场空”。 ②复：返也。 道：路。 牧人已在返回的路上，不会有损失。 ③牵复：牧人牵着牲畜归来，故吉。 ④舆：车子。 说：通“脱”。 反目：反脸。 夫妻同去放牧，途中因车子脱辐而互相埋怨。 ⑤孚：通俘。 血去：指带血而逃。 惕：警惕。 俘虏带血逃走，留下后患。警惕戒备，仍保平安。 ⑥孚：同俘，指人，亦指战利品。 挛如：拘系相连之貌。 掠得很多战俘和战利品，用绳子拴成一串，掠夺邻邑而致富。 ⑦处：止也。 德：得也。 几：近也。 月望：即夏历每月十五日。 雨且下且止，幸好用车子把小畜运回。如由妇女操办，定要出毛病。月圆时出征，一定危险。

【评析】 《小畜》卦爻辟多反映古代牧民的生活图景。放牧，要选择好的天气，还要警惕强者的抢劫。“密云不雨，自我西郊”，反映气象变化的自然规律。

【彖传】

小畜：柔得位而上下应之，曰“小畜”[①]。健而巽，刚中而志行，乃“亨”[②]。“密云不雨”，尚往也。“自我西郊”，施未行也[③]。

【注释】 ①畜：养也。 六四阴柔为此卦主爻，故曰“柔得位”。六四之外均为阳爻，乃五刚应一柔之象，故曰“上下应之”。一柔而养五刚，是为小养，故称“小畜”。 ②乾：健也。 巽：入也。 健而巽：犹刚健而有所约束，此君子之德也。刚中：小畜卦九二、九五居中位，为“刚中”。 志行：能行君子之德。 君子居中正之位，刚健而能自制，行事必顺畅（“亨”）。 ③密云不雨，因云只从天上飞过（往）。密云来自西郊，有雨也不会下。

【评析】 《彖传》着重强调“健而巽”，即刚健而能自我控制的美德，健而不巽，则流于刚愎自用。

【象传】

［初九］“复自道”，其义吉也[①]。

［九二］“牵复”在中，亦不自失也[②]。

［九三］“夫妻反目”，不能正室也[③]。

［六四］“有孚惕出”，上合志也[④]。

［九五］“有孚挛如”，不独富也[⑤]。

［上九］“既雨既处”，德积载也。“君子征凶”，有所疑也[⑥]。

【注释】 ①复自道，“吉”的意义在其中。 ②牵复，九二居中，不会自有损失。 ③“夫妻反目”，不能和睦家室。 ④上：通“尚”。“有孚，惕出”，贵在齐心防卫。 ⑤“有孚挛如”，表明不能独享财富，否则将与邻为敌。 ⑥德：读为“得”。“既雨既处”，尚能将积藏之物用车运回；“君子征凶”，是因为对于敌方情况疑惑不定。

【评析】 此《象传》强调：夫妻和睦，振兴家室；民众齐心，防卫顽敌；结交邻邑，以免纷争；慎重出征，以免败亡。

履☰（兑下乾上）

履：履虎尾，不咥人，亨①。

初九：素履往，无咎②。

九二：履道坦坦，幽人贞吉③。

六三：眇能视，跛能履，履虎尾，咥人，凶。武人为于大君④。

九四：履虎尾，愬愬，终吉⑤。

九五：夬履，贞厉⑥。

上九：视履考祥，其旋元吉⑦。

【注释】 ①首“履”字为卦名。卦象兑下乾上。 履：践也。 咥：噬也。 踩着老虎尾巴，未被老虎吃掉，“亨”。“履虎尾”，或喻触犯恶人或禁令。 ②素：纯白。 素履：喻行为清白。 清白行事，不会有过失。 ③坦坦：宽而且平。 履道坦坦：比喻前途宽阔。 幽人：囚犯。 幽人贞吉：幽人占此得吉。 ④眇：小目，喻视力不佳。 武人：指军人。 为：代也。 小目还自以为能看得远，跛足还自以为能走远路，自不量力的人，一旦触犯虎威，必没有好结果。武人本无治国之才，偏要代君执政，定无好下场。 ⑤愬愬：恐惧貌。 履虎尾而能戒慎恐惧，终会逢凶化吉。 ⑥夬：李镜池注：“快的本字。”夬履：指行为急躁。急躁莽撞，必然有失。筮遇此爻有险（贞厉）。 ⑦祥：通详。 考祥：看准方向。 视履考祥：喻行为审慎。旋：往反。 周密考察而后行动，往反均可大吉。

【评析】 本卦认为履道险恶，贵在慎、谦。同是“履虎尾”，由于态度不同，结果相反。以恐惧戒慎心情对待，结果“终吉”；自以为“眇能视，跛能履”，趾高气扬，结果被老虎吃掉。可见，谦柔能自保，刚强则丧生，柔弱胜刚强。

【彖传】

履，柔履刚也[①]。说而应乎乾，是以“履虎尾，不咥人。[②]”，“亨”。刚中正，履帝位而不疚，光明也[③]。

【注释】 ①履之六三为阴，为柔；九二、初九为阳、为刚。六三居九二、初九之上，是为“柔履刚”。 ②履虎尾为何“不咥人”？因其卦象是“说而应乎乾”。履，兑下乾上。“说”，悦也，兑为悦。以和悦之貌（兑），顺应刚强之人（乾），以柔顺刚，可化险为夷。 ③履九五，阳爻居中位，故曰“刚中正”。九五之位，乃“帝位”，古称帝王为九五之尊。“乾”为“大赤”（即太阳），故曰“光明”。

【评析】 《彖》主张“柔履刚”。“柔履刚”，以柔克刚也。“说而应乎乾”，乃“柔履刚”之表现。以和悦的态度去顺应刚强者，履虎尾亦“不咥人”。驯虎之人，是柔履刚的典型。

【象传】

［初九］“素履之往”，独行愿也[①]。

［九二］“幽人贞吉”，中不自乱也[②]。

［六三］“眇能视”，不足以有明也。“跛能履”，不足以与行也。“咥人之凶”，位不当也。“武人为于大君”，志刚也[③]。

［九四］“愬愬终吉”，志行也[④]。

［九五］“夬履贞厉”，位正当也[⑤]。

［上九］“元吉”在上，大有庆也[⑥]。

【注释】 ①以“素履”前往，那是独自推行其志愿。 ②“幽人”能守中道，不再违法乱纪。“不自乱”，终能得“吉”。 ③“眇能视”，视力不足也；“跛能履”，行动困难（不与行）也。履虎尾而遭凶，由于行为失当。武人而干大君之政，那是刚愎的行为。 ④志行：自行其志。

⑤九五，阳而居中位，是为“位正当”。当帝王之位，而肆意妄行（夬履），上下离间，必危厉。⑥上九，以刚爻居上位，能“视履考祥”，自当“大有庆”而元吉。

【评析】　《履·象》特别重视当位与不当位。“当位”者必吉，不当位者必凶。幽人“中不自乱”（当位），故吉；眇者、跛者均“不当位”，故凶。这表现了作者对奴隶制等级秩序的维护，故《大象》曰：“履，君子以辨上下，定民志。”

泰䷊（乾下坤上）

泰：小往大来，吉，亨①。

初九：拔茅茹，以其汇，征吉②。

九二：包荒用冯河，不遐遗朋；亡得，尚于中行③。

九三：无平不陂，无往不复，艰贞无咎。勿恤其孚，于食有福④。

六四：翩翩不富，以其邻不戒以孚⑤。

六五：帝乙归妹，以祉。元吉⑥。

上六：城复于隍，勿用师，自邑告命。贞吝⑦。

【注释】　①泰：卦名，意为通泰。卦象乾下坤上。　小往大来：小谓坤阴，大谓乾阳。阴在外，为降、为往；阳在内，为升、为来。阴阳之气，一来一往，一升一降，交错调和，有吉祥、亨通之象。　②茹：相连之根。　汇：种类。　征：行动。拔茅之时，其根系茹聚，同类者连带以起，象征行事无阻滞，可获吉祥。　③包：借为匏。　荒：空虚也。　包荒：挖空的匏瓜。　冯河：无舟而渡河。　遐：远也。　遗：弃也。　不遐遗朋：不远弃朋友。　亡得：无所得。　尚：崇尚。　中行：中道。　尚于中行：崇尚中正美德。凭借空匏渡河，不远弃朋友，即使一无所得，犹存崇尚中道的美德。 ④无平不陂，无往不复：陂，斜坡。复，回还。 平地无不变为斜坡，外出者无不回还。 艰贞无咎：艰，险难。贞，中正。遭遇艰难，而坚守中道，可以“无咎”。 勿恤其孚，于食有福：恤，忧也。孚，诚实信守。食，享有。不要怕自己太诚实，如此乃可得福。 ⑤翩翩：轻佻，说大话。 轻佻之人，不能保有财富，其邻人也不会劝其诚实。 ⑥帝乙：殷纣王之父。 归妹：嫁女。祉：通侄。高亨注：“祉，疑当作侄。”《公羊传》庄公十九年：“诸侯娶一国，则二国往媵之，以侄娣从。” 帝乙嫁女于文王，以侄娣陪嫁，大吉。 ⑦隍：《说文》：“隍，城池也，有水曰池，无水曰隍。” 城复于隍：谓取隍中之土以筑城。勿用师：勿出兵。 自邑告命：从敌人都城里送出情报。此疑武王伐纣故事。

【评析】 本卦、爻辞从不同角度表达了三种思想：其一，“小往大来，吉。”认为阴阳相互交感可以获吉，包含了对立统一的思想因素。其二，“无平不陂，无往不复”，承认事物是相对的，包含了一切事物向相反方向变化的辩证法思想因素。其三，“尚于中行”，有崇尚中正不偏、提倡诚实守信的思想。

【彖传】

“泰，小往大来，吉，亨。”则是天地交而万物通也[①]，上下交而其志同也[②]。内阳而外阴，内健而外顺，内君子而外小人[③]。君子道长，小人道消也[④]

【注释】 ①天地交：天指乾，地指坤。乾阳上升，坤阴下降。二气交感，万物生长亨通。 ②上下交：上喻君，下喻臣。上下交感，矛盾调和，统治稳定。《集解》引何妥曰：“此明人事泰也。上之与下，犹君之与臣，君臣相交感，乃可以修养万民也。” ③内阳外阴：泰之内卦为乾，属阳；外卦为坤，属阴。 内健外顺：乾性刚健，坤性顺从。 内君子而外小人：乾象征君子而坤象征小人。 此是从爻位作比喻和引申。④君子道长，小人道消：根据爻位和所象征的意义，说明阳息阴消，即君子之道升而长，小人之道降而消。《集解》引《九家易》曰："谓阳息而升，阴消而降也。"

【评析】　《象传》通过泰卦的爻位结构，从两个方面进行了阐释。第一，肯定了"天地交"和"上下交"，认为阴阳交感，调和统一，是自然和社会的共同规律，正是由于阴阳对立双方的交互渗透和统一，才有天地万物的生长发育和人类社会的统一发展，反映了作者的阴阳（矛盾）统一的思想。第二，作者又用内外、阴阳、健顺等范畴机械地比附"君子"与"小人"，崇阳抑阴，反映了辩证法的不彻底性和鲜明的阶级偏见。

【象传】

［初九］"拔茅征吉"，志在外也①。

［九二］"包荒得尚于中行"，以光大也②。

［九三］"无往不复"，天地际也③。

［六四］"翩翩不富"，皆失实也，"不戒以孚"，中心愿也④。

［六五］"以祉，元吉"，中以行愿也⑤。

［上六］"城复于隍"，其命乱也⑥。

【注释】　①志在外：内卦乾有志于与外卦坤相应。阳刚与阴柔相感相通，如同拔茅连根带起，一通俱通，故征吉。　②包荒：谓胸怀广阔。　得尚于中行：崇尚中正之道。　光大：光明正大。　以卦象言，九二以阳刚居下体之中，上应六五之柔中，犹如以阔大的胸怀行中正之道，故光明正大。　③际：边际。　天地际：指九三处在乾坤二体升降交替之边际。根据事物相互转化的法则，泰可转变为否，故明此以警省。④失实：不诚实。翩者好说大话，故云"皆失实也"。　中心愿：发自内心的意愿。指六四居上体之初，率六五、上六等阴爻与下体阳刚之爻一一相应，以示心悦诚服。　⑤中以行愿：以中道履行志愿。六五阴柔，居中，有中德，而乐于顺应下体之九二，故称"中以行愿"。　⑥命：天命。　乱：变乱。　谓"城复于隍"，比喻天命要发生改变，政权要塌下。上六居泰之极，泰极必反否，故言"其命乱"。

【评析】　《象传》在此处强调了两种意思：其一，认为事物的往复转化乃是天地间的常理；其二，认为人们行事应尚“中行”，坚持以中道原则处世立身。就前者言，进一步阐发了辩证法思想；就后者言，贯穿了儒家的中庸之道。

否䷋（坤下乾上）

否：否之匪人，不利君子贞。大往小来①。

初六：拔茅茹以其汇。贞吉。亨②。

六二：包承，小人吉，大人否。亨③。

六三：包羞④。

九四：有命，无咎。畴离祉⑤。

九五：休否，大人吉。其亡其亡，系于苞桑⑥。

上九：倾否，先否后喜⑦。

【注释】　①否：卦名，意为闭塞。卦象坤下乾上。本卦以天地阴阳之气相互背离不通得名。　贞：占问。　大：指乾阳。　小：指坤阴。　大往小来：阳上而阴下，阴阳二气背离不通，喻大人离去而小人来临，贤人遭殃而小人进幸，故云“不利君子贞”。　②拔茅茹以其汇：拔起茅草茹连同类之根，参阅泰初九注。　亨：通“享”，祭祀。此与六二之“亨”同为下爻错简，如此则爻义可通。　③包承：当作“享包承”。包，以茅包肉。承，脀之借字，祭肉。　以茅包肉祭神，小人得吉，大人则不吉（大人当以鼎盛肉，今无鼎故不吉）。④包羞：当作“享包羞”。　羞：馐之借字，祭神用的饭食。　祭之以佳肴。　⑤有命：有天命。　畴：同俦，同辈之人。　离：同罹，遭遇。　祉：福。　处否之时，有天命保佑，可“无咎”；同伴们也可遇到福气。　⑥休否：停止否运。　其亡：国家将要灭亡，或牛羊将要逃亡。　苞桑：丛生的桑枝，喻坚韧牢固。 否运已停止，大人得吉。心存戒惧，时刻警惕灭亡（或逃亡），国祚（或牛羊）乃可如系于丛生的桑枝，坚固久长。 ⑦倾：倾倒。倾否：倾倒否运，即化否为泰。 倾倒否运，否去泰来，故先否后喜。

【评析】 否与泰相反，阴阳相背而不交，呈闭塞之状。闭塞不通，于君子不利。表明作者崇尚阴阳对应、相互交渗的辩证法思想，认为在不利环境下，时刻警惕，小心谨慎，可避凶趋吉。

【彖传】

“否之匪人，不利君子贞，大往小来”，则是天地不交而万物不通也[①]，上下不交而天下无邦也[②]。内阴而外阳，内柔而外刚；内小人而外君子，[③]小人道长，君子道消也[④]。

【注释】 ①天地不交：乾阳上升，坤阴下降，各朝相反的方向运动，故不交。万物不通：不通，犹言不能生长变化。《荀子·礼论》：“天地合而万物生，阴阳接而变化起。”否卦之象，天地、阴阳不相结合，故万物不通。 ②上下不交：君臣上下不相通。 天下无邦：国家散乱不得治理。 ③此指否卦结构，内卦为坤，主阴柔；外卦为乾，主阳刚。乾喻君子，居外；坤喻小人，居内。④引申否卦的象征意义。“小人道长”，小人居内，阴柔得势，邪气上升；“君子道消”，君子居外，阳刚失势，正气被窒息。

【评析】 《彖传》依卦象结构阐发否卦思想，从反面肯定了阴阳应和交会是自然、社会生存和发展的根本原因；指明对“小人道长”要予以足够重视，这是符合辩证法的；但把社会政治上的伦理等级关系当作固有的规律性，陷入形而上学错误观念。

【象传】

［初六］“拔茅贞吉”，志在君也[①]。

［六二］“大人否，亨”，不乱群也[②]。

［六三］“包羞”，位不当也[③]。

［九四］“有命，无咎”，志行也[④]。

［九五］“大人之吉”，位正当也[⑤]。

［上九］否终则“倾”，何可长也[⑥]？

【注释】 ①志在君，指初六之阴柔诚心顺从九四之阳刚。此处“拔茅贞吉”，不同于泰之初九。泰卦是阴阳相交，否卦是阴阳相背，上下不相通。唯有安于下位而心崇君上，方可获吉。 ③亨：此指否六二顺从九五，闭塞之时，仍亨通。 乱群：指上下不分，阴阳不明。 处于九五尊位的“大人”，当闭塞之时，仍亨通，在于能恪守君子之道而不杂于阴柔之群。《经义述闻》说：“六二包承于五，小人之道也；九五之大人若与二相包承，则以君子入小人之群，是‘乱群’也。”可参考。 ③位不当：指否六三以阴柔而处阳刚之位，不中不正，故称位不当。 ④志行：志在施行。指九四之阳刚，志在于下与初六之阴柔相交，以改变否塞状况。 ⑤位正当：指否九五居中正位，下有六二相应，故可遂大人之志。 ⑥否终则倾：否卦发展到终极，便会倾倒而发生相反的变化。 何可长：是说否极泰来，不会长期闭塞。《程氏易传》：“否终则必倾，岂有长否之理？极而必反，理之常也。”

【评析】 《象传》认为当否之时不仅不闭塞，反可“吉”、“亨”、“无咎”，是由于君子、大人“有命”。这是一种阶级偏见。但提出“否终则倾”、“先否后喜”的命题，表明了事物变化的一般规律，吐露了物极必反的朴素辩证法思想。

同人☲☰（离下乾上）

［同人］：同人于野，亨。利涉大川。利君子贞[①]。

初九：同人于门，无咎[②]。

六二：同人于宗，吝[③]。

九三：伏戎于莽，升其高陵，三岁不兴[④]。

九四：乘其墉，弗克攻，吉[⑤]。

九五：同人，先号咷而后笑，大师克，相遇[⑥]。

上九：同人于郊，无悔[⑦]。

【注释】 ①补“同人”，卦名，原经文有缺。卦象离下乾上。 同人：与人和同。野：国之郊外。 同人于野：与国外的人和同，意谓能得到远方人的归附。故“利涉大川”，并利于“君子”之贞。 ②同人于门：与归于门下之人和同。虽不及“同人于野”，仍属好事，故无咎。③宗：宗族。 同人于宗：仅与本宗族的人和同，范围狭隘，难免遭到妒忌，故有“吝”。 ④伏：埋伏。 莽：草丛。 升：上也。 陵：高地。 不兴：不振兴。 似一历史故事：某部落埋伏在草丛中，欲抗袭敌人。不料，敌人先上高坡，居高临下，将伏兵打得惨败，使这个部落多年不能恢复元气。喻不与人和同，结果造成大祸。 ⑤墉：墙。 乘其墉：爬上高墙。 弗克攻：莫能攻也。故事：某部落之人，爬上外部落的高墙，窥测形势，知其莫能攻，乃撤退，终于相安无事。喻本不与对方和同，知过而改，仍可得“吉”。 ⑥号咷：大哭。 与人和同之人，先遭危难而大哭，后得援助而大笑。由于大师克敌制胜，相遇会师。说明与人合同，可转悲（哭）为喜（笑）。 ⑦郊：金景芳言：“郊在邑之外，野之内。” 与邑外之人和同，虽不及“同人于野”，仍“无悔”。

【评析】 同人，强调和同的重要性。和同的范围越广越好。最理想的是“同人于野”，其次是“同人于郊”，再次是“同人于门”，最末是“同人于宗”。“同人于宗”，已难免给自己带来困难，但它仍比主动与别人为敌为好。“伏戎于莽”，是主动出击，全无“同人”精神，故遭来“三岁不兴”的大祸。如能主动改悔，尚可转危为安。表现了先民热爱和平、反对侵略的美好愿望。

【彖传】

同人：柔得位得中，而应乎乾，曰“同人”[①]。《同人》曰：“同人于野，亨，利涉大川”，乾行也[②]。文明以健，中正而应，“君子”正也。唯君子为能通天下之志[③]。

【注释】 ①《同人》之六二，阴居中位，此为“柔得位得中”；《同人》之上卦为“乾”，“九五”乃阳居中位，六二与之相应，故曰“应乎乾”。全卦只此阴爻，众阳应一阴，正含有齐同、和同之意，故称“同人”。 ②“同人曰”三字，疑衍。“乾行”，即君道得以推行。③同人，上乾下离，乾为健，离象日，象文明，故曰“文明以健”。“六二”与“九五”刚柔相应，又居中正之位，是“中正而应”，故利君子。同人于郊、同人于野，故“能通天下之志”。

【评析】 《彖传》提出“唯君子为能通天下之志”的命题，其意是说，君子能洞察天下人心之所好所恶，所取所舍，所是所非，因而能够作出顺民心、合民意的种种决策，充分说明了统治者体察民情的重要性，具有民本思想。

【象传】

［初九］“出门同人”，又谁咎也[①]？

［六二］“同人于宗”，吝道也[②]。

［九三］“伏戎于莽”，敌刚也。“三岁不兴”，安行也[③]。

［九四］“乘其墉”，义弗克也。其“吉”，则困而反则也[④]。

[九五] 同人之“先”，以中直也。“大师相遇”，言相克也[⑤]。

[上九] “同人于郊”，志未得也[⑥]。

【注释】 ①出门能与人和同，有谁怪咎呢？ ②与本宗族的人和同，范围过窄，故称“吝道”。 ③伏戎于莽，遭致失败，因为敌人太强大（敌刚）。三岁不兴，安能行其初愿（安行）？ ④义：道义。 困：穷困。反则：回复到原则立场。 爬上人家的高墙，于义不正；其所以得“吉”，因其处穷困而能改过（回到正确原则）。 ⑤中直：中正也。克：克敌制胜。先号咷而后笑，是因其能行“中正”之道。 大师相遇：谓共同克制敌人。 ⑥志未得：未得遂其“同人于野”之志。

【评析】 《象传》在释本卦时所透露的思想，基本与经义一致，强调“同人于野”，未见有新的发挥。“困而反则”仍可得吉，是主张知难而退，不可一意孤行。

大有☲☰（乾下离上）

大有：元亨[①]。

初九：无交、害匪，咎；艰则无咎[②]。

九二：大车以载，有攸往，无咎[③]。

九三：公用亨于天子，小人弗克[④]。

九四：匪其彭，无咎[⑤]。

六五：厥孚交如，威如，吉[⑥]。

上九：自天祐之，吉，无不利[⑦]。

【注释】 ①大有：卦名。卦象乾下离上。《序卦》曰：“与人同者，物必归焉，故受之以大有。”众物归已，必是大丰收。古称五谷大熟，为大有之年。畜牧、渔业丰收，亦可称大有。 ②无交：没有朋友。 匪：

借为“彼”。艰：险难也。没有朋友，而又伤害他人，必然造成灾难。遇到艰险，警慎戒惧，仍无咎。③往：以物予人。大车运载财物，对别人有所赠与，则无咎。④亨：通“享”，读为“飨”，此指国宴。公侯可参加天子举行的国宴，平民则不可。⑤匪：同非。彭：虞翻作“尫”。虞注：“足尫，体行不正。”引申为行为不正。非议行为不正之人，可无咎。⑥厥：其也。交：通“皎”，明亮。如：犹“然”。他诚实守信用，光明磊落，而又显露出威严，因此“吉”。⑦有上天保佑，必然吉祥，而无不利。

【评析】　本卦与《同人》联系紧密。《同人》强调与人和同，《大有》强调与人相交。“大车以载”，对人有所赠与（“有攸往”），得“吉”。“无交”而伤害他人（“害匪”），必招咎。

【彖传】

大有：柔得尊位大中，而上下应之，曰“大有”①。其德刚健而文明，应乎天而时行，是以元亨②。

【注释】　①此释“大有”。六五为阴爻，又居上卦之中，此为“柔得尊位大中”；柔得尊位而有五阳上下相应，亲和无比，故为“大有”。②释“元亨”。大有，乾下离上，乾为刚健，离为文明，故曰“德刚健而文明”。六五有乾阳相应，是为“应乎天”。有刚健文明之德，而又能得天之应，因时而行，故“元亨”。

【评析】　《彖传》赞扬刚健文明之德，有此德而应于天，行乎时，则大亨大吉。刚健而文明，乃中华民族传统美德，值得大加发扬。

【象传】

［初九］大有，“初九”，“无交”，害也①。

［九二］“大车以载”，积中不败也②。

［九三］“公用亨于天子”，“小人”害也③。

[九四]“匪其彭，无咎”，明辩晢也[4]。

[六五]“厥孚交如”，信以发志也。“威如”之“吉”，易而无备也[5]。

[上九]大有上吉，“自天佑”也[6]。

【注释】 ①大有之年，与人无所交往，必有祸害。 ②用大车运载财物，所积财物全在其中，故“不败”。 ③公侯参加国宴，若“小人”混杂其中，必有大害。 ④明辩晢：金景芳注“非常明智”。非议行为不正之人而无咎，因其非议十分明智。 ⑤发：明也。 易：更换。厥信“交如”（其诚信皎洁透明），目的是伸信义以明大志。“威如”（显示威严）而“吉”，是因为若失其威严便无所防备，（难免受人欺凌）。 ⑥上九之所以吉，因为上天护佑。

【评析】 《象传》提倡“信以发志”，主张借助诚信以明大志，既可动人，亦可感天，故孔子曰：“人而无信，不知其可也。”

谦䷎（艮下坤上）

谦：亨。君子有终[1]。

初六：谦谦君子，用涉大川，吉[2]。

六二：鸣谦，贞吉[3]。

九三：劳谦，君子有终，吉[4]。

六四：无不利，㧑谦[5]。

六五：不富以其邻，利用侵伐，无不利[6]。

上六：鸣谦，利用行师征邑国[7]。

【注释】 ①谦：卦名。卦象艮下坤上。《序卦》“有大者，不可以盈，故受之以谦”。可知“谦”乃“盈”的对立面，有“虚”义。今言“谦虚”、“谦逊”、“谦让”是也。亨：通也。 终：结果。 能谦虚，则万事亨通。君子行此德，必有好结果。②谦谦：谦而又谦。涉大川：过大河，泛指做艰难之事。谦而又谦的君子，可以度过艰险，得到吉祥。③鸣：指享有盛名。有盛名而行谦德，自能得吉。④劳：有功劳。有功劳而能谦让，君子有善终。⑤㧑：施行。随时注意施行谦德，则“无不利”。⑥不富：物资不丰富。以：因也。邻：邻邑或邻国。国之不富，因受邻国掠夺；讨伐侵略者，无不利。⑦行师：指挥军队。邑国：邻国。享有盛名而能谦逊的人，利于举兵讨伐邻国。

【评析】 本卦集中赞颂“谦”德。认为“谦”是人类生活中的高尚品德，有了它，处世无所不利。经文列举了“谦谦”、“鸣谦”、“劳谦”、“㧑谦”等不同表现，断占都有好结果。这一观念对中华民族的道德有深远影响。

【彖传】

谦，“亨”[①]。天道下济而光明，地道卑而上行[②]。天道亏盈而益谦，地道变盈而流谦，鬼神害盈而福谦，人道恶盈而好谦[③]。谦，尊而光，卑而不可逾，君子之终也[④]。

【注释】 ①谦亨：守谦德者必亨通。②济：通达。天道下济，表现为光明普照；地道卑下，结果却能气上云天。③亏盈，有亏有盈。变盈，盈而必变。害盈，损害盈满。恶盈，厌恶盈满。从天道、地道、神鬼、人道四方面，说明“盈”不可久。相反，“谦”则有“益”。天益之，地成（流注于其中）之，鬼神“福”之，人“好”之。可见，谦道光明亨通。④逾：逾越。具备“谦”德者，处尊位；显示光明；处卑位，却不可逾越。君子自始至终守谦德。

【评析】 《彖传》赞颂谦德，反对骄盈。“天道亏盈而益谦，地道变盈而流谦，鬼神害盈而福谦”。高度概括了福谦祸盈的原则，揭示了“谦受益，满招损”的人生哲理。

【象传】

【初六】“谦谦君子”，卑以自牧也[1]。

［六二］“鸣谦贞吉”，中心得也[2]。

［九三］“劳谦君子”，万民服也[3]。

［六四］无不利“㧑谦”，不违则也[4]。

［六五］“利用侵伐”，征不服也[5]。

［上六］“鸣谦”，未得志也。可“用行师”，征邑国也[6]。

【注释】 ①牧：养也。 卑以自牧，自甘卑下，以养谦德。②心：疑当作“正”。 得：通“德”。指六二居中正位，有中正之德。鸣谦者有中正之德，故“吉”。 ③劳谦君子，万民无不归服。 ④不违则：不敢违反福谦祸盈的天道。 “㧑谦”之“无不利”，因其未违反自然法则。 ⑤不服：不驯服。 讨伐有利，是因为惩罚捣乱者。⑥未得志：未遂其志。 仅有“鸣谦”，未遂其志。“行师征邑国”，才能伸张正义。

【评析】 《象传》评述了“谦”的不同表现形式。认为最好是“劳谦”，可使“万民服”；其次是“㧑谦”，“无不利”；再次是“谦谦”，能“卑以自牧”。“鸣谦”，未能遂其志，必须“行师征邑国”，才能伸张正义。

豫䷏（坤下震上）

豫：利建侯，行师[1]。

初六：鸣豫，凶[2]。

六二：介于石，不终日，贞吉[3]。

六三：盱豫，悔；迟，有悔[4]。

九四：由豫，大有得。勿疑，朋盍簪[⑤]。

六五：贞疾，恒不死[⑥]。

上六：冥豫成，有渝无咎[⑦]。

【注释】 ①豫：卦名。卦象坤下震上。《周易程氏传》云：“豫者，安和悦乐之义。”建侯：封侯建国。 行师：兴师出征。 当社会安和人民悦乐之时，可封侯建国，奖励臣民，兴师讨伐，以惩顽敌。 ②鸣：有名声。 豫：安乐。声名在外，日居安乐，忘乎所以，必招凶祸。 ③介：同砎，坚也。 于：如。 介于石：坚如石。 不终日：言变化迅速。 贞吉：固守则吉。④盱：上视也。 盱豫：贪慕在上位者的安乐。 居下位而贪慕在上者的安乐，不安分，故有悔。“迟”而不改，又有大悔。 ⑤由豫：有来由的安乐。勿疑：不要疑虑。 朋：朋友。 盍：何不。 簪：通赞，助也。 安乐而有缘由，自会大有所得。胸怀坦白，无所疑虑，朋友何不赞助。 ⑥疾：病也。 六五居君位而柔弱，又乘九四之刚，处势危殆。但能守中正之道，故恒久不死。 ⑦冥豫：糊涂而享受安乐。朱子云：“以阴居豫极，为昏冥于豫之象。” 成：成性也。 有渝：有改悔。 糊涂而享受安乐已成习性，有所改悔则“无咎”。

【评析】 《豫卦》对“豫”持有谨慎态度。它将“豫”分为“鸣豫”、“盱豫”、“由豫”、“冥豫”等表现形式。“由豫”最佳，可以“大有得”。“鸣豫”最险，征兆是“凶”。“盱豫”与“冥豫”，或“有悔”，或“有渝无咎”，由此可见，《易》的作者不主张无缘由地享受安乐，教人要居安思危。卦辞言“豫，利建侯，行师”，是教导统治者在和乐之时，要注意安定内政，抵御外患，千万不可居安忘危。

【彖传】

豫：刚应而志行，顺以动，豫[①]。豫，顺以动，故天地如之，而况“建侯行师”乎[②]？天地以顺动，故日月不过，而四时不忒，圣人以顺动，则刑罚清而民服。豫之时义大矣哉[③]。

【注释】 ①释卦名。刚应，指以柔应刚。豫卦五爻皆阴柔，唯九四为阳刚，是众柔应一刚。以柔应刚，则柔顺刚动，阳刚之志推行，其乐无比，故卦名“豫”。②顺以动：豫卦坤下震上，坤为顺，震为动，故“顺以动”。 天地尚且遵循“顺以动”的法则，何况建侯行师？③过：差错。 忒：过失。 天地“顺以动”，故日月运行无差错，四时更替无差失。圣人“顺以动”，则刑罚清明，人民乐意服从。因时“顺以动”之意义真重大。

【评析】 《彖传》非常重视“顺以动”（即顺应客观法则而动）。在它看来，天地能“顺以动”，“故日月不过，而四时不忒”；圣人能“顺以动”，“则刑罚清而民服从”。可见，“顺以动”乃是天地人都应遵循的基本法则。若不因时而动，其害甚大。

【象传】

［初六］初六“鸣豫”，志穷“凶”也[①]。

［六二］“不终日，贞吉”，以中正也[②]。

［六三］“盱豫有悔”，位不当也[③]。

［九四“由豫大有得”，志大行也[④]。

［六五］六五“贞吉”，乘刚也。“恒不死”，中未亡也[⑤]。

［上六］“冥豫”在“上”，何可长也[⑥]？

【注释】 ①穷：狭隘。 得意忘形，陷于逸乐，是心志狭隘的表现，必凶。 ②中正：指六二居中正位。 “不终日，贞吉”，以其能行中正之道。 ③位不当：指六三阴居阳位，故有悔。 ④九四之阳刚，上承柔弱之君，当天下之任，其志得以大行。 ⑤承刚：指六五居九四之上，是以柔乘刚。 中未亡：指六五未失中正之道。 六五以柔乘刚而“贞吉”，其所以“恒不死”，因为未失中正之道。 ⑥何可长：不长久。 上六以阴柔而居上，无阳刚相承，故不可长。

【评析】 《象传》对于“鸣豫”（得意而逸乐）、“盱豫”（贪慕在上位者的欢乐）、“冥豫”（糊里糊涂的欢乐）都是不赞同的，认为“鸣豫”其志必穷，“盱豫”而往不当，“冥豫”不可长久。唯独“由豫”（有缘由的欢乐）能大行其志。表明《象传》作者对待安乐问题持审慎态度。

随䷐（震下兑上）

随：元亨利贞，无咎[①]。

初九：官有渝，贞吉。出门交，有功[②]。

六二：系小子，失丈夫[③]。

六三：系丈夫，失小子，随有求，得。利居贞[④]。

九四：随有获，贞凶。有孚在道，以明，何咎[⑤]？

九五：孚于嘉，吉[⑥]。

上六：拘系之，乃从维之，王用亨于西山[⑦]。

【注释】 ①随：卦名。卦象震下兑上。陆德明曰：“随，从也。” 元亨利贞：元，弘大；亨，通达；利，利他；贞，坚固。古称元、亨、利、贞为“四德”。 人能随从弘大、通达、利人、坚贞四种美德，就无灾咎。或释“元亨利贞”为事物发展的开始、发展、成熟、收藏四节律，谓顺从自然节律行事则无咎。参阅乾卦注。 ②渝：改变。 交：社交。官吏有变，筮遇此爻，得吉。出门进行社交，必有功劳。 ③系：关系。小子：小人（指初九）。 丈夫：大人（指九五）。 《周易程氏传》曰：“初阳在下，小子也；五正应在上，丈夫也。二若志系于初，则失九五之正应，是失丈夫也。”谓六二有中正之德，当随九五而不当随初九。若与小人发生关系，势必丧失与大人的关系。 ④丈夫：大人，指九四。小子：小人，指初九。 《周易程氏传》曰：“阳之在上者，丈夫也，居下者，小子也。”（九三）“上系于四，故下失于初，舍初从上，得随之宜也”，与大人发生关系，而放弃与小人的关系，这样的随从，有求必得。筮遇此爻，利于居处。 ⑤随有获：指六三追随九四（上文“系丈夫”）而九四有所获。凶：结局不妙。王弼云：九四“居于臣地，履非其位，以擅其民，失于臣道，违正者也，故曰凶”。“有孚在道，以明，何咎”：属另占。孚，俘虏。以，能也。明，察也。在途中获得俘虏，能对之有所明察，何咎之有。⑥孚：诚信也。嘉：美善也。施诚信于善意相随者，故吉。《周易程氏传》曰：“九五居尊得正而中实，是其中诚在于随善，其吉可知。”⑦拘系：束缚。从：借为纵，释放。维：系也。从维：解除拘系。王：指周文王。西山：岐山。亨：同享，祭也。先是紧紧地束缚着，后乃释放。文王（被释）乃祭享于岐山。（指文王被囚后释放的故事。）

【评析】《易》把“随”看作“元、亨、利、贞”的体现：视为最高美德。但它所讲的“随”，是有原则的。首先，他主张随上而不随下。六二随初九是随下，被看作“系小子，失丈夫”，表明随下不可取。六三随九四，是随上，被看作“系丈夫，失小子”，故曰“随有求得”，表明随上可取。其次，《易》虽推崇“随”，但它不主张盲从。如果随到极点，必是盲从，其结果必然被人拘系，最后成为牺牲品。上六正属此例。

【彖传】

随：刚来而下柔，动而说，随[①]。大亨贞，无咎，而天下随时。随时之义大矣哉[②]。

【注释】①随卦震下兑上，震为阳，为刚；兑为阴，为柔。是刚居柔下之象，故曰“刚来而下柔”。动而说：震为动，兑为悦，是为“动而说”。《彖》意：以刚下柔，而其动又能有所悦，这就叫做“随”。可见，“随”可以给人带来喜悦。②时：时机。《彖》谓：看准时机而相“随”，可以得到“大亨贞”、“无咎”的好处，可见“随时”的意义重大。

【评析】《彖》提倡“天下随时”。“随时”，也就是顺时而动。在《彖》的作者看来，如果天下人都能遵循自然法则，顺应时令，随时而动，那就能“动而说”，得到“大亨贞”的社会效果。若非随其时而动，乃妄动，必凶。

【象传】

［初九］“官有渝”，从正“吉”也。“出门交，有功”，不失也①。

［六二］“系小子”，弗兼与也②。

［六三］“系丈夫”，志舍下也③。

［九四］“随有获”，其义“凶”也。“有孚在道”，“明”功也④

［九五］“孚于嘉吉”，位中正也⑤。

［上六］“拘系之”，上穷也⑥。

【注释】 ①渝：改变。《象传》是说，官有所变，因其顺从正道，故能吉利。出门社交之所以“有功”，是由于不失正道。②兼与：犹兼有。《象传》是说，“系小子”之所以“失丈夫”，是因为二者不能兼而随之。③志舍下：志在舍下而从上。传意：其所以“系丈夫”而“失小子”，在于舍下而从上。④随而轻易有所获，本身就含有“凶”义。在途中获得俘虏，是明察之功。⑤“孚于嘉，吉”，是因九五其位中正。⑥上六之所以被“拘系之”，那是由于它随从至极，陷于困境。

【评析】 《象传》认为，当上下不能兼而“随”之之时，应舍下而从上。同时，“随”应当适可而止，随从到极端，不问是非，就会穷困，走向反面。

蛊☶☴（巽下艮上）

蛊：元亨。利涉大川，先甲三日，后甲三日[①]。

初六：干父之蛊，有子，考无咎。厉，终吉[②]。

九二：干母之蛊，不可贞[③]。

九三：干父之蛊，小有悔，无大咎[④]。

六四：裕父之蛊，往见吝[⑤]。

六五：干父之蛊，用誉[⑥]。

上九：不事王侯，高尚其事[⑦]。

【注释】 ①蛊：卦名。乱也，病也。卦象巽下艮上。巽为风，艮为山，《程氏传》曰："风在山下，遇山而回则物乱，是为蛊象。蛊之义，坏乱也。"先甲三日，后甲三日：古代以甲、乙、丙、丁、戊、己、庚、辛、壬、癸十天干记日。每旬之第一日为甲日，第十日为癸日，周而复始。先甲三日，即甲日前第三日，为辛日；后甲三日，即甲日后第三日，为丁日。 筮遇此卦，有大亨通之兆，辛日和丁日利于涉大川。 ②干：正也。 蛊：弊端。 考：父。 厉：病苦。 儿子能匡正父亲的弊端，有这样的儿子，父亲无有灾咎。虽有病苦，"终吉"。 ③不可：时机不到。 贞：守正道。 儿子匡正母亲的弊乱，时机不成熟，守正以待。 ④子匡父弊，虽有"小悔"，也无大灾。 ⑤裕：宽缓也。 宽容父亲的弊乱，往后必有困难。 ⑥子匡父弊，必受赞誉。 ⑦事：从事（动词）。 事：行为（名词）。不从事王侯攘夺之事，是高尚行为。

【评析】 《易》赞颂"干父之蛊"，即儿子匡正父辈的弊端。干父之蛊者，或"终吉"，或"无大咎"，或"用誉"，均无不祥。认为"不事王侯"，乃"高尚"之事。在阶级社会，王侯多凶恶，此种思想有进步影响。

【彖传】

蛊：刚上而柔下，巽而止，蛊[①]。《蛊》，“元亨”，而天下治也[②]。利涉大川，往有事也[③]。“先甲三日，后甲三日”，终则有始，天行也[④]。

【注释】 ①蛊：拯弊治乱。蛊卦巽下艮上，艮为阳刚居上，巽为阴柔居下。 巽而止：巽为风，艮为止。巽而止即“风而止”。 阳刚处上，阴柔处下，让歪风止息，这就叫拯弊治乱。 ②元亨：大大通达。治乱之举，大大亨通，表明天下大治。 ③利涉大川：喻为治国之事而往，可得到成功。 ④天行：天的运行。 此释“先甲三日，后甲三日”。高亨注：“盖由甲前之三日至甲后之三日，共为七日，天道之运行始于一而复于七，终则又始，往复循环。”

【评析】 《彖传》主张拯弊、治乱之事，要刚毅处上，柔弱处下，停息歪风，以正压邪，以德治国，旨在维护贵贱有序的封建统治秩序。

【象传】

［初六］“干父之蛊”，意承考也[①]。

［九二］“干母之蛊”，得中道也[②]。

［九三］“干父之蛊”，终“无咎”也[③]。

［六四］“裕父之蛊”，往未得也[④]。

［六五］“干父用誉”，承以德也[⑤]。

［上九］“不事王侯”，志可则也[⑥]。

【注释】 ①考：成就。 “干父之蛊”，志在承继前辈的成就。②九二以阳爻居中，故谓“干母之蛊”，符合中正之道。 ③子匡父弊，最终不会有灾咎。 ④往未得：往后无所得。此释“往见吝”。⑤“干父之蛊”而享美誉，所继承者乃先辈美德。 ⑥则：准则。“不事王侯”之“志”，可为后世准则。

【评析】　《象传》肯定“不事王侯”是可贵的品德，并认为此品德可以作为后世准则。鼓励贤明之人保持高尚品德，不与昏庸统治者同流合污，有进步意义。

临䷒（兑下坤上）

临：元亨，利贞。至于八月，有凶①。

初九：咸临，贞吉②。

九二：咸临，吉，无不利③。

六三：甘临，无攸利；既忧之，无咎④。

六四：至临，无咎⑤。

六五：知临，大君之宜，吉⑥。

上六：敦临，吉、无咎⑦。

【注释】　①临：卦名，从高处往下看。卦象兑下坤上。此指在上者审察民情，治理民政。　元亨、利贞：大为亨通，利于正固。　至于八月，有凶：到了八月，会有凶险。因仲秋之月，“杀气浸盛，阳气日衰”。(《礼记·月令》)　②咸：感也。咸临：即感临。　以感化措施临治其民，占之得吉。　③吉：以感化方法治理民事，故“吉，无不利”。④甘：甜、悦。以甜言蜜语，笼络人心，治理民事，必无所利。若能预为忧患而改正，则无咎。　⑤至：接近，亲近。　在上位者能亲自处理国事，礼贤下士，则“无咎”。　⑥知：同智，智慧。　大人君子，宜于运用智慧，知人善任，治理民事，从而得“吉”。　⑦敦：温柔敦厚。能以敦厚态度临民，民心悦服，则吉而无咎。

【评析】　《临卦》强调统治者应当临民视事，深入下层，以便密切君民关系。但“临”是有原则的，《易》对“知临”、“敦临”、“至临”、“咸临”（即感临）都是肯定的，唯独对“甘临”持否定态度。所调“甘临”，就是以甘悦相临，此乃笑里藏刀、口蜜腹剑之喻。

【彖传】

临，刚浸而长，说而顺，刚中而应①。大亨以正，天之道也②。至于八月“有凶”，消不久也③。

【注释】 ①浸：渐。刚浸而长：指初九、九二有阳刚渐长之象。临卦下兑上坤，兑为悦，坤为顺，是为“说而顺”。九二阳刚得中，上应阴柔之六五，是为“刚中而应”。 “临卦”有阳刚浸长，和悦顺从，刚柔相应的特点。 ②大亨而守正道，符合天（自然）的法则。此释元亨、利贞。 ③临卦九二以后全为阴柔，象征阳气渐消，不可长久，故曰“消不久”。因为阳气将消而不能长久，故“至于八月，有凶”，阴柔渐长，杀气日盛也。

【评析】 《彖》在此再次突出“尚刚”思想。认为阳刚渐长，阳刚处中，阴柔应刚，均得“大亨以正”之德，合乎“天道”。反之，如阴柔渐长，杀气日盛，刚柔不相应，定有凶灾。

【象传】

［初九］“咸临贞吉”，志行正也①。

［九二］“咸临，吉无不利”，未顺命也②。

［六三］“甘临”，位不当也。“既忧之”，咎不长也③。

［六四］“至临无咎”，位当也④。

［六五］“大君之宜”，行中之谓也⑤。

［上六］“敦临之吉”，志在内也⑥。

【注释】 ①志行正：志气、品行端正。初九阳爻居阳位，上应六四之正。 ②未顺命：未顺从君命。 民未顺从君命，君乃以感化之道相临。 ③位不当：指六三以阴柔而居阳位，且下乘九二阳刚。 咎不长：灾咎短暂，不会长久。《象》是说：因其处位不当，若能忧惧改悔，谨慎从事，其咎“不长”。④位当：指六四阴爻居阴位，得当。《程传》云：“居近君之位，为得其任；以阴处四，为得其正；与初相应，为正贤。所以无咎，盖由位之当也。” ⑤行中：指六五居上卦之中。大君之所以“知临”得宜，因其能行中正之道。 ⑥志在内：指心志在邦国之内。“敦临之吉”，显示君主志在邦国，深受爱戴。

【评析】 《象传》特别重视“咸临”（即感临）。它认为，当着民“未顺命”之时，以仁德感化之，则可使民众由不服从转化为顺从，故曰“咸临吉”，无不利。“敦临”之所以吉，因君主志在邦国内政，急民之急，深得民心。

观䷓（坤下巽上）

观：盥而不荐，有孚颙若①。

初六：童观，小人无咎，君子吝②。

六二：窥观，利女贞③。

六三：观我生，进退④。

六四：观国之光，利用宾于王⑤。

九五：观我生，君子无咎⑥。

上九：观其生，君子无咎⑦。

【注释】 ①观：卦名，观看，观望，观察。卦象坤下巽上。 盥：马融曰：“进爵灌地以降神也”，即用酒洒地祭神。荐：献牲于神。盥而不荐：只祭酒而不献牲。 有：用、以。 孚：诚信。 颙若：仰望貌。 有孚颙若：以诚信严肃的神情仰望于上（指上天）。 在祭酒而尚未献牲之时，以诚信严肃的神情仰望上天。 ②童观：幼童般观奇景。筮遇此爻，小人无灾，君子有憾。③窥观：从门缝向外偷看。 倚门偷看，利于闺房女子。 ④生：同姓。我生：即我姓，指本宗族。

进退：或进或退。 考察宗族意向，决定进退良策。 ⑤观国之光：看到国家的光明。 宾：辅、服也。 看到国家的光明，应当入朝辅佐君王。 ⑥考察宗族愿望，依此施政可无咎。 ⑦其生：他姓，即异族。考察异族民众的意向，吸取教益，亦可“无咎”。

【评析】 《观卦》透露了唯物主义反映论观念。提倡把施政方针建立在“观”的基础上，既要观本族（观我生），亦要观他族（观其生）。“观我生”，考察本族意向，然后决定施政良策，表明对血族关系的重视。还要“观其生”，考察异族动向，以资借鉴，反映了克服宗法思想的狭隘性的初步意向。

【彖传】

大观在上，顺而巽，中正以观天下。观[1]，“盥而不荐，有孚颙若”，下观而化也[2]。观天之神道，而四时不忒。圣人以神道设教，而天下服矣[3]。

【注释】 ①大观在上：指在上位的君主当以开阔之眼界遍观天下。“观卦”九五为阳爻而处君位，其下四爻均为阴爻，像臣民居下。故有君主居上观下之象。 顺而巽：顺从而谦逊。观卦坤下巽上，坤为顺；巽者逊也。 中正以观天下：指九五正位得中，象征执中正之道以观天下。此观之本义。 ②下观：在下者观察在上者的作风。 化：感化。下民观察上级的作风，受到感化。 ③忒：差失。 神道：神妙的法则。观察天象变化的神妙法则，知四时运行无有差失；圣人遵循神妙法则推行教化，天下乃民无不诚服。

【评析】 《彖》在此提倡“以神道设教”，本在要求遵循自然法则。后来，封建统治者加以曲解，认为只要向人民宣传神灵的旨意，就可以使老百姓驯服地服从统治，以此为“神权政治”创造理论依据。

【象传】

［初六］初六“童观”，“小人”道也[1]。

［六二］“窥观，女贞”，亦可丑也②。

［六三］“观我生，进退”，未失道也③。

［六四］“观国之光”，尚宾也④。

［九五］“观我生”，观民也⑤。

［上九］“观其生”，志未平也⑥。

【注释】 ①幼稚的童观，是小人的见识。 ②从门缝偷看，是“可丑”的行为。 ③生：民也。 考察民意，确定进退方针，不失正道。 ④尚：上。能有机会“观国之光”，那是上宾。 ⑤观我生，关键在观民。 ⑥志未平：心志不安定。 考察他国人民生活，以为借鉴，表明治国安民之志尚未平定。

【评析】 《象传》提倡统治者既要考察本国老百姓的意向，还要考察别国老百姓的生活情况，知己知彼，广泛深入地了解情况，更好地制订治国安民的良策。此种思想颇有历史进步意义。

噬嗑☲☳（震下离上）

噬嗑：亨。利用狱①。

初九：屦校灭趾，无咎②。

六二：噬肤灭鼻，无咎③。

六三：噬腊肉遇毒，小吝，无咎④。

九四：噬干胏，得金矢，利艰贞，吉⑤。

六五：噬干肉，得黄金，贞厉，无咎⑥。

上九：何校灭耳，凶⑦。

【注释】 ①噬嗑：卦名。卦象震下离上。何谓“噬嗑”？王弼曰：“噬，嚼也；嗑，合也。”高亨曰：“噬嗑即口中含物而咀嚼之。” 口中含物而嚼之，筮遇此卦，宜于对罪犯施用刑狱。 ②屦：曳也。 校：

木制刑具，如枷。 灭：掩也。 屦校灭趾：足部拖着木制刑具，掩盖了足趾。此是轻刑。如吸取教训，改过从善，可“无咎”。《系辞下》曰：“小惩而大诫，此小人之福也。”③肤：马融曰“柔脆肥美曰肤”，即肥肉。 灭鼻：掩盖了鼻子。 （贵族）吃大肉，享美餐，肉掩其鼻，安乐“无咎”。 ④吃腊肉而中毒，毒性不烈，引起小麻烦，终于无灾。(注：腊肉为兽肉制成。人们用毒箭射得野兽，故肉中有毒。) ⑤干胏：带骨的干肉。 金矢：铜箭头。 吃带骨干肉，发现肉中有铜箭头。筮遇此爻，利于在艰难中保持坚贞，得吉祥。 ⑥黄金：指铜箭头。吃干肉，发现肉中有铜箭头。筮遇此爻，有危险，无大问题。 ⑦何：借为荷，负也。 罪人肩负着沉重的木枷，遮盖了耳朵。罪行严重，前途凶险。

【评析】 一、《噬嗑》反映了古代渔猎生活。从文字内容看，当时渔猎生产比较发达，人们打猎得到的肉类较多，除了平时食用外，还制成干肉、腊肉。打猎的主要工具是弓箭，箭头用铜制。

二、反映了阶级对立状况。一方面，贵族们吃着干肉、肥肉，另一方面奴隶们受着残酷刑罚，被木制刑具所折磨，过着非人生活。

【彖传】

颐中有物，曰噬嗑。噬嗑而“亨”[①]，刚柔分，动而明，雷电合而章[②]。柔得中而上行，虽不当位，“利用狱”也[③]。

【注释】 ①颐：腮也。 口中咀嚼食物，叫做噬嗑。经过噬嗑，饮食通利。②刚柔分：噬嗑卦阴爻与阳爻各为三，阴阳均等，刚柔平分。动而明：噬嗑下震上离，震为动，离为火（明），故曰“动而明”。章：显耀，显著。噬嗑下震上离，震为雷，离为电，雷电交合则声光俱著。 ③柔得中而上行：噬嗑卦六二、六五均为阴爻，此为“柔得中”；六二、六三、六五，阴柔爻位上升，故曰“上行”。六三、六五均阴居阳位。虽不当位，却利于施用刑狱。

【评析】 《彖传》主张“用狱”。以“刚柔分”，喻正邪分明；以

“动而明”，喻断狱者明察；以“雷电合而章”（通彰），喻执法威猛；以“柔得中而上行”，喻执法者行中正之道。

【象传】

［初九］“屦校灭趾”，不行也①。

［六二］“噬肤灭鼻”，乘刚也②。

［六三］“遇毒”，位不当也③。

［九四］“利艰贞吉”，未光也④。

［六五］“贞厉无咎”，得当也⑤。

［上九］“何校灭耳”，聪不明也⑥。

【注释】 ①“屦校灭趾”，警告不能再犯以往的罪行。 ②乘刚：指阴柔之六二乘阳刚之初九。 筮肤灭鼻，因阴柔战胜阳刚而得福。③噬腊肉遇毒，是由于六三以阴爻而居阳位，“位不当”。 ④未光：未光大。九四以阳刚而居阴柔之位不当，故曰“未光”。未光则需艰贞乃可得吉。 ⑤“厉”而“无咎”，因六五居中以柔承刚，“得当”。⑥聪不明：听觉不灵敏，喻听不进忠告。 罪人之所以何校灭耳，是由于平时听不进忠言。

【评析】 《象传》指出了一些人犯大罪的重要根源，在于“聪不明”，即有耳听不进忠言。这是颇为深刻的人生哲理，至今犹有启迪意义。

贲䷕（离下艮上）

贲：亨。小利有攸往①。

初九：贲其趾，舍车而徒②。

六二：贲其须③。

九三：贲如濡如，永贞吉[④]。

六四：贲如皤如，白马翰如。匪寇，婚媾[⑤]。

六五：贲于丘园，束帛戋戋。吝，终吉[⑥]。

上九：白贲，无咎[⑦]。

【注释】 ①贲：卦名。何谓“贲”？《序卦》曰：“贲者，饰也。”卦象离下艮上，离为日，艮为山。日在山下，乃太阳出山或落山之时，阳光五彩缤纷，把大地装饰得很美。故“贲”者，饰也。 物有饰，故美。筮遇此卦，“小利，有攸往”。 ②趾：足也。 贲其趾：对足加以装饰。 舍：放弃。 把脚装备好，放弃车子徒步行走。喻贫贱不移，洁身自爱。 ③须：胡须。 文饰胡须，喻年高寿长的美髯公。 ④贲：借为奔，跑也。 如：然。 濡如：汗湿貌。 往前奔跑，汗水直淌。筮遇此爻，永远有吉。 ⑤皤：借为燔，如火焚。 翰如：飞奔。 匪：不是。 一路奔跑，心急如焚，骑着白马，飞奔而来。不是盗寇，是来娶亲。 ⑥贲：饰也。 丘园：古代嫁女的场所。 贲于丘园：将丘园装饰一新。 戋戋：马融曰：“委积貌。”束帛戋戋：一束束彩礼堆积。嫁女的丘园，张灯结彩，男方送来一大堆彩礼。经过故意刁难，终于吉祥如意。 ⑦白：素。 白贲：文饰素雅。 装饰素净淡雅。无咎。

【评析】 一、《贲卦》反映古人的审美观。一种是人格美，提倡高尚的人格，不慕虚荣，洁身自爱，宁可徒步走路，也不乘车招摇。一种是装饰美，或贲其趾，或贲其须，婚嫁装饰丘园。

二、《贲卦》还描述了古代婚嫁的习俗和气派，是重要的民俗学资料。

【彖传】

“贲，亨”。柔来而文刚，故亨[①]。分，刚上而文柔，故“小利有攸往”[②]。刚柔交错，天文也；文明以止，人文也[③]。观乎天文，以察时变；观乎人文，以化成天下[④]。

【注释】 ①文：装饰。 柔来而文刚：指下体离卦，一柔文二刚，刚柔交错，故“亨”。 ②分：刚柔分。 刚上而文柔：指上体艮卦，一刚文二柔。刚柔交贲以为文，故曰“小利有攸往”。③刚柔交错：今本无此句，据郭京说增补。即阴阳相杂。天文：天然的文饰，指自然美。文明以止：“贲”下离上艮，离为文明，艮为止，此乃“文明以止”。意为文明在使人之行有所止，即有所约制。人文：即人为的文饰，指人类伦理道德之美。刚柔交错，阴阳迭运，此乃天然的现象；文明而有所约止，这是人类社会的伦理道德现象。④化成：教化成全。观察自然现象，以掌握四时的变化；考察人类社会伦理道德现象，以教化天下，成全礼俗。

【评析】《彖传》倡导“观乎天文，以察时变；观乎人文，以化成天下”的政治谋略。要求政治家具有宽阔胸怀和远见卓识，从自然现象和人类社会现象中抽象出带规律性的东西，以指导社会实践，审时度势，“化成天下”。

【象传】

[初九]“舍车而徒”，义弗乘也[①]。

[六二]“贲其须”，与上兴也[②]。

[九三]“永贞”之吉，终莫之陵也[③]。

[六四]六四，当位疑也，“匪寇婚媾”，终无尤也[④]。

[六五]六五之“吉”，有喜也[⑤]。

[上九]白贲无咎，上得志也[⑥]。

【注释】①义：宜也。不坐大车靠步行，因其认为自己步行更为适宜。②与上兴：与在上者共同兴起。六二与在上之九三同兴，阴阳偕合，福寿齐全，得以“贲其须”。③陵：凌辱。坚贞之九三既得六二相承，吉庆如意，谁能凌侮之！④当位：指六四阴爻居阴位。疑：怀疑，指六四下有初九相应，又有九三相承。何亲何疏，产生怀疑。尤：怨也。六四虽处位适当，但下有阳刚相逼，难免心有疑虑。弄清娶亲意图后，才如释重负，再无怨尤。⑤六五之“吉”，在于喜事临门。⑥上得志：居上而得志。上九“白贲无咎”，因其居上而“得志”。

【评析】 《象》曰：“永贞之吉，终莫之陵也。”认为一个人道德完美，永久保持坚贞正义美德，别人就无法凌侮他，可立于不败之地。这说明“立德”对于做人多么重要。

剥䷖（坤下艮上）

剥：不利有攸往[①]。

初六：剥床以足，蔑贞，凶[②]。

六二：剥床以辨，蔑贞，凶[③]。

六三：剥之，无咎[④]。

六四：剥床以肤，凶[⑤]。

六五：贯鱼，以宫人宠，无不利[⑥]。

上九：硕果不食，君子得舆，小人剥庐[⑦]。

【注释】 ①剥：卦名，意为剥落，腐蚀。卦象坤下艮上。 不利有攸往：占断辞：不宜有所往。 ②剥床以足：床足腐蚀、霉烂。 蔑：借作梦。《释文》，“梦，本或作蔑。” 蔑贞：即占梦。 本文以床为喻，谓梦见床足开始剥落、腐蚀，是凶兆。 ③辨：高亨，“辨，读为牑，床板也。”梦见床板剥落、腐烂，是凶兆。 ④虽遭剥落，并无灾咎。 ⑤肤：床上草席。《集解》引崔憬曰：“床上肤谓荐席，若兽之有皮毛也。” 大床剥蚀已到草席，预兆大祸临头。 ⑥贯鱼：用绳将鱼贯串，依次排列。 宫人：宫女。宫女依次得宠于君王，无所不利。 ⑦硕果：肥大的果实。 舆：车。 剥庐：房屋毁坏。 肥大的果实未被摘食，君子摘食，可以做官有车坐；小人摘食，将无安身之地。

【评析】 本卦卦爻辞多借梦占预告吉凶。剥卦属于不利之卦。初六至六四通过梦见床足、床板到床上草席的逐渐腐烂，说明事物遭腐蚀是逐渐发展的。六五言宫女鱼贯依次得宠，说明事物循序渐进可以致利。上九说明同一现象对君子与小人意义不同，当作具体分析。全卦包含了渐变、循序、区别对待等思想萌芽。

【彖传】

剥，剥也，柔变刚也[①]。不利有攸往，小人长也[②]。顺而止之，观象也[③]；君子尚消息盈虚，天行也[④]。

【注释】 ①柔：阴的属性。 刚：阳的属性。 柔变刚：指剥卦反映阴柔浸蚀阳刚的现象。 ②小人长：小人势力增长。 不利有所往，因小人势力增长，君子将受羞辱。 ③顺而止之：剥卦下坤上艮，《说卦传》“坤，顺也；艮，止也”，故剥卦有顺势而止之象。 观象：观察卦象。 ④尚：崇尚，尊重。 消息盈虚：消亡与生息，盈满与亏虚，指对立统一的两对范畴。 天行：自然运行的常道。 君子崇尚事物间此灭彼生、彼盈此虚相互转化之道，顺应自然界运动变化的规律。

【评析】 以阴柔克阳刚，象征不吉利，反映了儒家伦理观。但刚柔关系包含顺应自然界消亡与生息、盈满与亏虚等矛盾双方相互转化的合理思想。以剥卦言，阴盛阳消之时，应顺时待变，可避免祸事。这是《易传》将古经经义哲理化的又一例证。

【象传】

[初六]“剥床以足”，以灭下也[①]。

[六二]“剥床以辨”，未有与也[②]。

[六三]“剥之无咎”，失上下也[③]。

[六四]“剥床以肤”，切近灾也[④]。

[六五]“以宫人宠”，终无尤也[⑤]。

[上九]“君子得舆”，民所载也。“小人剥庐”，终不可用也[⑥]。

【注释】 ①灭下：毁灭其下部。剥卦五阴上承一阳，有以砖支床之象。床之倾塌是从床足朽烂开始的。 ②未有与：未有相呼应者。二和五为相应之爻。今二五皆为阴柔，相互排斥，未能阴阳相应，故言“未有与”。 ③失上下：对六三而言，上指六四，下指六二。失，指失群，不协同一致。剥之象，六三居中，与上下同属阴爻。但与众不同，独与上九阳爻相应，构成对立统一体，它有别于上下群体，既不剥阳，又不逼阳，但力量薄弱，只保无咎。 ④切近灾：灾祸迫近。六四表明阴爻剥阳之势已由下体转入上体，与上体无应无比，毁灭之势已成，阴盛已极，故切近灾祸。 ⑤无尤：无怨尤。六五为众阴之首，率领其他四阴爻鱼贯而列，邀宠于唯一的阳爻上九，如同后宫侍妾依次得到君王宠爱，无有怨尤。 ⑥民所载：为人民所爱戴。 终不可用：终究不可信用。 卦象一阳覆五阴，象征君子品德高尚受赐车马，为百姓所拥戴。但一阳覆五阴，又有庐舍墙脚虚蚀，难支大厦之象，故言群阴之小人不可信用。

【评析】 《象传》揭示：事物的变化是由局部向全面、由不严重向严重发展的。无对立统一关系者兆凶，有对立统一关系者无咎、无不利。同一卦象，因君子小人不同而被赋予不同的象征意义，表明《象传》作者释经文力图贯彻阴阳调和思想，但亦充满“君子”优于“小人”的等级观念。

复䷗（震下坤上）

复：亨[①]。出入无疾，朋来无咎；反复其道，七日来复。利有攸往[②]。

初九：不远复，无祗悔，元吉[③]。

六二：休复，吉[④]。

六三：频复，厉，无咎[⑤]。

六四：中行，独复⑥。

六五：敦复，无悔⑦。

上六：迷复，凶，有灾眚。用行师，终有大败；以其国，君凶，至于十年不克征⑧。

【注释】 ①复：卦名，意为反复。引申为回头、改悔。卦象震下坤上。 亨：断占辞，谓亨通，顺利。 ②出入无疾：谓出入本家或乡土均无灾害。 朋来无咎：谓朋友来往不会发生遗憾的事。 反复其道："反"，通"返"；道，规律，意谓阴阳消长往来的规律。 七日来复：阴阳交互往复变化，以七日为一周期。《集解》引虞翻曰："乾成坤反出于震而来复。""消乾六爻为六日，刚来反初，故七日来复。"此即是说：以卦之每一爻代表一日，由乾（䷀）→姤（䷫）→遯（䷠）→否（䷋）→观（䷓）→剥（䷖）→坤（䷁）→复（䷗），阳（⚊）渐消尽而复生，七变而成，故言七日来复。 自此而后阳渐长而阴渐消，象征君子道长，小人失势，故行事吉利。 ③不远复：行不远而返。 无祇悔：祇，当作祇（zhǐ），灾病。悔，小灾。 元吉：大吉。 有了过失即早回头，不仅可避灾祸，而且可得大吉利。 ④休：美。 休复：君子以知过善改为美德。 ⑤频：颦之借字，皱眉头。 频复：有了过失，带着不情愿的心理勉强地改正。 厉：无咎，蕴藏着危险，不过可以避免。 ⑥中行：与持中道之人偕行。 独复：独自回复。 ⑦敦：高亨说："敦，考察也。" 敦复：认真反省，回头自新。 无咎：可以免灾。⑧迷复：执迷不悟，不知悔改。 有灾眚：有灾难。 用行师：用以出兵。以其国：用以治国。 十年：指终久。《周易程氏传》："数之终也。"不克征：征战不能克敌。 如果陷入迷途而不知改悔，就会遭致凶险灾祸。有了这种思想去将兵，必将大败；去治国，连君位也保不住，在很长时间内都不能战胜敌人了。

【评析】 《复》卦所说的是知错应该改正的道理。知道自己有过失，及时修正，就不至于遭灾；如果执迷不悟，干什么都会受挫。在教人如何对待自己的过失方面，多有启发。

【彖传】

复，亨。刚反，动而以顺行[①]。是以“出入无疾，朋来无咎”[②]。“反复其道，七日来复”，天行也[③]。“利其攸往”，刚长也[④]。复，其见天地之心乎[⑤]！

【注释】 ①刚：表示阳爻。 刚反：即阳刚之气自剥卦剥落殆尽终于穷上反下得以复苏。 动而以顺行：动，震动；顺，坤顺。复卦内震外坤，一阳返于内，五阴皆顺从，故言动而以顺行。 ②是以：因此，所以。 ③天行：自然规律。 ④刚长：阳刚之气渐长。意味腊尽春回，形势好转，是有作为的好时机。 ⑤天地之心：即天地运化的机制、规律。从“七日来复”的变化之道，可以想见天地运动变化的一般规律。

【评析】 《彖传》强调人们行事应遵循天地自然运动变化的常道。这种遵循自然规律的思想是可取的。但是它包含着消极适应和周而复始的循环论思想，忽略了人的主观能动性和事物变化发展的方面。

【象传】

［初九］“不远之复”，以修身也[①]。

［六二］“休复”之“吉”，以下仁也[②]。

［六三］“频复”之“厉”，义“无咎”也[③]。

［六四］“中行独复”，以从道也[④]。

［六五］“敦复无悔”，中以自考也[⑤]。

［上六］“迷复”之“凶”，反君道也[⑥]。

【注释】 ①修身：自身修养。 刚产生过失就及早回头，这是君子用以加强自身修养的重要原则。 ②仁：仁者，在卦象中指代初九。下仁：与仁者亲近。以卦象言，六二当一阳来复之时，柔顺中正，与初九比邻，表示依归仁德，故可获吉。 ③义：应该。高亨注：“义读为宜。” 改正过失是不大高兴的，故蕴含着危险，但毕竟改正了，“无咎”是应该的。六三为内卦震之末爻，居于五阴之中，时在犯愁，故有上说。④从道：遵循自然规律。六四进入外卦，虽在群阴之中，却独与内卦之初九相应，表示与天地之道相从，故谓“中行独复”。⑤中：中正。自考：自我考察。中以自考：依中道原则进行自我反省。以象言，六五以阴居中，不靠初九之阳而以中德自己完成复善之道。陈梦雷《周易浅述》：“盖五本远于阳，但以居中能顺，因四自返，加厚其功，故能自成也。”⑥反君道：违背君主阳刚之道。上六居外卦之极，背离阳刚之道而不知返。故难免遭致天灾人祸。

【评析】 《象传》以复善归仁为旨，强调君子之道在于修身近仁，保持中道，告诫人们不要违背天地自然之道，要注意自察内省，逐渐完美自己的德性。此所谓“仁”，应该进行具体的分析，但在方法论上却包含着可以批判继承的合理因素。

复卦以初九为主爻，象征君子之道如新生事物，初似弱小而后将壮大。其他五阴，凡与初阳相得者，均可获吉，如六二，六四。即便不与初阳相得，只要致力于复善，亦可无咎、无悔。唯上六迷途不反，不能从阳，故凶。这是儒家以其伦理思想改造《易经》的明显例证。

无妄䷘（震下乾上）

无妄：元亨利贞。其匪正，有眚，不利有攸往①。

初九：无妄往，吉②。

六二：不耕获，不菑畲，则利有攸往③？

六三：无妄之灾，或系之牛，行人之得，邑人之灾④。

九四：可贞，无咎⑤。

九五：无妄之疾，勿药有喜⑥。

上九：无妄！行有眚，无攸利⑦。

【注释】 ①“无妄”：卦名。卦象震下乾上。何谓“无妄”？历代注家有两种说法：一曰“不敢虚妄也”；一曰“妄，犹望，谓无所希望也”（马融）。无妄，实乃不违背自然法则而妄为。不妄为，乃符合“元、亨、利、贞”四德。 匪：非也。眚：灾也。 其匪正，有眚：行为不正，则有灾眚，故不利有所往。 ②往：行也。 不妄行，顺乎正道，故“吉”。 ③不耕获：不耕田而望有收获。菑：荒田。 畬：熟田。 不菑畬：不垦荒田而望有熟田。 则：岂也。 不耕获，不菑畬，均属妄想，岂利有所往吗？ ④之：致。 无妄之灾：无妄行，仍遭灾。系：拴也。 或：有也。 行人：行路之人。 邑人：村人。没有妄行，也会遭致灾祸。如拴着的牛被行人盗走，盗者得牛，反牵连村人遭祸。⑤可：能也。 贞：坚贞。 可贞无咎：能坚守正道，则“无咎”。⑥虽无妄行，仍可招致疾病。小病无妨，不必服药，自会痊愈（有喜）。⑦无妄：告诫语，勿妄行。 行：指妄行。 眚：灾害。 行有眚：如妄行则有灾眚，无所利。

【评析】 《无妄》告诉人们一条重要哲理，行为必须合乎自然法则，不可违背自然法则而妄为。坚持“无妄”，就可以得到“元、亨、利、贞”的结果；背离“无妄”而滑向“匪正”，必有“灾眚”。启示遵循客观规律的极端重要性。《老子》说：“知常明”，“不知常，妄作凶”。要避免“妄作”，必须首先“知常”，即掌握客观规律。“不知常”而“妄作”，必招致凶祸。《老子》这一深刻思想，盖发挥《易》之“无妄”。

【彖传】

无妄，刚自外来而为主于内[①]，动而健，刚中而应[②]。大“亨”以正，天之命也[③]。“其匪正，有眚，不利有攸往”，无妄之往，何之矣？天命不祐，行矣哉？[④]

【注释】 ①刚自外来而为主于内：无妄由否卦转化而来，即否之初六变化为无妄之初九。刚由柔变来，初九为内卦之主爻，故曰“刚自外来而为主于内”。②动而健：无妄下震上乾，震为动，乾为健，是“动而健”之象。刚中而应：九五之阳刚居中位，下得六二之阴柔相应，故曰“刚中而应”。无妄卦具有“刚自外来而为主于内”（像贤人从外来辅佐国君），又能“动而健”（像人行动刚健坚强），“刚中而应”（像君主行中正之道而又有能臣响应），故其行为必能合于道，所以卦名“无妄”。③大亨以正：行正道必大亨通。天之命：天的教命。能行正道，必有大亨，此乃天之教命。④无妄之往：“之”当训“已”，犹言无妄已去。“无妄”既已失去，必变为“妄”。何之矣：去向何方。“无妄”已经失去，必陷于“妄为”，终将滑向何方？其行没有天命的护祐，行吗？其往必然“不利”。

【评析】《象传》认为：“无妄”是符合天命的。与此相反，“妄”则“天命不祐”。可见《彖》所理解的“天命”，就是“无妄”，即遵循自然法则，这同宗教神学所鼓吹的“天命”论思想有所区别。

【象传】

［初九］“无妄”之往，得志也①。
［六二］“不耕获”，未富也②。
［六三］“行人”得牛，“邑人灾”也③。
［九四］“可贞无咎”，固有之也④。
［九五］无妄之“药”，不可试也⑤。
［上九］无妄之“行”，穷之灾也⑥。

【注释】①得志：指初九以阳刚之位，上承六二之阴柔，必能遂其志。②未富：未可以富。不耕而望获，不蓄而贪畬，那是妄想，未必真能富足。③行人得牛，邑人反遭无妄之灾。④固有之：固有“可贞”之德。九四以阳刚而居上卦之下，甘作“九五”之臣，意味着它有高尚的德行，加以发扬，自然“无咎”。⑤无妄之“药”：“之”当作“而”解，即无妄而药。无妄之疾而服药，是不可尝试的。⑥“无妄”之行而招致灾眚，是因为上九穷尽了“无妄”之道。穷则变，故反生灾祸。

【评析】 《象》在此透露了“穷则变”的思想。“无妄之行”本不应有灾，其所以会产生灾，那是因为“无妄”达到了“穷”的地步，穷则变，故无灾而生灾。在阶级社会里，社会矛盾极其复杂，人们不能完全掌握自己的命运，“人在家中坐，祸从天上落”，有些灾祸的降临，是不以人们的意志为转移的。

大畜☶（乾下艮上）

大畜：利贞。不家食，吉；利涉大川①。

初九：有厉，利已②。

九二：舆说輹③。

九三：良马逐，利艰贞，曰闲舆卫，利有攸往④。

六四：童牛之牿，元吉⑤。

六五：豶豕之牙，吉⑥。

上九：何天之衢，亨⑦。

【注释】 ①“大畜”：卦名。卦象乾下艮上。大畜与小畜相对，其含义有二：一指大牲畜，爻辞所谓“良马”、“童牛”、“豶豕”之类。二指大有积蓄。《释文》“蓄，积也，聚也”。综观全卦，“畜”既有“牲畜”之意，亦有蓄聚之意。 利贞：利于坚守正道。 不家食：不宜把大牲畜供食用。大牲畜能够繁殖使用，宜饲养，不宜“家食”，才能使财富日益积蓄。大有积蓄，乃“利涉大川”，度过一切困难。 ②有厉：有危险。 利已：利于停止前进。 王弼注：“四乃畜已，未可犯也。故进则有厉，已则利也。”初九以阳刚附健体（乾）而居下，必有上进之志。然有九二、九三两强者居上，上进必然遭到压制，故“有厉”；且上体为“艮”，艮为止，故初九宜于止，不宜于进，是以“利已”。筮遇此卦，宜于停止前进，以“自保”为上。 ③舆：车也。 说：借为脱。輹：通辐，车轮上的条辐。 舆脱辐：即车子在行进中脱去了条辐，喻行进有困难。 ④良马逐：良马互相追逐。 利坚贞：即利于在艰难中坚守正道。 曰闲舆卫：曰，古通“乃”（见《古书虚字集释》）。闲，练习。舆卫，指车战。 良马相互追逐，利于在艰难中坚守正道，积畜力量，练习车战。当此之时，所往必利。 ⑤童牛：小牛。 之：通“有”。 牿：通“梏”，牛角上安的横木，以防触人。 小牛头上有木牿，不会伤人，故大吉。 ⑥豮豕：阉割了的猪。 阉割了的猪，其性驯，其牙不足惧，故“吉”。《程传》：“若豮去其势，则牙虽存而刚躁自止。” ⑦何：疑为“向”，通向。 衢：大路。通天大路，空旷畅达，故“亨”。

【评析】 《大畜》透露了人的行为应当有所约止的思想。卦象下乾上艮，乾为健，艮为止，虽健亦有所止，乃能大畜。初九强调“利已”（宜于停止），九三强调“利艰贞”（宜于在艰难的条件下守正道），都是教人自觉地约制自己，以免咎灾。不独人，对牲畜亦当约制。所谓“童牛之牿”，“豮豕之牙”，都是人对牲畜加以约制，以避其害。

【彖传】

大畜，刚健笃实，辉光日新[①]。其德刚上而尚贤，能止健，大正也[②]。“不家食，吉”，养贤也[③]。“利涉大川”，应乎天也[④]。

【注释】 ①刚健笃安，辉光日新：这是就卦德而言。大畜卦下乾上艮，乾为天，体刚健；艮为山，体厚实，是为“刚健笃实”。又，乾为日，日在山下，光芒四射，天光山色，日新月异，是为“辉光日新”。 ②其德刚上而尚贤：刚上，指上九。处上而大通，刚来而不拒，此“尚贤”之谓。 能止健：倒语，意为健而（能）止。大畜下乾上艮，乾为健，艮为止，是为“健而止”。 大正：指“刚健笃实”、“辉光日新”、“尚贤”、“健止”等既大且正之美德。 ③古时明君养贤才，因而贤者“不家食”。贤者“不家食”，证明国君“尚贤”。国君能尚贤、养贤，故“吉”。 ④大畜则“利涉大川”，是因其顺应了自然（天）规律。

【评析】 《象传》把“刚健笃实，辉光日新”以及“刚上而尚贤”、“能止健”等看作崇高的美德，这表明作者对刚直、诚实，光明、正派等人格的追求，是对中华民族传统美德的赞颂。

【象传】

［初九］“有厉、利已”，不犯灾也[①]。

［九二］“舆说輹”，中无尤也[②]。

［九三］“利有攸往”，上合志也[③]。

［六四］六四“元吉”，有喜也[④]。

［六五］六五之“吉”，有庆也[⑤]。

［上九］“何天之衢”，道大行也[⑥]。

【注释】 ①既有危险，宜于停止，可免遭灾。 ②舆脱辐，本非好事。因九二居中，能行中道，终无怨尤。 ③上合志：指九三与上九同为阳性，志同道合，故利有攸往。 ④童牛之牿，其所以大吉，是因为六四下应初九，刚柔调和，故“有喜”。 ⑤“豶豕之牙”之所以“吉”，是由于六五下应九二，象征仁君畜贤臣，故“有庆”。 ⑥“何天之衢”，所以得“亨”，说明大道通行无阻。

【评析】 《象传》认为，与上“合志”，则“利有攸往”。这表明古人对统治者的意志要求无条件服从。在他们看来，只要臣民的意志与统治者的意志“相合”，就可以平安吉利；反之，则难免遭灾祸。

颐䷚（震下艮上）

颐：贞吉。观颐，自求口实[①]。

初九：舍尔灵龟，观我朵颐，凶[②]。

六二：颠颐，拂经于丘；颐征，凶[3]。

六三：拂颐，贞凶。十年勿用，无攸利[4]。

六四：颠颐，吉。虎视眈眈，其欲逐逐，无咎[5]。

六五：拂经，居贞吉，不可涉大川[6]。

上九：由颐，厉，吉。利涉大川[7]。

【注释】　①颐：卦名，养也。卦象震下艮上。《程传》曰：“颐，养也。人口所以饮食养人之身，故名为颐。”观颐：考察颐养之道。　自求口实：自己动手求得口中之食。　②灵龟：长寿神物，善食气自养。颐：面颊。　朵颐：下垂涎而动的口腮。《程传》云：“朵颐，为朵动其颐颔，人见食而欲之，则动颐垂涎，故以为象。”舍去食气自养之法，贪我口中之物，是凶兆。(食气即气功。)　③颠：通慎。　颠颐：慎重颐养。　拂经：开辟阡陌，垦荒。　丘：丘陵。　颐征：为颐养而征伐。慎行颐养，必先垦荒种粮。为抢夺颐养之物而征战，必凶。　④拂：违也。　拂颐：违背颐养之道。　违背颐养之道，必有凶险。十年不可有作为，动则无利。　⑤眈眈：贪视貌。　逐逐：紧跟不放。　要慎重颐养，如虎视眈眈，紧追猎物，则可以获得颐养而“无咎”。　⑥拂经：开垦阡陌。　居贞吉：在家安居则吉。　开辟阡陌，广种粮食，居家则可平安无事。　不可涉大川：指不可从事商旅以求颐养。⑦由：顺从。由颐：顺从颐养之道。　厉：病苦。　顺从颐养之道，开荒种粮，虽然难免病苦，终将得吉。　利涉大川：利于克服困难。

【评析】　《颐卦》着重讲的是“养”的问题，用今天的话说，是如何解决吃饭的问题。作者总的指导思想，是提倡“自求口实”，即依靠自己解决吃饭问题。“拂经于丘”，开垦阡陌以广农产，是解决颐养问题的正道。反对“舍尔灵龟，观我朵颐”；更反对“颐征”。所有这些，都表明《易》的作者提倡自力更生、自食其力的道德观念。又推崇食气自养的灵龟，有注重气功延寿的思想痕迹。颐，外刚内柔，有龟象。

【彖传】

颐“贞吉”，养正则吉也[1]。“观颐”，观其所养也[2]。“自求口实”，观其自养也[③]。天地养万物，圣人养贤以及万民。颐之时，大矣哉[④]。

【注释】 ①此释卦名“颐”及卦辞“贞吉”二字。把“颐”释为“养”，把“贞”释为“正”，故“颐贞吉”即养正则吉。 ②观：考察。 颐：养也。 观颐：即考察其养生之道。 ③自求口实，考察其自我养颐之道。 ④《彖》认为，颐养之道，在自然界是“天地养万物”，在社会上是“圣人养贤以及万民”。由此可见，适时的颐养，意义巨大。

【评析】 《彖传》在这里阐明了关于“养”的哲理，提出了“天地养万物，圣人养贤以及万民”的命题，表现了古人“以天下为己任”的宽阔胸怀。所谓“圣人养万民”的观点，又突出地反映了英雄史观。

【象传】

［初九］“观我朵颐”，亦不足贵也[①]。

［六二］“六二征凶”，行失类也[②]。

［六三］“十年勿用”，道大悖也[③]。

［六四］“颠颐”之“吉”，上施光也[④]。

［六五］“居贞”之“吉”，顺以从上也[⑤]。

［上九］“由颐厉，吉”，大有庆也[⑥]。

【注释】 ①贵：尊重。 放下自己的宝物，窥探我口中的食物，这种行为不敢恭维。 ②行：行为。 类：准则。 行失类：行为丧失准则。 颐征之所以凶，因其行为丧失了求养的准则。 ③悖：逆也。道大悖：违背大道。 十年勿用，是因其行为违反大道。 ④“颠颐”之所以得“吉”，是因为在上的六四同初九相应，能布施光明于下。⑤“居贞”之所以得吉，是因为阴柔之六五能顺从阳刚之上九。 ⑥由颐先“厉”后“吉”，是因为上九之阳刚有六五之阴柔相助，故“大有庆”。

【评析】 《象传》告诉人们，人的行为应当符合正确的准则，即照规律办事，如果“行失类”（即行为丧失准则）或“道大悖”，则必遭祸殃，乃至“十年勿用”。

大过䷛（巽下兑上）

大过：栋桡，利有攸往，亨①。

初六：藉用白茅，无咎②。

九二：枯杨生稊，老夫得其女妻，无不利③。

九三：栋桡，凶④。

九四：栋隆，吉；有它，吝⑤。

九五：枯杨生华，老妇得其士夫，无咎无誉⑥。

上六：过涉灭顶，凶，无咎⑦。

【注释】 ①大过：卦名。卦象巽下兑上。大过，指做事有大的差失。 桡：曲木。 栋桡：栋梁弯曲。 房屋之栋梁弯曲，为危房，不可住。利有攸往，宜于迁居。 ②藉：铺垫。 白茅：洁白的茅草。藉用白茅：用洁白的茅草垫祭品。 ③稊：嫩芽。 枯老的杨树长出了嫩芽，老头子娶得了少妻，无不利。 ④栋梁弯曲，房子有危险，此乃凶兆。 ⑤隆：向上隆起。 它：借为佗，向下弯曲。如楚地方言“压佗了”。 栋梁向上隆起，可保平安；出现向下佗的情况，则有危难。⑥华：通花。 士夫：青年男子。 干枯的杨树开了花，老妇招来了年轻丈夫。既非过失，也不值得称赞。 ⑦灭顶：水没头顶。 涉水发生过失，河水淹没头顶。有凶险，终将无咎。

【评析】 《大过》所涉及之物，多是反常现象，如“栋桡”、“栋隆”、“有它”、“枯杨生稊”、“枯杨生花”、“过涉灭顶”等，对于这些反常现象，作者采取了具体问题具体分析的方法，一一作了预测，或指出解决矛盾的途径。如“栋桡”，本是凶兆，但若即时迁出，便可化险为夷。关于栋梁弯曲，有两种情况，向上隆起（栋隆），或向下佗曲（有佗），前者“吉”，后者“凶”，说明作者对诸多日常现象观察得十分周密。关于老夫得少妻、老妇得士夫，反映古代婚姻习俗，为民俗学资料。

【彖传】

大过，大者过也①。“栋桡”，本末弱也②。刚过而中，巽而说，行，“利有攸往”，乃“亨”③。大过之时，大矣哉④。

【注释】 ①此释卦名。大者过，指刚大的方面过盛。 ②本：树干。 末：树梢。 栋之所以“桡”，因其从本到末都太柔弱。 ③大过卦四阳二阴，有“刚过”之象，但九二、九五皆得中位，故曰“刚过而中”。 大过，下巽上兑，巽，逊也；兑，悦也，故有“逊而悦”之特性。 大过卦具有“刚过而中，巽而说”的特点，故其“行”必“利有攸往”，无不亨通。 ④时：时机、分寸。做事不注重分寸，失之太过，将导致失败。把握时机，意义重大。

【评析】 《彖传》明确提出“大过之时大矣哉”的论断，发人深思。它教导人们，说话做事要讲分寸，不能掉以轻心，应当充分重视。差之毫厘，失以千里。例如，造房当选择合适的木料，将“本末弱”者充作栋梁，难免造成“栋桡”而房屋倒塌的后果。所以，遇事不可“太过”，当慎之又慎。

【象传】

［初六］“藉用白茅”，柔在下也①。

［九二］“老夫女妻”，过以相与也②。

［九三］“栋桡”之“凶”，不可以有辅也③。

［九四］“栋桡”之“吉”，不桡乎下也④。

［下五］“枯杨生华”，何可久也！“老妇士夫”，亦可丑也⑤。

［上六］过涉之“凶”，不可咎也[6]。

【注释】 ①藉用白茅而“无咎”，是因为白茅柔软，铺垫在祭品下，不会有坏处。 ②相与：结合。 老夫娶少妻，其结合太不合适（过）。 ③辅：助也，引申为补救。栋桡之所以致“凶”，是因为找不到补救的办法。 ④不桡乎下：不向下弯曲。 “栋桡”之所以得“吉”，因其不是向下弯曲，而是向上隆起。向上隆起之梁，能承受较大的压力。 ⑤枯杨生花，好景不长。老妇嫁给少夫，实堪羞丑。 ⑥咎：责难。 由于“过涉”而遭凶祸，无可责难。

【评析】 《象传》的作者认为，男女的结合，年龄应当相配，不能相差太大，故既不赞成“老夫女妻”（即老男少女的结合），亦不赞成“老妇士夫”（即老妇少男的结合）。对于前者他评为“过以相与”，对于后者他评为“亦可丑也”，反映了古代关于对偶婚的道德意识。

坎☵（坎下坎上）

习坎：有孚，维心，亨。行有尚[1]。

初六：习坎，入于坎窞，凶[2]。

九二：坎有险，求小得[3]。

六三：来之坎坎，险且枕，入于坎窞，勿用[4]。

六四：樽酒，簋贰，用缶，纳约自牖，终无咎[5]。

九五：坎不盈，祗既平，无咎[6]。

上六：系用徽纆，寘于丛棘，三岁不得，凶[7]。

【注释】 ①习坎：“习”字衍。坎，卦名，险也，陷也。卦象坎下坎上。 孚：同俘，俘虏。 维：束缚。 维心：用笼络的办法使其归心。尚：尊崇。 行有尚：出行会得到尊崇。 ②习坎：重坎，坎中有坎。 窞：深坑。坎中又有坎，陷入深坑，很凶险。 ③坎有险，陷阱中隐藏着凶险。求小得，从小处着手，谋求脱险条件，必有所得。④之：去也。 来之：即去来。 坎坎：坎中有坎，或一坎接一坎。枕：检也，即束缚。 去来都有凶险，受险境拘束，无异陷入深坑，难以自拔，不可有所作为。 ⑤樽：盛酒器皿。 簋：盛黍稷的方形竹器。缶：陶制器皿。 约：取也。 纳约：纳入取出。牖：窗户。 有一樽酒，有两簋饭，用瓦器将酒饭从牢狱的窗户送进取出，不会有灾咎。⑥盈：充满。 祗：郑玄云当作坻，小土丘。 险阱尚未填满，小丘却已铲平，无灾咎。 ⑦徽纆：绳索，两股为徽，三股为纆，寘同置。丛棘：牢狱四周的荆棘围篱。 三岁：多年。 不得：得不到解脱。被绳索捆绑，放入牢狱中，多年不得解脱，很凶险。

【评析】 此卦爻辞主要反映古代社会的阶级斗争情况：对待被征服的异邦人（俘虏），或采取各种笼络手段，使其臣服；或将其关入凶险的牢狱，使之难以解脱，酒饭只从窗口送入。但被俘者力图谋求脱险。

【彖传】

“习坎”，重险也，水流而不盈[①]。行险而不失其信，“维心亨”，乃以刚中也[②]。“行有尚”，往有功也[③]。天险不可升也，地险山川丘陵也。王公设险以守其国，险之时用大矣哉[④]！

【注释】 ①重险：坎卦上下皆坎，故言“习坎”，即多重险境。水流而不盈：谓险坎重重，如流水无止境。 ②行险：居险境。 不失其信：不失诚信之心。 维心亨：使内心亨通。 刚中：指九五行中正之道。 虽居险境，仍能以诚信待人，行中正之道，则可征服人心。③往有功：谓既有“刚中”之性，遇险必能脱难，取得成功。 ④天险：自然的险境。 不可升：不可攀越。 地险：陆地上的险境，指山、川、丘、陵等险要地势。 设险：为抵御外族入侵而设置的关隘。 时用大：看准时机设置险隘，意义重大。

【评析】 一、“行险而不失其信”，谓统治者既要敢于“行险”（即采取非常手段），又要宽严有诚信（即对待被征服者有两面手法），从而化敌为友，以壮大自己的势力和稳固统治。

二、“王公设险以守其国”，古代社会利用自然屏障（山，川，丘，陵）具有重要的战略意义，反映出中国古代的国防和战争观念以防守为主要特征。

【象传】

［初六］“习坎入坎”，失道凶也①。

［九二］“求小得”，未出中也②。

［六三］“来之坎坎”，终无功也③。

［六四］“樽酒簋贰”，刚柔际也④。

［九五］“坎不盈”，中未大也⑤。

［上六］上六失道，“凶”“三岁”也⑥。

【注释】 ①初六为阳爻居阳位，位不当而失道，故凶。 ②九二为阳爻居阴位，失位而有险。但因其居下坎之中位，有中庸之德，故有“小得”。 ④六三阴爻居阳位而不当，故无脱险之功。 ④六四上承阳刚之九五，下乘阴柔之六三，故处刚柔之际，有酒食。 ⑤九五正位，且得坎上之中，秉中正而遇坎险，故言其“中未大”，即得中而未能光大。 ⑥上六以阴柔而乘九五之阳刚，柔弱无力，而居极险之地，故“失道”而“凶”。

【评析】 一、强调光大中庸之德的重要性，如果失其道，则凶。

二、讲求“刚柔际”的行为原则。刚柔相济，亦刚亦柔，不可只刚而不柔，或只柔而不刚。要求处世态度不可过于强硬，也不可过于温和。只有刚柔相结合，才不会有后患。

离☲（离下离上）

离：利贞，亨。畜牝牛，吉①。

初九：履错然，敬之，无咎②。

六二：黄离，元吉③。

九三：日昃之离，不鼓缶而歌，则大耋之嗟，凶④。

九四：突如其来如，焚如，死如，弃如⑤。

六五：出涕沱若，戚嗟若，吉⑥。

上九：王用出征，有嘉折首，获匪其丑，无咎⑦。

【注释】 ①离：卦名，卦象离下离上。离，通罹，灾难。 利贞：利于占问。 畜：畜养。 牝牛：母牛。 畜养母牛，吉利。 ②履：脚步。 错然：杂乱。 敬：警也。（《诗·常武》：“既敬既戒。”）发觉杂乱的脚步声，警惕戒备，不轻举妄动，无灾咎。 ③黄离：鸟名，即黄鹂，叫声悦耳。 元：大也。 有黄鹂鸣唱，大吉大利。 ④昃(zé)：太阳偏西。 离：灾咎。缶：瓦器，用来盛酒浆。秦人鼓之以节歌。 火耋（dié)：老头子。 嗟：叹息。 太阳刚偏西，发现敌情、灾情，大众击缶呐喊，否则老弱者将受害嗟叹。定有凶险。 ⑤突如：突然。 有敌突然袭来，烧、杀、抢、掠，无恶不作，器物丢弃满地，一片狼藉。 ⑥涕：眼泪。 沱若：如大雨一般。戚：忧愁。 嗟：叹息。 灾祸过后，幸存者无限忧戚和悲叹，个个泪如雨下。幸而一命尚存，还算吉利。 ⑦用：使，率领。 有嘉：古国名，指入侵者。 匪：贼寇。 丑：众多。 国王率众出征，将有嘉国君斩首，俘获贼寇甚众。从此国泰民安，无灾咎。

【评析】 天灾人祸，古代劳动人民经常会遇到。积极防范和有效地处理不时出现的自然灾难、异族侵扰和邦民起事等问题，显得十分重要。本卦爻辞告诫人们：灾难可能随时发生，应当提高警惕，早作防备；已经发生的灾祸，要及时有效地处理；黄昏时出现的灾情，应当倍加重视，以防更大的凶险；突如其来的灾祸，损失巨大，过后应痛定思痛，积极贮蓄力量，力争挽回损失；对于祸首要严加惩治，以保国泰民安。

【彖传】

离，丽也。日月丽乎天，百谷草木丽乎土，重明以丽乎正，乃化成天下[①]。柔丽乎中正，故“亨”[②]；是以“畜牝牛吉”也[③]。

【注释】 ①丽：附丽，依附。 日月丽乎天：日月依附于天。 重明：离卦下离上离，离为火、为明，故为“重明”。重明以丽乎正，正大而光明，指太阳。 化成天下：化育天下万物。 ②离卦之六二、六五为柔顺之阴爻，分居下离和上离之中位，故言其附丽于中正。 ③六二、六五均为阴柔。柔顺代表中的特性，亦代表雌性，故“畜牝牛吉”。

【评析】 《离彖》论事物的依存关系。上至日月，下至百谷草木，乃至人们的道德品质，均有其赖以存在和显现的基础和条件。光明的品德，只有存于正大之人，才能传播四方。柔顺之德，必附丽于中正之道，否则将失之柔弱。这种对事物存在和变化的依存性的强调，对正大光明品性的颂扬，对柔顺与柔弱的区别，无疑具有合理性，是中国传统文化思想中的积极因素。

【象传】

[初九]“履错”之“敬”，以辟咎也[①]。

[六二]“黄离”，“元吉”，得中道也[②]。

[九三]“日昃之离”，何可久也[③]。

[九四]“突如其来如”，无所容也[④]。

[六五]六五之“吉”，离王公也[⑤]。

[上九]“王用出征”，以正邦也[⑥]。“获匪其丑”，大有功也。

【注释】　①辟：避之省字，避免。　以：因，表原因。　发觉脚步杂乱而生警戒，为的是避免灾咎。　②黄鹂叫，大吉到，是因为六二正位且得中道。③太阳偏西，灾祸应当警惕，是因为光明未可久长。④横祸突然发生，手足无措，难得安稳的容身之地。　⑤离：依附。附丽于王公，持中而承刚，总结教训，防患于未然，故“吉”。　⑥上九居离之顶层，刚毅而光明，能明察秋毫，惩治贼寇，为民除害，正邦安国。

【评析】　这里一方面强调“得中道”的重要性，这是《周易大传》的中心思想，既是人们的道德标准，同时也是人们的思想原则和行为规范。另一方面，颂扬具有中正之道的君主，采取果敢行动，惩治贼寇，为民除害，正邦安国，体现了君主以天下为本和“惩恶扬善”的政治、道德思想。

咸䷞（艮下兑上）

咸：亨，利贞。取女，吉[①]。

初六：咸其拇[②]。

六二：咸其腓，凶。居，吉[③]。

九三：咸其股，执其随，往吝[④]。

九四：贞吉，悔亡。憧憧往来，朋从尔思[⑤]。

九五：咸其脢，无悔[⑥]。

上六：咸其辅、颊、舌[⑦]。

【注释】　①咸：卦名，意为交感。卦象艮下兑上。　亨：通畅。利贞：有利于占卜。　取女：犹言娶妇。《正义》：“此卦明人伦之始，夫妇之义，必须男女共相感应，方成夫妇。”　②拇：足之大指。《释文》：“拇，马、郑、薛云：‘足大指也。’子夏作𧿒，荀作母。”　男女交感于足拇指，是情感最初发动处。　③腓：小腿肚。朱熹：“腓，足肚也。”居：停止。男女交感于小腿肚，一味盲动，会遭反脸（凶），冷静相处，前途有吉。④股：大腿。执：执着。随：追随。双方交感到大腿，不加克制，执意尾追，往后必有遗憾。⑤悔亡：没有懊恼。憧：通瞳，眼珠。朋：友朋，此即恋人。双方情感融洽，不时眉来眼去，对方相期默许，故曰“贞吉，悔亡”。⑥脢：背肌。《说文》：“脢，背肉也。”纵情拥抱，抚摸对方的背脊，毫无顾虑，故言无悔。⑦辅颊：犹言脸颊。情感增长，由拥抱进而相亲，接吻。

【评析】 本卦所记，似为一少男与少女相见甚悦，产生感情，一方表示追慕，进而发展成爱恋的曲折过程。这是“近取诸身”的又一例。它通过男女爱恋发展的曲折经历，说明阴阳交感形成对立面的统一，是一个曲折的过程。揭示了处理事物发展的矛盾过程，必须耐心细致，不可鲁莽从事。

【彖传】

咸，感也。柔上而刚下，二气感应以相与。[①]止而说，男下女，是以“亨，利贞，取女吉”也[②]。天地感而万物化生，圣人感人心而天下和平[③]。观其所感，而天地万物之情可见矣[④]。

【注释】 ①柔：指咸之上体兑为阴柔。刚：指下体艮为阳刚。二气感应以相与，阴欲就下而阳欲往上，二气相应而与合。②止：指艮。说：通悦，亦即兑。男下女：艮为少男，兑为少女（见《说卦传》）。卦象少男仰慕少女。取：娶也。本卦以男女相恋为卦爻义，故筮得此卦，预兆娶妇吉祥顺利。③天地感而万物化生：《荀子·大略》：“易之咸，见夫妇。”又《礼论》：“天地合而万物生，阴阳接而变化起。”圣人感人心而天下和平：圣人感化人心如同天地阴阳交感结合，相互补益而使天下治而不乱。《礼论》：“性伪合而天下治。”此处“性”，即人的本性。“伪”，即圣人对人心之感化。④通过咸卦所见男女之情相感的情况，可以类推天地万物阴阳交感、化生万物的一般规律。

【评析】 《彖传》通过男女相感的情况，归纳出“二气感应以相与”是天地、万物以至社会发展、变化的共同规律。这种由个别上升为一般的认识方法，以及它的结论所蕴含的丰富哲理，今天看来，仍然具有参考价值。

【象传】

［初六］“咸其拇”，志在外也①。

［六二］虽凶“居吉”，顺不害也②。

［九三］“咸其股”，亦不处也③。

［九四］志在“随”人，所执下也。“贞吉悔亡”，未感害也。“憧憧往来”，未光大也④。

［九五］“咸其脢”，志末也⑤。

［上六］“咸其辅、颊、舌”，滕口说也⑥。

【注释】 ①志在外：所感在外，兴趣在对方。初六与九四俱为咸卦上下体之初爻，二者相应，所感甚浅，故萌动于足指之间。其象则表现为少男有感于少女，内卦倾向外卦，故言志在外。 ②顺不害：顺从则不受害。六二柔和中正，与九五正应，象征少男少女心本相通。但碍于九三与九四，若贸然燥动，必遭破坏。顺从环境，稍事等待，自可无害。 ③亦不处：不能控制感情而静处。九三处下体之上，上有二阳相助，故阳盛而性燥，交感至于大腿，自然不会静处。 ④执下：理性失控，采取了下策。九三之阳与上六之阴本相应，理当阴从阳，但九三穷追不止，反遭轻侮，故言“执下”。 未感害：九四对于九三采取的穷追态度，并未予以损害。未光大：男女相感的心思，尚未公开化。⑤志末：志之末流。未公开结婚，就相互拥抱的轻佻举止，违背礼教，故斥为“志末”。 ⑥滕：口舌竞递貌。滕口说：徒送口舌，言语相感而已。指以虚言巧语取悦对方，骗取爱情。

【评析】 《象传》解释咸卦，重在阐发儒家的伦理思想。连续采用“志在外”，“执下”、“未光大”、“志末”、“滕口说”等贬意词，表明作者对男女感情的发展及行为显然持反对态度。这与《彖传》的解释大有区别。

恒䷟（巽下震上）

恒：亨，无咎，利贞，利有攸往[①]。

初六：浚恒，贞凶，无攸利[②]。

九二：悔亡[③]。

九三：不恒其德，或承之羞，贞吝[④]。

九四：田无禽[⑤]。

六五：恒其德，贞；妇人吉，夫子凶[⑥]。

上六：振恒，凶[⑦]。

【注释】 ①恒：卦名，恒常，永久。卦象巽下震上。 亨：亨通。 无咎：平安无事。 往：外出，似指田猎。 占问田猎，非常顺利。 ②浚：掘深水坑。狩猎者经常挖掘深水陷阱，凶险，无利。 ③（外出田猎）不会发生什么问题。 ④德：美德。 承：施加。 羞：羞辱。 吝：困难。不能常保美德，人或施以羞辱。占之有困难。 ⑤田：通畋，狩猎。 禽：泛指鸟兽。外出田猎，没有得到鸟兽。 ⑥恒其德：常保美德。 贞：固守。夫子：丈夫，男人。 永保柔顺美德，固守之。妇女得吉，男人则凶。 ⑦振：张璠、李鼎祚注为“震”，即雷雨。 振恒：常有雷雨。 经常有雷雨，生活困难，故凶。

【评析】 经文反映先民掘沟壑以田猎的一些情况。可以推测当时社会很可能是多种生产方式并存。“浚恒，贞凶”，反映人们意识到田猎不如农业劳动有效益。

“不恒其德，或承之羞”，反映了古代的道德价值观。朝三暮四，翻云覆雨，表面做好人，暗中施毒计，这种人是难免遭人唾弃的。

【彖传】

恒，久也。刚上而柔下，雷风相与，巽而动，刚柔皆应，恒[①]。恒“亨，无咎，利贞”，久于其道也。天地之道，恒久而不已也。“利有攸往”，终则有始也[②]。日月得天而能久照，四时变化而能久成，圣人久于其道，而天下化成。观其所恒，而天地万物之情可见矣[③]。

【注释】 ①刚上柔下：《周易程氏传》云“乾之初上居于四，坤之初下居于初，刚爻上而柔爻下也”。 雷：即震。 风：即巽。 相与：交相参助。 巽：顺。巽而动：即顺应自然之理而不妄行。 刚柔皆应：指恒之初六与九四相应、九二与六五相应，九三与上六相应。 ②久于其道：谓恒之亨且利，在其能长期保持正道。 天地之道：自然法则。恒久不已：恒常而无穷止。终则有始：自然变化终始相因，往复不穷。③得天：取法于天，即依循自然法则。 久成：万物生生不已。 久于其道：恒久坚守天地之正道。 天下化成：天下之民均受其教化而有所成就。 观其所恒：洞察宇宙间一切恒常大道。 情：情状，情理。

【评析】 《彖传》以为天地万物运动变化的法则是恒久不变的，把握事物变化发展的常理，就能真正认识天地万物真实存在的情状。圣人的超凡智慧，就在其掌握了万物恒常变化的道理。《彖传》反映了关于事物运动变化具有客观规律性的思想。

【象传】

［初六］“浚恒”之“凶”，始求深也[①]。

［九二］九二“悔亡”，能久中也[②]。

［九三］“不恒其德”，无所容也[③]。

［九四］久非其位，安得“禽”也[④]。

［六五］“妇人”“贞”“吉”，从一而终也。“夫子”制义，

从妇“凶”也[5]。

[上六]“振恒”在上，大无功也[6]。

【注释】①深：甚，过。经常掘深水坑狩猎之所以凶，在于开始就（盲目）求其深。②中：中道。九二之“悔亡”，在其恒久保持中道。③德：德行。不能坚守其德行，为人所不容。④位：地位。禽：通擒，获也。不能久安其位，焉有所获？⑤从一而终：女子从一夫而终其身。制义：裁制事理。从妇：听从女子摆布。妇人守贞而吉，因坚守“从一而终”准则；丈夫理当裁制事理，若听从妻子摆布，那是很危险的。⑥上位之人，振荡不定，则无大功。

【评析】此《象传》强调固守中正的德行和安于其位的品性。盲目求其甚，守中而无恒，都势必造成过失。还宣扬了夫权制社会妇女“从一而终”的人伦思想。

遁☰（艮下乾上）

遁：亨，小利贞[1]。

初六：遁尾，厉。勿用有攸往[2]。

六二：执之用黄牛之革，莫之胜说[3]。

九三：系遁，有疾厉；畜臣妾，吉[4]。

九四：好遁，君子吉，小人否[5]。

九五：嘉遁，贞吉[6]。

上九：肥遁，无不利[7]。

【注释】①遁：卦名，隐退，或遁逃。卦象艮下乾上。小利：隐遁虽非好事，亦有小利。隐遁，亨通，占问有小利。②尾：末尾。厉：危险。遁逃落在末尾，有危险。隐退者不宜交往。③执：通縶，捆绑。说：通脱。黄牛之革：喻牢固的绳索。用黄牛皮革束缚，无人能逃脱。④系：羁绊。疾厉：苦痛。畜：豢养。臣妾：男奴为臣，女奴为妾。把隐遁者强行捆绑，只会加深其危急。若畜养臣妾，可得吉祥。⑤好：喜好。（危难之世）君子隐遁，洁身自好，吉；小民隐遁，则凶。⑥嘉：赞美。赞美遁避，守正道，吉。⑦肥：借为飞。远走高飞，隐遁山林，没有什么不利。

【评析】 此卦爻辞反映了隐遁避世是古代人们处乱世所普遍采取的一种斗争方式。君子遁隐则吉，小人遁亡则凶，显示了阶级斗争的不同结果。主张捆绑臣妾，反映出奴隶主对待奴隶的残酷。

【彖传】

“遁”，“亨”，遁而亨也①。刚当位而应，与时行也②。“小利贞”，浸而长也③。遁之时义大矣哉④！

【注释】 ①该隐退时便隐退，故亨通。②九五之阳刚当位，而有六二之阴柔与之相应，有利于阳退，须把握时机行事。③浸：渐。柔小者利于遁退，以待其渐渐成长。④隐退而注意时机，意义重大。

【评析】 此《彖传》意在表明“与时行”和“浸而长”的思想。所谓“与时行”，是说事物发展均有一定的条件，当待机行事。所谓“浸而长”，是说事物发展有一渐进的持续过程，但须把握时机，促进事物逐步发展。

【象传】

［初六］“遁尾”之“厉”，不往，何灾也①？

［六二］“执用黄牛”，固志也②。

［九三］“系遁”之“厉”，有疾惫也。“畜臣妾吉”，不可大事也③。

［九四］“君子好遁”，“小人否”也④。

［九五］“嘉遁，贞吉”，以正志也⑤。

[上九]“肥遁，无不利”，无所疑也[6]。

【注释】 ①尾：末尾。 遁逃而落在末尾，是危险的；不遁逃，有什么灾祸呢？ ②用黄牛革捆绑，喻有固守不退的意志。 ③惫：疲乏至极。捆绑牢固而终于逃走，因看守者有病而疲乏。畜养家奴则吉，因其不可为大事。 ④当隐退之世，君子隐遁则好，小人遁逃，不会有好下场。 ⑤正：端正。 识时退隐，值得赞赏；遵循正道，所以吉利，是由于九五能端正隐退的志向。 ⑥肥：通飞。 远走高飞而隐遁山林，其好处毫无疑问。

【评析】 此《象传》强调应当端正志向，遵循正道，不可贸然隐遁。隐遁亦当把握时机，待机而动，才能有好结果。

大壮䷡（乾下震上）

大壮：利贞[1]。

初九：壮于趾，征凶，有孚[2]。

九二：贞吉[3]。

九三：小人用壮，君子用罔。贞厉。羝羊触藩，羸其角[4]。

九四：贞吉。悔亡。藩决不羸，壮于大舆之輹[5]。

六五：丧羊于易，无悔[6]。

上六：羝羊触藩，不能退，不能遂，无攸利。艰则吉[7]。

【注释】 ①大壮：卦名。壮，强也，健也。卦象乾下震上。 利贞：利于守正固。 ②壮：虞翻谓：“壮，伤也。”征：外出打猎。 孚：猎物。 出外打猎，遇凶险，伤了脚趾，幸而获得猎物。 ③守持正固，可获吉祥。④用：以。 壮：强壮，喻力气大。 罔：同网。 藩：篱笆。 羸：拘系。羝羊：公羊。 小人行猎靠力气，君子行猎靠网罗。公羊以角触藩篱，角被系住，故厉。 ⑤决：破。 舆：车。 輹：车辐。羊虽冲破藩篱，却被大车的轮子撞伤。⑥易：古代氏族部落。李镜池谓："易即狄，声通。"又言周人居豳时，被狄人侵迫，太王率周人迁居岐山，大批牛羊被狄人抢掠，好在迁居岐山后生产大有发展，弥补了过去的损失，故"无悔"。⑦遂：进。公羊贸然触藩，结果被藩篱所束缚，进退两难，故无所利。艰：坚守。艰则吉：指艰度危难，否极泰来，故吉。

【评析】 此卦爻辞反映了古代畜牧业及狩猎的一些情况。畜牧业在商代经济生活中很重要，为祭祀、日常生活的主要来源。殷墟甲骨中也不乏狩猎的记载。"丧羊于易"，一说是关于殷先祖王亥的故事。王亥迁殷，由商丘越大河而北，游牧于有易高爽之地。有易之人杀死王亥，取其牛羊。王国维、容肇祖等均主此说。反映出当时商族同有易族之间的矛盾冲突。

【彖传】

大壮，大者壮也。刚以动，故壮[①]。大壮"利贞"，大者正也[②]。正大，而天地之情可见矣[③]。

【注释】 ①大：阳也。壮：强盛。大壮：阳刚强盛。卦体下乾纯阳，最为刚健；上震尚动，刚健而尚动，更见其强壮。②贞：正。大壮既已强盛，必固守正道，方可久大。欲求久"大"，必先守"正"。③固守正道，保持盛大，天地万物之情，不言可见。

【评析】 此《彖》辞强调恒久地坚守中正之道，保持刚健强盛之势，正大光明，刚健有为，天地万物之情状不言而知。

【象传】

［初九］"壮于趾"，其"孚"穷也[①]。

［九二］"九二贞吉"，以中也[②]。

［九三］"小人用壮"，"君子用罔"也[③]

［九四］"藩决不羸"，尚往也[④]。

[六五]“丧羊于易”，位不当也[5]。

[上六]“不能退，不能遂”，不详也。“艰则吉”，咎不长也[6]。

【注释】 ①孚：获。 穷：困穷。 伤了脚趾，虽有所获，终将困窘。 ②九二不当位而得吉，由于居中之故。 ③罔：古网字，喻智慧。小人凭壮力行事，君子重智慧行事。 ④尚：爱好。 公羊冲开了篱笆，因其好往前冲。 ⑤“丧羊于易”，是由于六五阴居阳位，位不当招致灾祸，喻牧羊主超越自己的位置，带来灾难。 ⑥详：同祥，吉祥。公羊进退两难，境遇不祥；能坚守困境，终当有人搭救，其咎不会长久。喻事物总会向好的方面转化。

【评析】 此《象传》表达了三个方面的哲学思想：其一，即使所处的位置不当，只要坚守中正之道，谨慎行事，定会有好结果。其二，身陷进退两难境地，不可沮丧，应满怀信心，发挥主观作用，克服困难，争取胜利。其三，“小人用壮，君子用罔”，表现出一种轻视勇力、崇尚智慧的社会观念。

晋䷢（坤下离上）

晋：康侯用锡马蕃庶，昼日三接[1]。

初六：晋如，摧如，贞吉。罔孚裕，无咎[2]。

六二：晋如，愁如，贞吉。受兹介福，于其王母[3]。

六三：众允，悔亡[4]。

九四：晋如鼫鼠，贞厉[5]。

六五：悔亡，失得勿恤。往，吉，无不利[6]。

上九：晋其角，维用伐邑。厉，吉；无咎，贞吝[7]。

【注释】 ①晋：卦名。《说文》：“晋，进也。日出而万物进。”卦象坤下离上。康侯：顾颉刚以为周武王之弟康叔封，封于卫。锡：赏赐，赐予。蕃庶：繁殖。接：交配。三接：多次交配。昼：通周。康侯用周成王赏赐的良马来进行繁殖，整天使其多次交配。②晋：进，战争进攻。如：犹"之"，作代词，指代敌人。摧：摧毁，挫败。罔：无。孚：同俘。裕：多。进攻敌人，挫败他，但俘获奴隶不多。③愁：借为揫或遒，迫降之意。介：大。王母：祖母。进攻并迫降敌人，吉利无比，这是先祖母的大福祐。④众：奴隶之谓。允：信也。悔亡：无悔。奴隶们诚信出征，不会有悔。⑤鼫鼠：硕鼠。进攻时胆小如鼠，必招致惨败。⑥恤：忧，气馁。六五以阴居阳位，当有悔，因其居上体之中，故其悔乃亡。不可计较一时之得失，吃了败仗勿气馁，再接再厉，终会转败为胜。⑦角：坚锐之谓，喻坚锐之兵。维：只。贞：正固。吝：难。进攻敌方坚锐之兵，只在攻伐其城邑，虽遭危险，亦吉利。守持正固，以防危难。

【评析】 此卦爻辞从不同角度论述战略进攻的有关问题。商代战争极其频繁，作为号称诸侯三千的大邦之殷，自然是征服和吞并外族的强手。从武丁时代起，商王朝就发动了大规模的对外邦外族的战争，如土方、羌方、巴方、井方、印方、周方等相继被征服。卦爻辞似是对战争经验的总结，为中国古代军事思想史提供了重要资料。其中闪耀着如何转败为胜、临危而"晋其角"等军事辩证法思想。

【彖传】

晋，进也。明出地上[①]。顺而丽乎大明，柔进而上行[②]，是以"康侯"用"锡马蕃庶"，"昼日三接"也[③]。

【注释】 ①晋，上进也。坤下离上，离为日，象光明；坤为地，故言"明出地上"。太阳从地面升起，故名"晋"。②坤：顺也。丽：附丽。大明：即离（日）。坤下离上，故言丽于大明。初、二、三、五各爻均为阴、为柔，且由初上升至五，故言"柔进而上行"。③接：捷。康侯出征，一日三捷，战绩辉煌，得到成王赐给的许多良马。

【评析】 此《彖传》强调“柔进而上行”，即以柔顺之道取胜对方。显然，这与《老子》“柔弱胜刚强”的思想有一致之处，似反映出《老子》对《彖》的影响。“康侯用锡马蕃庶”，史学家们认为指周初康叔受成王之令攻伐异国故事。他一日取得多次胜利，俘获马匹甚多，进献于成王，成王亦赏赐康叔很多良马。

【象传】

［初六］“晋如，摧如”，独行正也。“裕，无咎”，未受命也[①]。

［六二］“受兹介福”，以中正也[②]。

［六三］“众允”之，志上行也[③]。

［九四］“鼫鼠，贞厉”，位不当也[④]。

［六五］“失得勿恤”，往有庆也[⑤]。

［上九］“维用伐邑”，道未光也[⑥]。

【注释】 ①正：正道。 能进攻并摧毁敌人，是由于独行正道的缘故。未掠夺财物而无后患，是由于未受上级指令。 ②中正：指六二居下体之中，正位。受此大福，由于守中正之道。 ③上行：指六三与上九相应。 众人之所以信允，因其心志与上同行。 ④位不当：指九四阳居阴位。 鼫鼠之厉，因其位置不利。 ⑤不为得失而忧虑，奋勇前行，定有吉庆。⑥只限于攻伐城邑，是因为正道尚未发扬光大。

【评析】 此《象》辞主张在战争进攻过程中，必须践行中正之道，要取信于众人，决不退缩；同时，又要慎重对待上级指令。还强调进攻必须勇往直前，不可患得患失，方能最终取胜；临危而攻击精锐之兵，必须坚守正大光明之道。反映了古代军事辩证法思想的合理内容。

明夷䷣（离下坤上）

明夷：利艰贞①。

初九：明夷于飞，垂其翼。君子于行，三日不食。有攸往，主人有言②。

六二：明夷，夷于左股，用拯马壮，吉③。

九三：明夷，于南狩，得其大首，不可疾，贞④。

六四：入于左腹，获明夷之心，于出门庭⑤。

六五：箕子之明夷，利贞⑥。

上六：不明，晦。初登于天，后入于地⑦。

【注释】 ①明夷：卦名。卦象离下坤上。夷借为痍，伤也。明夷即光明受遮蔽。艰：险。 贞：占。 利艰贞：即利于遭受危难时占问。②明夷：借为鸣鹈，一种鸟。鸣鹈飞行，低垂着翅膀。君子外行，多日未进食。若再前往，必受主人责骂。 ③明夷：指日落西山。 夷：伤。拯：救。 日落之时，伤了左腿，换乘良马前行，渐可复壮。吉祥。④狩：出征。 大首：元凶。 傍晚，开始南征，诛除元凶，不可过急，当守正固。 ⑤腹：腹地，内室。 明夷：何楷云："指纣也。" 明夷之心：指纣的心意。 出门庭：遁逃。 进到机密的左室，探知明夷之君纣的残暴用心，于是赶快出逃。⑥箕子：殷纣王之叔。 明夷：自晦其明。 箕子佯狂，自晦其明，利在坚守正道。 ⑦不明，晦：均指日光昏暗，似指日蚀。 日蚀发生，天昏地暗，（鸣鹈）先飞向天空，后堕入地中。

【评析】 此卦爻辞以鸣（鹈）鸟喻自由出行之人，遇到各种甘苦，虽一时挣脱羁绊，获得自由翱翔的机会，最终未能摆脱痛苦的现实。它比喻箕子一类君子，渴望济世而又只能自晦其明的悲剧命运。亦喻明夷之君丧失人心，贤人离去的孤立处境。

【彖传】

明入地中，明夷[①]。内文明而外柔顺，以蒙大难，文王以之[②]。“利艰贞”，晦其明也[③]。内难而能正其志，箕子以之[④]。

【注释】 ①明夷：卦名，卦象为离下坤上，离为日，坤为地，即日在地下，故谓“明入地中”。 ②离为日，象征文明；坤为地，象征柔顺，故离下坤上即“内文明而外柔顺”，喻周文王内秉文明之德，外施柔顺之道。 蒙：蒙受。 大难：指文王被囚于羑里。 以：似也。 以之：即与此卦辞相似。 ③晦：隐晦。 利于在遭受危难时坚守正道，隐藏着光明正直的大志，以待时机。 ④内难：朝内遭受险境。 朝内遭受险境而能够端正其志向，箕子的行为正与卦辞相似。

【评析】 此《彖传》阐明“明入地中”的哲理。以“晦其明”的两个典型人物的行迹来表述。其一，文王“内文明而外柔顺”，无辜被囚于羑里，因其内藏文明之德，外行柔顺之道，终能承受大难而迎来新生。其二，箕子“内难而能正其志”，忍受“为奴”及“佯狂”的痛苦，终能端正志向，不屈从，不苟且偷生，赢得后世人民的赞誉。“明入地中”，显示了光明与黑暗的斗争。

【象传】

[初九]“君子于行”，义不食也[①]。

[六二]六二之“吉”，顺以则也[②]。

[九三]“南狩”之志，乃大得也[③]。

[六四]“入于左腹”，获心意也[④]。

[六五]“箕子”之“贞”，“明”不可息也[⑤]。

[上六]“初登于天”，照四国也；“后入于地”，失则也[⑥]。

【注释】 ①君子出行而多日不食，是因为食之不义。 ②六二，阴居阴位，当位而得吉，因其柔顺且合乎中正的法则。③得：指得民心。天子南狩（指武王伐纣），遂其大志，乃大得民心。④进入机密的左室，乃能探得真实意图。⑤明：指明德。息：灭。箕子自晦其明，坚守正道，其明德未可磨灭。⑥则：指治国的准则。登于天：指登天子位。纣王初登天子位，居高而明照四方侯国；最终坠入于地，因其丧失君主治国的准则。

【评析】 此卦《象传》主要从伦理道德角度，阐明中正之大德能光耀四方，永恒不灭。借箕子与纣王两个历史人物的鲜明对比，显示保持明德的重要和丧失明德的可悲结局。

家人䷤（离下巽上）

家人：利女贞[①]。

初九：闲有家，悔亡[②]。

六二：无攸遂，在中馈，贞吉[③]。

九三：家人嗃嗃。悔，厉，吉。妇子嘻嘻，终吝[④]。

六四：富家，大吉[⑤]。

九五：王假有家，勿恤，吉[⑥]。

上九：有孚，威如，终吉[⑦]。

【注释】 ①家人：卦名。指父子、兄弟、夫妇等。卦象离下巽上。利女贞：有利于妇女占问。②闲：防备。有：通“于”。家中有防备，灾祸不会发生。③攸：所。遂：成就，抱负。馈：食。中馈：家中饮食之事。无所抱负，在家中调理饮食。占之吉祥。④嗃嗃：嗷嗷，哀怨之声。嘻嘻：骄佚嬉笑之声。家人愁苦哀号，虽厉，可以转化为吉。若妇女、孩子成天骄佚嬉笑，终会招致不幸。⑤富：福。家庭幸福富有，大吉。⑥假：通“格”，至。恤：忧。（梦见）国王来到家中，不要担忧，有吉庆。 ⑦孚：诚信。 威如：威严、庄重。家长诚信，家教威严，终有吉庆。

【评析】 此卦爻辞透露了中国古代家庭的一些基本情况：其一，（男子）防守家园，谨防内祸外患的滋生。其二，（女子）无所抱负，担负起持家之重任。其三，家教威严，家人不可嬉笑、哀怨，当安分守己，谨小慎微。

【彖传】

家人，女正位乎内，男正位乎外①。男女正，天地之大义也②。家人有严君焉，父母之谓也③。父父、子子、兄兄、弟弟、夫夫、妇妇，而家道正。正家，而天下定矣④。

【注释】 ①家人六二居阴位，属内卦之中，故言“女正位乎内”；九五阳爻居阳位，为外卦之中，故言“男正位乎外”。 ②六二与九五当位、中正，且相应，故称“男女正”。 男女各守其正道，乃合天地之大义。 ③君：长也。 父母乃一家威严之长。 ④家道：齐家的规范。家道严正，则天下安定。

【评析】 此《彖传》阐述一家之内的男女地位，男主外，女主内，乃合乎天地之大义。父母为一家之君，父子、兄弟、夫妇各安其位，乃“家道正”。家道得正，则能安定天下。这种家道观反映中国古代宗法社会之特质，也是中国传统文化之特质，对古代政治、经济、思想、文化诸方面都有深远影响。

【象传】

［初九］“闲有家”，志未变也①。

［六二］“六二”之“吉”，顺以巽也②。

［九三］“家人嗃嗃”，未失也。“妇子嘻嘻”，失家节也③。

［六四］“富家大吉”，顺在位也④。

［九五］“王假有家”，交相爱也[⑤]。

［上九］“威如”之“吉”，反身之谓也[⑥]。

【注释】 ①志：志向，指齐家的志向。 变：变故，改变。 家中防备邪恶，齐家之志未变。 ②以：而，且。 巽：通逊，谦逊。 六二为阴爻居阴位、且居离下之中，故吉。 “在中馈”而有吉，以其柔顺而谦逊。 ③节：节度。 家节：家教节度。 家教严厉使家人有怨言，但未失去节度；妇女和小孩放纵嬉笑，失去了家教节度。 ④顺：柔顺，指妇女。 在位：居守其位。 ⑤假：通“格”，至也。 交相爱：互敬互爱。君王感格臣民，君民交相爱护。 ⑥威：威严。 反身：反求诸己身。 威严治家有吉祥，因能反求诸己，作表率。

【评析】 此《象传》主要阐述三方面思想：(一) 齐家思想。齐家必须有一定的家教节度，家教不可过严，那会使家人有怨言；也不可过于松弛，那容易导致家人放纵嬉笑。(二) 修身思想。认为齐家之要在于家长，家长必通过自己的言行起表率作用，才能取信于家人，使家人信服和敬畏。(三) 君民一致思想。一国之君，有如一家之长，与其臣民当“交相爱”，只有感化其臣民，使臣民交相爱护，才能家齐国治。

睽☲☱（兑下离上）

睽：小事吉[①]。

初九：悔亡。丧马勿逐，自复。见恶人，无咎[②]。

九二：遇主于巷，无咎[③]。

六三：见舆曳，其牛掣；其人天且劓。无初，有终[④]。

九四：睽孤遇元夫，交孚，厉，无咎[⑤]。

六五：悔亡。厥宗噬肤，往何咎[⑥]？

上九：睽孤，见豕负涂，载鬼一车；先张之弧，后说之弧。

匪寇，婚媾。往遇雨则吉[7]。

【注释】 ①睽：卦名，乖离。卦象兑下离上。 小事：古代以战争和祭祀为大事，其余如行旅等均为小事。 ②丢失了马不要追逐，它自己会回来。见到恶人不要害怕，他不会给你带来麻烦。 ③主：指旅店的主人。 在小巷遇到旅店主人，平安无事。 ④舆：大车。 曳：拉。 掣：滞，喻吃力的样子。 天：颠，刺额的刑罚。 劓：割鼻的刑罚。 看见牛拖大车，牛吃力地前行着。驾车人额上刺了字，割去了鼻子。开始不太顺利，终究平安无事。 ⑤睽孤：单身一人。 元夫：首夫，即国君。 孚：信。 孤身一人旅行，巧遇国君，彼此信任。以为有危险，实际没事。 ⑥厥：语助词。宗：主祭官。 噬：吃。 肤：肉。 灾祸不会发生。见主祭官祭祖食肉，走上前去，有何危险？ ⑦豕：大猪。 负：背。 涂：同塗，污泥。 张：张开。 弧：弓也。 说：脱，放下。 独自一人行走，见一头猪，背上有污泥；一辆大车，满载着像鬼怪一样的人，先张开弓，后又把弓放下。不是强盗，是去抢婚。继续往前走，遇上雨，还算吉利。

【评析】 此卦爻辞讲述旅客途中所见所闻，反映出古代行旅之甘苦。提到两个有趣的故事：其一是说，有一辆货车，一头牛吃力地拉着，一人在推车，走近一看，原来推车的是一个刺了额、割了鼻的奴隶。其二是说，一辆大车上满载着鬼怪一样的人前去抢婚。前一故事说明古代奴隶受酷刑并为奴隶主服役的情况，是古代刑法制度史的重要资料。后一故事反映出古代存在扮鬼抢婚的风俗，是研究古代民俗的重要文献。

【彖传】

睽，火动而上，泽动而下；二女同居，其志不同行[1]。说而丽乎明，柔进而上行，得中而应乎刚，是以“小事吉”[2]。天地睽而其事同也，男女睽而其志通也，万物睽而其事类也。睽之时用大矣哉[3]！

【注释】 ①睽卦兑下离上。离为火，性炎上；兑为泽，性润下，故谓“火动而上，泽动而下”。又离为中女，兑为少女，女大思嫁，心志不同，故同居不同行。②兑：即说，喜悦。 离：为日，即明。 丽：附丽。 在下者欣喜地附丽于在上的明主，非完全乖离，此即“说而丽乎明”。睽六三为阴柔，上升至尊位五，即“柔进而上行”，喻臣下地位之上升。六五居上体之中，下应九二之刚，故称“得中而应乎刚”。③事：指生育万物之事。 志：生儿育女之志向。 时用：因时而用。天高地卑，是为“天地睽”；然而天地合气，化生万物，是为“其事同”。男刚女柔，男外女内，是为“男女睽”，然而男女婚姻，生儿育女，是为“其志通”。万物各得其性，千差万别，是为“万物睽”；然而均以乘阴阳二气而生，则为“其事类”。事物既相睽又统一的原则，因时而用，意义十分重大。

【评析】 此《彖传》的主旨在于阐发自然界和社会上的事物既相睽（对立）又相合（统一）的辩证关系。强调“天地睽而其事同、男女睽而其志通”的朴素辩证法思想。

【象传】

［初九］“见恶人”，以辟“咎”也[①]。

［九二］“遇主于巷”，未失道也[②]。

［六三］“见舆曳”，位不当也。“无初有终”，遇刚也[③]。

［九四］“交孚无咎”，志行也[④]。

［六五］“厥宗噬肤”，“往”有庆也[⑤]。

［上九］“遇雨”之“吉”，群疑亡也[⑥]。

【注释】 ①辟：通“避”，避免。 对恶人视而不见，可避免招致灾祸。 ②九二刚中之臣，在小巷中，突遇六五柔中之君，虽处乖离之世，未失君臣相合之道。 ②六三阴居阳位，故“位不当”。上应上九之刚，故为柔“遇刚”。④志：意愿。 行：旅行。 相互信任，有危而无灾咎，因能共行其济睽之志。 ⑤庆：喜庆，吉庆。 见主祭官祭祖食肉，继续前往，定有喜庆。⑥群疑：一切疑虑。 亡：消失。 遇上雨，得吉利，因为一切猜疑都消失。

【评析】 此《象传》提倡“辟咎”，“志行”。“辟咎”，是要防患于未然，尽力避免可能遭致的灾祸，对于怪事恶人均不可掉以轻心。“志行”，是将克服乖离行为的崇高志向付诸行动，认为人们的相互信任，是“志行”的一个重要条件。尽管人心不齐，事多乖异，彼此多一点信任，终会各遂其志。

蹇䷦（艮下坎上）

蹇：利西南，不利东北。利见大人，贞吉①。

初六：往蹇，来誉②。

六二：王臣蹇蹇，匪躬之故③。

九三：往蹇，来反④

六四：往蹇，来连⑤。

九五：大蹇，朋来⑥。

上六：往蹇，来硕，吉。利见大人⑦。

【注释】 ①蹇：卦名，艰难之意。卦象艮下坎上。 利于西南，不利于东北。拜见大人是吉利的。 ②誉：荣誉。 出门时处境艰难，回来时获得荣誉。 ③王臣：王公大臣。 蹇蹇：十分艰难。 匪：非。 躬：自身。王公大臣处境极为艰难，这并非他们自己造成的。 ④反：相反，指蹇的反面。 出门时艰难重重，回来时平平安安。 ⑤连：接连。 出门时步履艰难，回来时艰难不断。 ⑥大蹇：大难。 遇大难，朋友来相助。 ⑦硕：借为蹠，跳跃、高兴的样子。 出门时步履艰难，回来时欣喜雀跃。见大人，有吉利。

【评析】 此卦爻辞描述了一商旅之人历尽艰苦，最后满载而归的情节，表明在古代社会，商旅是艰辛的，也令人羡慕。生动地启示了难与易、祸与福可以相互转化的朴素辩证法思想。

【彖传】

蹇，难也，险在前也。见险而能止，知矣哉[①]。蹇，“利西南”，往得中也。“不利东北”，其道穷也[②]。“利见大人”，往有功也。当位“贞吉”，以正邦也。蹇之时用大矣哉[③]！

【注释】 ①蹇卦坎上艮下，坎为险，艮为止，故险在前，止在后。知：智也。所谓蹇，即艰难。见艰难在前，能停止前行而不冒进，便是明智。 ②道穷：道路不通。 利于西南，是由于往前走得中道。不利东北，是由于道路不通。 ③往见有权势之人，会获得成功。九五与六二居中，当位而有应，喻君臣当位，各司其职，可保民正邦。艰险当前，君臣际遇得时，意义重大。

【评析】 此《彖传》强调掌握“蹇之时”，即在不同时机，灵活应付事物存在的艰险。善于选择行动方向，如往东北则道穷而艰险，往西南则正道而无险。艰险当前，不可冒进，当见险能止；若无艰险，当勇往直前，建立功勋。

【象传】

［初六］“往蹇来誉”，宜待也[①]。

［六二］“王臣蹇蹇”，终无尤也[②]。

［九三］“往蹇来反”，内喜之也[③]。

［六四］“往蹇来连”，当位实也[④]。

［九五］“大蹇朋来”，以中节也[⑤]。

［上六］“往蹇来硕”，志在内也。“利见大人”，以从贵也[⑥]。

【注释】 ①《释文》：“宜待也，张本作宜时也。”待：通时。 宜待，时宜。“往蹇来誉”，因行为合乎时宜。 ②尤：过错。 终无尤：最终将无过失。 ③内：指妻妾。 出门时艰苦，回来时平安，妻妾都为之高兴。④当位：指六四阴爻居阴位。实：阳刚为实，阴柔为虚。指九五之阳刚下助柔弱之六四。⑤以：因，表示原因。中节：中正的节操。大难当头，朋友来相助，由于九五具有中正的节操。⑥内：指九五中正之道。志在内：上六志向九五中正之道。贵：指九五所居君位。以从贵：因上六阴柔附从阳刚的君主。

【评析】 此《象传》强调志在中正之道，并以中正的节操来制约行动，使行动合乎时宜。提倡君子应当时刻追随君主，保持高尚的志向，并按中正之道行事。

解䷧（坎下震上）

解：利西南。无所往，其来复，吉。有攸往，夙吉[①]。

初六：无咎[②]。

九二：田获三狐，得黄矢，贞吉[③]。

六三：负且乘，致寇至，贞吝[④]。

九四：解而拇，朋至斯孚[⑤]。

六五：君子维有解，吉。有孚于小人[⑥]。

上六：公用射隼于高墉之上，获之，无不利[⑦]。

【注释】 ①解：卦名，解脱，缓解，分解。卦象坎下震上。复：回。夙：早。西南方吉利。无目的而前往，没有什么好处，不如回来；有目的而前往，越早越吉利。②初六：阴居阳位不当，与九四之阳刚相应，故无咎。③田：打猎。黄：黄金，指黄铜。田猎获得三只狐狸，还得到黄色箭头，占之吉。④负：背负。且：又。乘：乘车。致：招致。背着东西，又乘坐在车上，会招来强盗。占问必有悔吝。⑤而：尔，你的。拇：大脚趾，喻脚。斯：乃。孚：信，信任。舒展你的脚，朋友来了，表示信任。⑥维：系，捆绑。有：

又。　君子将小人捆住又解开，这是吉利。相信小人不会逃掉。　⑦隼：鸷鸟。　公：公爵，大臣。　墉：城墙。　王公在城墙上射中鸷鸟，抓住它，没有什么不好。

【评析】　古之王公，常带奴仆外出游猎寻乐。此卦爻辞反映出他们渴望外间自由、不满宫庭礼规束缚的心情。

【象传】

解：险以动，动而免乎险，解①。解“利西南”，往得众也②。“其来复吉”，乃得中也。“有攸往，夙吉”，往有功也③。天地解而雷雨作，雷雨作而百果草木皆甲坼。解之时大矣哉④！

【注释】　①解卦坎下震上。坎为险，震为动，故言“险以动”。又，动在险之外，故言“动而免乎险”。既免乎险，则险得到缓解或解除，此即解之本义。②《说卦传》以西南为坤方。坤为众，行坤柔之道，必得民众拥护。　③得中：九二为解之主爻，居下体之中，为居柔而用刚，刚柔相济而适中。　往有功：前行必有功。　④震为雷，坎为水，雷震上于天，水坎下于地，大雨降落，阴阳二气缓解，故言“天地解而雪雨作”。　甲：植物种子的皮壳。坼：裂开。　甲坼：种子裂壳生嫩芽。雷雨作，百果草木无不发芽滋长。　时：恰当时机。　解之适时，对化生万物的作用很大。

【评析】　此《象传》强调缓解“得众”思想。认为对民众不可仅以强硬手段使其服从，还必须学会以柔顺安息之道缓解矛盾，取得民众的信任。天地解而雷雨作，百木畅茂；社会解而诚信立，万民舒畅。

【象传】

［初六］刚柔之际，义“无咎”也①。

［九二］“九二贞吉”，得中道也②。

［六三］“负且乘”，亦可丑也。自我致戎，又谁咎也③？

[九四]“解而拇”，未当位也[④]。

[六五]“君子有解”，小人退也[⑤]。

[上六]“公用射隼”，以解悖也[⑥]。

【注释】 ①际：交。 义：宜。初六与九四刚柔相交而得其宜。②九二，阳刚居下卦之中，故得中正刚毅之道。 ③丑：羞也。 致：招致。 戎：本作戒，兵也，借指强盗。 咎：谤，谴责。背着东西，又坐在车上，招人注目，愚昧而丑，自我暴露，招致抢劫，还能怪罪谁呢？ ④九四阳居阴位，故言不当位。 ⑤六五居君位，为君子。君子以柔中之德舒解小人之束缚，小人必畏服退缩。 ⑥悖：悖逆，叛乱。大公张弓射击鸷鸟，喻解除叛乱。

【评析】 其一，强调刚柔相济而得中，以为如此就能吉祥如意，实质上是主张对立面相统一的思想。

其二，反对“负且乘”，以为带着财物招摇过市，惹人注目，是愚蠢的，将会招致祸患。这是中国古代有财不宜露的价值观念。

损䷨（兑下艮上）

损：有孚，元吉，无咎，可贞，利有攸往。曷之用？二簋可用享[①]。

初九：已事遄往，无咎；酌损之[②]。

九二：利贞，征凶。弗损，益之[③]。

六三：三人行，则损一人；一人行，则得其友[④]。

六四：损其疾，使遄有喜，无咎[⑤]。

六五：或益之十朋之龟，弗克违，元吉[⑥]。

上九：弗损，益之，无咎。贞吉，有攸往，得臣无家[⑦]。

【注释】 ①损：卦名，意为减损。卦象兑下艮上。 有孚，元吉，无咎，可贞，利有攸往：此处一系列占断之词并用，说明减损如果出自虔诚，便会吉祥无害而可行。曷：何。用：体现。簋：盛食物的竹器，状如盘碟。 如何体现？用两盘祭品就可祭神而获吉祥。 ②巳：《集解》作祀。于省吾认为甲骨文祀字亦作巳。 遄：迅速。 祭祀大事，宜速往参加，才不会有咎过。祭品可酌情减省。 ③利于守持正固，出征则凶。（兵力）不可减损，而要增益。 ④三人同行，（不同心）必有一人离去；一人独行，反会得到朋友（结伴）。 ⑤损其疾：减轻病苦。减轻病痛的事，速办则有喜，可无咎过。 ⑥朋：古代货币单位。 十朋之龟：价值昂贵的巨龟。《集解》引崔憬曰："双贝为朋。价值二十大贝，龟之最神贵者。"弗克违：不能推辞违背。 有人进献价值十朋的大宝龟，不好推辞，至为吉祥。 ⑦臣：臣仆，奴隶。 无家：没有妻室。（祭品）不可减少或增加，无有咎过。贞问有言，宜有所往，可获得没有家人的单身奴隶。

【评析】 本卦爻辞认为只要虔诚地祭祀，祭品不在多寡，都可以得到神的保佑。如果是出征，便要增加祭品，祭品越丰盛，得到的福佑越大。反映天人感应的迷信观念。

【彖传】

损，损下益上，其道上行①。损而"有孚，元吉，无咎，可贞，利有攸往。曷之用？二簋可用享②"。二簋应有时，损刚益柔有时③，损益盈虚，与时偕行④。

【注释】 ①损下益上：指损卦由泰（☷☰）卦变来，将泰初九减损，增益到泰六五之上，变成损之上九。以泰卦下体之刚济其上体之柔，故称"损下益上，其道上行"。一爻之动，泰卦变成损卦。 ②损而"有孚"云云，只是征引卦辞，以便下文说解。 ③有时：适时，即适合具体情况。 以二簋设祭，应看具体情况；损刚益柔，亦当看具体情况。 ④偕行，同时并行。 或损或益，或盈或虚，都应以具体时间条件为转移。

【评析】　《彖传》强调时间条件在事物损益、盈虚变化中的重要意义，提出了“损益盈虚，与时偕行”的论题，包含着可取的辩证法思想。

【象传】

［初九］“已事遄往”，尚合志也①。

［九二］九二“利贞”，中以为志也②。

［六三］“一人行”，三则疑也③。

［六四］“损其疾”，亦可喜也④。

［六五］六五“元吉”，自上祐也⑤。

［上九］“弗损，益之”，得大志也⑥。

【注释】　①尚：崇高，向往。　合志：意志和合。　初九居阳刚之位，通常不往上从六四之阴柔。今遇祭祀之事而速往，表明二者志同道合。《周易折中》：“《易》例，初九与六四虽正应，都无往从之之义，在下位不援上也。惟损初爻言‘遄往’，而《传》谓‘上合志’，盖当‘损下益上’之时故也。”　②中以为志：以坚守中道为志向。　九二之所以“利贞”，因其居下体之中，能坚守中正之志。　③三：指六三、六四、六五。　疑：疑惑。　三人同行，其中二人结成对子，一人孤立，必生疑惑。　④减轻疾病，也是可喜之事。　⑤祐：同佑，上天的保佑。六五以阴柔居上体之中，适承上九之阳刚，阳以济阴，故言“六五元吉，自上佑也”。　⑥大志：踌躇满志。　艮为山，上九以阳刚居艮体之上，若立于山巅，众阴拱之，是“得大志”。

【评析】　《象传》对《彖传》的朴素辩证法思想有所发挥。本卦自初九至上九，莫不阴阳对应。《象传》所谓“尚合志”，“中以为志”，“自上祐”，“得大志”，都是就阴阳对应和合而作的评论。《系辞下》说：“天地絪缊，万物化醇，男女构精，万物化生。《易》曰：‘三人行，则损一人。一人行，则得其友。’言致一也。”此所谓“致一”，正是对本卦《彖传》和《象传》的对立统一思想的肯定性概括。

益☳☴（震下巽上）

益：利有攸往，利涉大川①。

初九：利用为大作，元吉，无咎②。

六二：或益之十朋之龟，弗克违。永贞吉。王用享于帝，吉③。

六三：益之，用凶事，无咎。有孚中行，告公用圭④。

六四：中行告公，从。利用为依迁国⑤。

九五：有孚惠心，勿问，元吉。有孚惠我德⑥。

上九：莫益之，或击之，立心勿恒，凶⑦。

【注释】 ①益：卦名，意为增益。卦象震下巽上。 行事无不顺利，涉水可保平安。 ②大作：大兴土木。 利于兴土木，大吉，无过失。 ③“十朋之龟”句参阅“损”卦注。李镜池谓此即《书·大诰》所记故事。《大诰》是周公奉命东征之诰，写道：“予不敢闭于天降威，用宁王遗我大宝龟，绍天明。”是说文王赐给我们大宝龟（即十朋之龟），叫我们继承天命，我们不能违背他的遗愿。 永贞吉：贞问长期的吉凶利害，得吉兆。 王用享于帝：王者享祭天帝。此疑即武王克商祭天受命故事。 ④凶事：指天灾人祸。此疑武王死后，成王即位，周公遭疑，纣王子武庚作乱。 孚：真诚信实。 中行：即中行氏，中行衍之后。中行衍是大业子伯益之后，曾为帝大戊（商中宗）御者，其后嗣有名孟增者，幸于周成王。事见《史记·赵世家》，参见刘向《新序·节士》。 公：指周公。 圭：玉器。古者有大事，传递消息，执此以为信物。《礼记·郊特牲》：“大夫执圭而使，所以申信也。”忠诚的中行氏，执圭晋见周公，告知出师平定武庚叛乱之前，宜用丰厚的祭品祭享天帝，可获“无咎”。 ⑤依：即殷。《书·康诰》“殪戎殷”，《中庸》

引作“壹戎衣”。此处指殷之遗民。 迁国：迁都。 周公平定武庚之乱后，为防止殷遗民动乱，听从中行氏建议，将殷贵族集中东迁洛邑。⑥惠心：感激恩惠之心。真心安抚殷民，殷民感激恩惠。不用贞问，有大吉祥。殷民感谢我宽厚的恩德。 ⑦益：施恩惠。 击：打击。 立心勿恒：信念动摇。 不能施予恩惠，反而予以打击。动摇了安抚殷民的信心，会有凶祸。

【评析】 本卦爻辞贯串了武王死后，周公东征，平定武庚叛乱，东迁洛邑，告诫成王敬德保民以守成等史事，与古史如合符契。对于研究易经成书年代具有重要参考价值。

【彖传】

益，损上益下，民说无疆[①]；自上下下，其道大光[②]。“利有攸往”，中正有庆[③]；“利涉大川，木道乃行[④]”。益动而巽，日进无疆[⑤]；天施地生，其益无方[⑥]。凡益之道，与时偕行[⑦]。

【注释】 ①说：同悦，喜悦。 益卦来自否卦爻位的变化。减损否之上九，增益到初六之下，由下坤上乾之否，变成下震上巽之益，是为损上益下。喻减损君上之利而济益下民，故下民喜悦无限。 ②益卦由否卦变化而来，否之上九，乃阳刚之极，向相反的方向转化，成为益之初九，是为“自上下下”。由否而益，周而复始，故“其道大光”。③九五以阳刚居上体之中，与六二阴柔居下体之中相应，刚柔调和，故言“中正有庆”。 ④木：指上体，巽为木；指木船。 木道：木船航行之道。木道可以通行，故“利涉大川”。 ⑤益卦下震上巽，震为动，巽为顺。 顺循自然之理而动，日益前进，前途无量。 ⑥天施地生：指九五与六二，阴阳相应，利于万物生长。 无方：没有方域限制。⑦与时偕行：以时间条件为转移，适时而损益之。《王弼注》：“益之为用，施未足也。满而益之，害之道也。故‘凡益之道，与时偕行’也。”

【评析】 《彖传》肯定“损上益下”，“自上下下”。其社会学含义是损上之有余以济下之不足，包含着民本主义思想。与《老子》“天之道，损有余而补不足”的观点相一致。效法自然，天施阳光雨露以滋润大地，使物类蒸蒸日上。同时强调益之“动”必须得其时，增益须恰到好处，包含着辩证法思想因素。

【象传】

［初九］“元吉无咎”，下不厚事也[①]。

［六二］“或益之”，自外来也[②]。

［六三］“益用凶事”，固有之也[③]。

［六四］“告公，从”，以益志也[④]。

［九五］“有孚惠心”，勿问之矣；“惠我德”，大得志也[⑤]。

［上九］“莫益之”，偏辞也；“或击之”，自外来也[⑥]。

【注释】 ①厚：通后，指君主。高亨引俞樾说：“厚读为后。”下民响应君主大兴土木营建新都的号令，争先恐后。 ②六二与九五相应，刚柔调和，得益于外卦之九五，故云“或益之”，“自外来也”。 ③有：通“佑”。 以厚祭用于凶事，可获“无咎”，是因上天保佑。 ④益志：《集解》引崔憬曰：“益其勤王之志也。” 中行告公而被采纳，是肯定其忠于王室的心志。 ⑤勿问：无疑问。 大得志：下民感恩戴德，君主可以巩固政权，全其大志。 九五居尊位，下有六二相应，正是志得意满之时。 ⑥偏辞：偏见之辞。上九之于六三，本应损上而益下，然其一反自损之道，生损下益上之念，难免遭致外来打击。其中包含了自私必自损的道理。

【评析】 本卦《象传》反映了益世济民思想。在作者看来，益人者，己亦受益。“固有之”、“以益志”、“大得志”等，都包含此意。如果益己而不愿益人，势必遭“击”、罹“凶”，难免外来之患。这是儒家社会伦理观的反映。

夬䷪（乾下兑上）

夬：扬于王庭。孚号："有厉。"告自邑："不利即戎。"利有攸往①。

初九：壮于前趾，往不胜，为咎②。

九二：惕号："莫夜有戎。"勿恤③。

九三：壮于頄，有凶。君子夬夬，独行遇雨若濡；有愠，无咎④。

九四：臀无肤，其行次且。牵羊悔亡，闻言不信⑤。

九五：苋陆夬夬，中行，无咎⑥。

上六：无号，终有凶⑦。

【注释】 ①夬（guài）：卦名，决断之意。卦象乾下兑上。 扬：越。 王庭：贵族庭院。 孚：诚信。 号：呼号。 邑：城邑。 即：从。 戎：兵器。即戎：从戎，动武。 有人越入王庭。发出可靠消息："有人来犯了！"从城邑传出命令："若处境不利，就动用武力！"往前有利。 ②壮：伤也。 伤了前趾，继续前往，不会取胜，必造成灾咎。 ③惕：惧。 号：呼号。 莫：通暮。 戎：敌人。 恤：忧。 传来惊恐的呼号："晚上有人来偷袭。"不要担忧。 ④頄（qiú）：面部颧骨，《玉篇》作颧。 夬夬：谓十分果断。 若：而。 濡：淋湿。 愠：不悦。 伤了面颧，有凶险。君子果断地独行，遇雨被淋湿，心生不悦，终无咎害。 ⑤肤：皮肤。 次且：即趑趄，（zī jū）行走艰难。 臀部受伤，走路艰难。牵羊前往，无悔。听到忠告未信从。 ⑥苋（fān）：山羊细角。 陆：跳。 中行：在大路中间行走。 细角山羊在道路中间敏捷地跳跃，不会有什么过失。 ⑦没有预先发出呼号，结果遭到凶险。

【评析】 此卦爻辞谈了王庭受到寇戎的威胁，应随时提高警惕，必要时还得动用武力。反映出古代社会的矛盾和冲突。

在人生旅途中，既要时刻警惕，又要果敢前行，要像山羊一样敏捷而果断地在大路中间行走，若不走中正之道，一意孤行，难免遭灾。

【彖传】

夬，决也，刚决柔也。健而说，决而和[①]。“扬于王庭”，柔乘五刚也。“孚号有厉”，其危乃光也[②]。“告自邑，不利即戎”，所尚乃穷也。“利有攸往”，刚长乃终也[③]。

【注释】 ①夬卦乾下兑上，五刚决一柔。乾为健，兑为悦，故“健而悦”。阳为君子，阴为小人，君子以刚健之德，和悦地对待小人，此即“决而和”。 ②夬卦一阴爻居五阳爻之上，故称柔乘五刚。柔乘刚，即小人越过君子之庭院，即“扬于王庭”，有危险。 当一柔乘五刚之时，君子以阳刚之德，既警惕有厉，又谦和对待，不致决裂，使阳刚之德发扬光大，此谓“危乃光”。 ③所尚乃穷，指上六而言。小人“扬于王庭”，挑起斗争；一柔决五刚，必败无疑。刚爻若再增长，完全决绝柔爻，此“利有攸往”，就柔爻而言，便将告“终”。

【评析】 强调君子必果断而坚决地与小人决裂，不要以为小人不会有什么危害。但同时又主张，不可过严制裁小人。君子对待小人持谦和态度，这是中庸思想的反映。

【象传】

［初九］“不胜”而“往”，咎也[①]。

［九二］“有戎勿恤”，得中道也[②]。

［九三］“君子夬夬”，终“无咎”也[③]。

［九四］“其行次且”，位不当也。“闻言不信”，聪不明也[④]。

［九五］“中行无咎”，中未光也[⑤]。

[上六]“无号”之“凶”，终不可长也[6]。

【注释】 ①初九虽刚勇，决断上六，不易取胜，孤身前往，必招灾祸。 ②九二之阳刚居下体之中，行中正之道，故能应付“有戎”而无忧。 ③君子果断地决离小人，独行其道，终无咎过。 ④九四阳爻居阴位，故位不当。聪：听觉。 有所闻而不信，是其听觉不明。 ⑤九五居中而正位，只求“无咎”，是其中正之道未能光大。 ⑥长：长久。 无警惕之呼号，而遭凶险，因一柔乘五刚，不可坚持长久。

【评析】 此《象传》主旨有三：其一强调君子必坚定不移地行中正之道，果断地与小人分决，防犯小人的侵扰和对付可能遭致的危害。其二强调君子应光大中正刚毅之德，谦和地对待小人。反映出作者已意识到奴隶主和奴隶、自由民之间具有相互依存的关系。其三主张身处逆境时，当听取善言劝告，切忌一意孤行。

姤䷫（巽下乾上）

姤：女壮，勿用取女[1]。

初六：系于金柅，贞吉。有攸往，见凶。羸豕孚蹢躅[2]。

九二：包有鱼，无咎。不利宾[3]。

九三：臀无肤，其行次且，厉，无大咎[4]。

九四：包无鱼，起凶[5]。

九五：以杞包瓜；含章，有陨自天[6]。

上九：姤其角，吝，无咎[7]。

【注释】 ①姤：卦名，通遘，不期而遇。卦象巽下乾上。 壮：健壮。 取：通娶。 女子过于刚强，不宜娶她。 ②柅：止车轮木，即刹车。 羸豕：牝豕，即母猪。 孚：育，指哺乳。 蹢躅（音执竹）：即踯躅，行走不便的样子。系着金属刹车，不会不吉利。急于有所往，则凶险。最好像母猪一样，缓缓而行。 ③包：庖，即厨房。 鱼：吉祥之物。 宾：客人。 厨房里有鱼，无咎过；但不利于擅自用以款待客人。 ④次且：即趑趄，进退两难的样子。 肤：皮肤。 臀部受伤，行动艰难，有危险，但无大祸降临。 （参见夬九四） ⑤厨中之鱼不见了，必起祸患。(古代以鱼喻吉祥)。 ⑥以：与。 杞：杞树。 包瓜：匏瓜。 含章：有光采。 缘杞树长的瓠瓜，亮晶晶的，从天上掉下来。 ⑦姤：婚媾。 角：斗殴。 婚媾之时，发生斗殴，不顺利，但无妨。(古代抢婚之事。)

【评析】 此卦爻辞谈论男女婚媾之事。认为过分刚强的女子，男子不宜娶她。男女婚姻，多发生斗殴。反映了古代夫刚妇柔的道德观念和抢婚的民俗。

【彖传】

姤，遇也，柔遇刚也。“勿用取女”，不可与长也[①]。天地相遇，品物咸章也[②]。刚遇中正，天下大行也。姤之时义大矣哉[③]！

【注释】 ①姤卦巽下乾上，一阴居五阳之下，居下而上进遇阳，即“柔遇刚”。一阴遇五阳，阴阳难以调和，故不可长久地相处。一女遇五男，难于长久相配，故“勿用取”。 ②品物：万品之物类。 咸：皆。 章：文采。 天地间阴阳二气相遇，化生万物，万物无不丰富多彩。 ③九二、九五守刚毅中正，故大行于天下。天地相遇，循其自然时序，化生万物，意义重大。

【评析】 天地相遇，阴阳相交，男女婚姻，均须遵循自然交媾的时序，方能阴阳调和，化生万物。一女配多男，阴阳不合洽，容易发生争斗。这显然是用自然规律来论证一夫一妻制的合理性。

【象传】

［初六］“系于金柅”，柔道牵也[①]。

[九二]“包有鱼”，义不及“宾”也[②]。

[九三]“其行次且”，行未牵也[③]。

[九四]“无鱼”之“凶”，远民也[④]。

[九五]“九五含章”，中正也。“有陨自天”，志不舍命也[⑤]。

[上九]“姤其角”，上穷“吝”也[⑥]。

【注释】 ①阴柔居下，顺从阳刚，此乃柔道。阳刚导引阴柔，柔道受到牵制。喻女受制于男，臣民受制于君。 ②九二与初六不相应，阴柔不宜与其他诸阳刚相遇，故“义不及‘宾’”。 ③九三不与初六相应，阳刚无以实现牵制阴柔之志，故徘徊难行。 ④九四下应初六，刚柔相应，如君子之牵引小人，君主节制民众。然而不吉（无鱼）者，因其位不正。 ⑤含：包含。章：文采，喻美德。 九五包含美德，因其正位得中。 命：指天命。 志不舍命：阳刚之志，不违天命。 ⑥吝：悔恨。 上九居姤卦之最上，阳刚已达极点，无柔与之相遇，故无限悔恨。

【评析】 此《象传》说明臣民应受制于君，女应受制于男。臣民不可诱使君，女不可诱使男。同时强调，君不可与臣民相疏远。反映出阶级社会中明显的等级压迫观念和男尊女卑思想。

萃䷬（坤下兑上）

萃：亨，王假有庙，利见大人，亨，利贞。用大牲吉。利有攸往[①]。

初六：有孚不终，乃乱乃萃，若号。一握为笑，勿恤，往无咎[②]。

六二：引吉，无咎；孚乃利用禴[③]。

六三：萃如嗟如，无攸利；往无咎，小吝[④]。

九四：大吉，无咎[⑤]。

九五：萃有位，无咎。匪孚；元永贞，悔亡[⑥]。

上六：赍咨涕洟，无咎[⑦]。

【注释】 ①萃：卦名，聚也。卦象坤下兑上。 假：通格，至也。有：语助词。有庙：即宗庙。 大牲：大的牲畜，通指牛。 国王到宗庙去祭祀，利于拜见大人。用大牲畜作祭品，可得吉祥。外出举事无不利。 ②孚：俘虏。不终：不安定。 乱：迷乱。 萃：会聚。 众俘虏不安定，心志迷乱，乌合聚会，奔走呼号。 一握：闻一多谓同咿喔，笑声。 （抢回俘虏）咿喔大笑，不用担忧无人牲献祭。往后，不会有灾咎。 ③引：长。 禴：春季祭祀。 长期吉祥，无咎。有俘虏作人牲，利于春祭。 ④嗟：嗟叹。 如：语助词。 相聚嗟叹，无所利。往后，再无灾咎，但小有悔恨。 ⑤大吉大利，无有灾咎。 ⑥萃：同瘁。 有位：在位的臣僚。 匪：非。 孚：信。 元：至善。 在位之人尽瘁国事，无灾咎。若未取信于民，永远坚贞向善，下民终会来聚。⑦涕：眼泪。 洟：鼻涕。 赍咨（jī zī）：即咨嗟，悲叹。 （忧劳国事）哀叹流涕，无有咎过。

【评析】 古时帝王为了富国强兵，往往采取各种手段来使天下臣民归顺。此处反映的正是君主亲临祭祀祖宗，以取信于臣民，使臣民归顺的一些情况。强调了祭祀过程中心必须诚信，要用人牲献祭；又认为保持至善品德是取信于民的原则。但以人牲献祭；奴隶逃走，还被抓回作人牲，反映了奴隶制的野蛮残暴。

【彖传】

萃，聚也。顺以说，刚中而应，故聚也[①]。“王假有庙”，致孝享也。“利见大人亨”，聚以正也。“用大牲吉，利有攸往”，顺天命也[②]。观其所聚，而天地万物之情可见矣[③]。

【注释】 ①以：而且。 说：同悦。 萃卦坤下兑上，坤为顺，兑为悦（即说），故“顺而悦”。 九五阳刚居中，下有六二相应，故“刚中而应”。上悦于下，下顺从上，故相聚。 ②享：名词，祭祀之牲畜。致孝享，送去表达孝心的祭品。 聚以正：以正道相聚。 顺天命：顺从上帝的意志。 ③《系辞下》：“方以类聚，物以群分。”观察天地万物所聚之类别，便能了解其中的共性。

【评析】 此《彖传》强调君主必刚毅中正，和悦于下；臣民必柔顺中正，顺从于上。这是一幅奴隶社会国泰民安的理想画面。

【象传】

［初六］“乃乱乃萃”，其志乱也[①]。

［六二］“引吉无咎”，中未变也[②]。

［六三］“往无咎”，上巽也[③]。

［九四］“大吉无咎”，位不当也[④]。

［九五］“萃有位”，志未光也[⑤]。

［上六］“赍咨涕洟”，未安上也[⑥]。

【注释】 ①俘虏逃亡，啸聚于外，由于心志迷乱。 ②中未变：六二居下体之中位，未变其阴柔之美德。 ③巽：顺从。 上巽：六三上往顺从九四，喻民众顺从于大臣。 ④位不当：指九四阳居阴位。虽不当位，因下有三阴顺从，故大吉，无咎。 ⑤志未光：九五虽居君位，因九四之近臣惑民误君，民不信从，故其会聚天下之志未得光大。 ⑥未安上：上六孤立无应，未能安居上位，故咨嗟涕零。

【评析】 此《象传》主张君主当具刚毅中正之德，乃能取信于民；臣必当位，不可惑民以欺君；民当安分守己，少思寡欲，坚守柔顺的美德，谨防志向迷乱。此皆宣扬巩固封建等级秩序的政治准则。

升䷭（巽下坤上）

升：元亨，用见大人，勿恤。南征吉[1]。

初六：允升，大吉[2]。

九二：孚乃利用禴，无咎[3]。

九三：升虚邑[4]。

六四：王用亨于岐山。吉，无咎[5]。

六五：贞吉，升阶。[6]

上六：冥升，利于不息之贞[7]。

【注释】 ①升：卦名，上升的意思。卦象巽下坤上。 用见：帛书本作“利见”。元亨：大亨。 勿恤：无忧患。 南征：南行征伐。朱骏声谓指文王伐崇，李镜池谓指穆王征楚。 ②允：当为𨈑，进也。 前行而步步上升，大吉。 ③孚：通俘。殷周之时，多以战俘为奴。 禴：春季的祭祀。 用战俘作人牲举行春祭，不会有灾咎。 ④虚邑：空城。九三之上为坤，坤代阴虚，若空虚的城邑。 登上空虚的城邑。 ⑤亨：通享，祭祀。 岐山：周族始祖迁居之地，在今陕西省岐山县境内。 周王到岐山去祭祀祖先，吉祥无咎。 ⑥贞吉：六五以阴居中位，得九二阳刚与之相应，故吉。 升阶：逐阶升迁。 ⑦冥升：昏暗中登高。 不息：不止息。 贞：正也。 昏暗时登高，利于不停地循正道。

【评析】 此卦爻辞似反映了周代不断强盛的史影。南征开辟疆土得吉，扩张战争得胜，将俘获的奴隶用作人牲献祭。小国纷纷败走，让出空城。文王使小邦周达到极盛，凯旋岐山，祭祀祖先，缅怀太王业绩。

【彖传】

柔以时升，巽而顺，刚中而应，是以大“亨”[1]。“用见大人，勿恤”，有庆也。“南征吉”，志行也[2]。

【注释】 ①柔：指阴爻。 柔以时升：指初六之阴柔，上升至六四、六五，极于上六，乃依据具体条件而上升。 升卦巽下坤上，坤即柔顺。故“巽而顺”。 刚中而应，指九二以阳刚居中，上应六五，故“大亨”。 ②用见：当作“利见”。朱骏声谓“大人谓二，尊爻无此人，故不曰利见曰用见”。有庆：有喜庆。 志行：志愿得到实现。

【评析】 此《彖传》强调“柔以时升”，认为事物的发展总是依据具体条件，顺从客观情势而合乎事物的情理，从而达到良好的结果。人们的行为也必须从具体情况出发，只有这样，原有的意愿才能够真正得以实现。

【象传】

［初六］“允升大吉”，上合志也[1]。

［九二］“九二”之“孚”，有喜也[2]。

［九三］“升虚邑”，无所疑也[3]。

［六四］“王用亨于岐山”，顺事也[4]。

［六五］“贞吉，升阶”，大得志也[5]。

［上六］“冥升”在上，消不富也[6]。

【注释】 ①上：指六四以上的三阴爻。 上合志：即三阴爻以时而上进，与初六志同道合。 ②孚：信，诚实。 有喜：有喜庆。 九二以刚中之德诚心与六五相应，必有喜庆。 ③无所疑：勇往直前而无所疑虑。 ④顺：慎也。 殷末纣王无道，周文王虽三分天下而有其二，仍慎重行事，待机而进，终于灭殷，得以享于岐山。 ⑤六五为阴爻，得九二之辅助而安其中正之位，大遂其欲升之志向，故言“大得志”。 ⑥消不富：力量消减而无复增益。 阴爻已居上位，昧于形势而欲再升，力量消减必无增益，终会走向反面。

【评析】 此《象传》强调“顺事”，认为虽已强盛，仍不可贸然行事，当谨慎而为，耐心等待时机，以赢得最终胜利。还认为事物发展到极点，便会走向反面，昧于此理者，必败，反映了物极必反的辩证转化思想。

困䷮（坎下兑上）

困：亨，贞，大人吉，无咎。有言不信[①]。

初六：臀困于株木，入于幽谷，三岁不觌[②]。

九二：困于酒食，朱绂方来，利用享祀。征凶，无咎[③]。

六三：困于石，据于蒺藜；入于其宫，不见其妻，凶[④]。

九四：来徐徐，困于金车，吝，有终[⑤]。

九五：劓刖，困于赤绂；乃徐有说。利用祭祀[⑥]。

上六：困于葛藟，于臲卼；曰动悔。有悔，征吉[⑦]。

【注释】 ①困：卦名，困穷。卦象坎下兑上。 亨：通达。 困亨：先困而后必通达，故大人有吉而无咎。 有言不信：王弼《周易注》："处困而言，不见信之时也。" ②株木：树根或刑杖。 困于株木：即被株木所困迫。 觌：见也。 臀部受刑杖之苦，逃入幽谷，三年不见其人。似指囚犯处境。③朱绂：赤绂，古代贵族红色服饰。此处喻大人。 用：通"于"。 亨：即享，祭祀。 征：行也。 为酒食困扰，有大人到来，利于祭祀。出征有凶险，终可无咎。 ④石：指嘉石，古代罪犯示众用的耻辱石。 据：拒守。 蒺藜：有刺的植物。 据于蒺藜：受困于有蒺藜围绕的牢狱。 宫：家。 被缚于嘉石示众，又囚于有蒺藜的监狱，刑满回家，不见妻子，真凶险。 ⑤徐徐：迟缓。金车：古之囚车。 吝，悔恨。 被关入囚车，缓缓驶行，悔恨不该犯罪，终会得到解脱。 ⑥劓（yì）：割鼻的刑罚。刖（yuè）：砍足的刑罚。 赤绂：贵族服饰，喻有权势者。 徐：渐渐。说：脱。 用：通"于"。 被朱绂者所俘虏而割掉鼻子，砍掉脚，后来渐渐得到脱逃的机会。利于祭祀祈祷。 ⑦葛藟（音垒）：均为草本植物，茎蔓缠绕。 臲卼（音臬误）：惊恐不安。 被囚于葛藟缠绕的监牢，惊恐不安；有所举动就有灾祸。若经改悔，听命出征则吉。

【评析】 殷商时代，统治者既借助“神”的力量来制服臣民，同时制定种种惩治奴隶的刑罚，如墨（黥额）、劓、刵、宫、大辟等等，广大奴隶像牲畜一样受奴隶主压迫和剥削。困卦的卦爻辞反映了这一社会情况，描绘了奴隶倍受刑罚、妻离子散的悲惨场面，和罪犯们遭受的种种酷刑，充分显示了奴隶制社会的残酷和黑暗。

【彖传】

困，刚揜也[1]。险以说，困而不失其所，亨，其唯君子乎[2]。“贞大人吉”，以刚中也。“有言不信”，尚口乃穷也[3]。

【注释】 ①揜：掩，藏。 困卦的刚爻均为柔爻所掩藏，九二为初六、六三所围困，九四、九五又为上六和六三所围困。阳为阴所困，喻君子为小人所困，故曰“困穷”。 ②困卦下坎上兑，坎为险，兑为说（即悦），故“险以说”，即身陷困境仍能乐观有为，不失其志。能“困而不失其所”者，只有君子才能真正做到。 ③九二和九五均为阳爻居中，故为“刚中”。刚中则大人吉祥。兑为口，坎为水，似“口若悬河”。崇尚口谈而不务实际，将无人信从，终致困穷。

【评析】 困卦卦辞主张“困，亨”，《彖传》主张“险以说”，均在宣扬身陷困境，仍需保持乐观精神。《说苑》记载孔子赞扬“困、亨”说：“吾闻人君不困不成王，列士不困不成行。”举例说：“昔者汤困于吕，文王困于羑里，秦穆公困于殽，齐桓公困于长勺。”这种身居困境而能乐观有为的精神，不失为中国优秀文化传统。

【象传】

［初六］“入于幽谷”，幽不明也[1]。

［九二］“困于酒食”，中有庆也[2]。

［六三］“据于蒺藜”，乘刚也。“入于其宫，不见其妻”，不

祥也[3]。

［九四］“来徐徐”，志在下也。虽不当位，有与也[4]。

［九五］“劓刖”，志未得也。“乃徐有说”，以中直也。“利用祭祀”，受福也[5]。

［上六］“困于葛藟”，未当也。“动悔有悔”，吉行也[6]。

【注释】 ①幽不明：指阴柔之初六处困之最底层，如跌入深渊而不能出。②中有庆：指九二居下体之中位，能行中道，故困而有吉庆。③六三柔弱而下附于九二之刚暴，故言“乘刚”。六三之柔弱而被九四和九二所困，故“不祥”。 ④志在下：指九四甘居九五之下，虽不当位，二阳相比仍有与。 ⑤志未得：即不得志。指九五无六二与之相应，其中正之德未能发扬。 中直：中正刚直。指九五阳爻当位，居上体之中，中正刚直，终得解脱。 受福：祭祀神灵而受其福祐。 ⑥未当：指上六以柔爻居上位，没有九三与之相应，其处境未当。 吉行：有悔之行。柔处上位，动则有过，若悔改其行，则吉。

【评析】 一、认为向臣民施刑罚（如劓、刖等），亦体现君王的中正品德，充分说明刑罚的本质是为维护君王的统治和尊严。

二、强调处于困境之中，要善于思过；改过从善，则能摆脱困境而获吉祥。与儒家所谓悔过行善思想一脉相通。

井䷯（巽下坎上）

井：改邑不改井，无丧无得，往来井井。汔至亦未繘井，羸其瓶，凶[1]。

初六：井泥不食，旧井无禽[2]。

九二：井谷射鲋。瓮敝漏[3]。

九三：井渫不食，为我心恻。可用汲，王明，并受其福[4]。

六四：井甃，无咎[⑤]。

九五：井冽，寒泉食[⑥]。

上六：井收，勿幕；有孚，元吉[⑦]。

【注释】 ①井：卦名。水井。卦象巽下坎上。巽为入，坎为水，像水桶入井汲水。 邑：受封之采邑。 井井：整齐的样子。 汔（qì）：水涸。 至：通"窒"，淤塞。 繘（jú）：出。 羸：瘦弱，毁坏。 瓶：汲水瓦罐。 换了邑主不换水井，既无失也无得，取水者来来往往，秩序井然。井已干涸，亦未清除淤塞，取水的瓦罐被碰破，是凶兆。②泥：淤泥。 旧井：未用的枯井，改为陷阱。 水井有淤泥不能食用，枯井改作陷阱也没有逮住禽兽。 ③井谷：坏井变成的水坑。 射：古人打鱼用箭射。 鲋：小鱼。瓮：汲水锑。 敝：破败。 井坏渍水成谷，只生小鱼，实难射鲋；（因无处汲水），以致水锑破漏。 ④渫（xiè）：治，除去污泥。 恻：伤悲。 用：以。 王明：君王英明。井已清洗，人们仍不饮用，令我伤悲。井已修好，可以汲用，是君王贤明，同受其福。 ⑤甃：用砖修井壁。 修好井壁，没有发生灾咎。⑥冽：清洁。 寒：冰凉。 井水清澈，清凉的泉水，可以汲用。⑦收：缩小。 幕，覆盖。 井口缩小，不必覆盖。胸怀诚信，定有大吉。

【评析】 井，在原始社会末期便出现了。《世本·作篇》说："伯益作井。"在铿李和邯郸涧沟文化遗址中均发现有井。奴隶社会实行井田制，井的作用：一是用于农业灌溉，二是便于土地的分封和管辖。本卦正是古代井田制度下关于井的一些情况。说明昏庸的邑主，弃旧井而不顾，使人民遭殃；开明的邑主，则积极修治井壁，使人民能够饮用洁净清凉的泉水。反映出不同的统治者对待人民疾苦的不同态度。

【彖传】

巽乎水而上水，井。井养而不穷也[①]。"改邑不改井"，乃以刚中也[②]。"汔至，亦未繘井"，未有功也[③]。"羸其瓶"，是以

"凶"也④。

【注释】 ①井卦巽下坎上，巽为木、为入，坎为水，像木桶入于水中将水提上来，此即"巽乎水而上水"。井水养育人物，功用无穷。②古制八家一井，四井为一邑，即一村落。领主可改换井邑，人民不能改井。爻象九二与九五，刚毅中正而不变。③汔：水涸。 繘：清除。水井淤塞枯涸，淤泥亦未清除，汲水无源，徒劳无功。 ④井水干涸，汲水时撞破了瓦罐，喻行事粗心大意，必将招致凶险。

【评析】 "改邑不改井"，说明无能的邑主可被更换，改用贤明邑主，有"任人唯贤"之意，还表明贤明的统治者，使人民受益无穷；昏庸的统治者，使人民劳而无功。

【象传】

［初六］"井泥不食"，下也。"旧井无禽"，时舍也①。

［九二］"井谷射鲋"，无与也②。

［九三］"井渫不食"，行恻也；求"王明"，受福也③。

［六四］"井甃无咎"，修井也④。

［九五］"寒泉"之"食"，中正也⑤。

［上六］"元吉"在上，大成也⑥。

【注释】 ①初六居井卦最底下，喻井底。井底无泉涌出，只有污泥淤积，故不能饮用。 舍：通捨。 时舍：即因时而捨弃。谓旧井不能汲水，只好因时而捨弃。 ②与：助也。 无与：指九二与九五，二阳相斥，不能相助。 ③行：过路的行人。 "井渫不食"，行人也感到惋惜。渴求英明君王，与民共受其福。 ④修：修理、整治。 井壁不牢，影响汲水。故需要修治。 ⑤井壁修好，寒泉可食，表明邑主有中正之德，若九五之阳刚正位居中。 ⑥上六柔爻居阴位得正，谓水井已修好，大功告成。

【评析】 对于旧井，完全捨弃，就连禽兽也逮不到；而对于污浊的井，不加以修治清理，连行人也会感到惋惜。此《象传》主张，对待坏井，也应采取有效措施加以整治。告诫统治者，应当多为人民着想。能使人民共受其福，才是大家渴求的明君。

革䷰（离下兑上）

革：巳日乃孚，元亨。利贞，悔亡①。

初九：巩用黄牛之革②。

六二：巳日乃革之，征吉，无咎③。

九三：征凶，贞厉；革言三就，有孚④。

九四：悔亡。有孚改命，吉⑤。

九五：大人虎变，未占有孚⑥。

上六：君子豹变，小人革面，征凶。居贞吉⑦。

【注释】 ①革：卦名。变革或皮革。卦象离下兑上。 巳：同祀。巳日：祭祀之日。 孚：诚也。 祭祀之日，诚信于神，有大亨通。占之吉祥，无悔。 ②巩：束也，拴扎。 革：皮革，喻坚固。 用黄牛皮革牢牢拴扎战俘。 ③巳日：古代以天干纪日，巳日为一旬的第六日。征：征伐，征讨。 革：改变。 选定巳日，毅然实行改革。出征得吉祥，无灾咎。 ④厉：危也。 言：言词。 就：同鞫，审问罪人。三就：多次审问。 出征有凶，占问有危。罪犯更改供词，多次审问，案情大白，其言可信。 ⑤再无后悔。早有诚信，改变命令（实行新对策），仍会有吉祥。 ⑥虎变：变革之势，猛如虎。 占：占问，预测吉凶。 孚：俘，引申为俘获、收获。 大人推行变革，迅猛如虎。未经占问，已有收获。 ⑦豹变：变革之势，灵活如豹。 革面：变换脸色。居贞：即占问定居之事。 君子推行变革，灵活如豹；小人变革脸色，小心顺从。出征虽有凶险，安居定然吉利。

【评析】 《革卦》主要是阐明变革思想。强调“变革以时”，根据事物发展的特点，选择适宜的时机，进行变革。主张君子变革之势要迅猛如虎、灵活如豹，小人才会革面洗心以相从。体现出作者强烈的阶级意识和对广大被统治者的威胁敌视态度。

【彖传】

革：水火相息，二女同居，其志不相得，曰革[①]。“巳日乃孚”，革而信之[②]。文明以说，大亨以正，革而当，其“悔”乃“亡”[③]。天地革而四时成，汤武革命，顺乎天而应乎人，革之时大矣哉[④]！

【注释】 ①革卦离下兑上，离为火、为日，兑为泽、为水，故言“水火相息”。 息：生成变化。 水火相息：指水火相胜而生变化，即水灭火，或火灭水。 离为中女，兑为少女，故称“二女同居”。女之志向在各成其家，二女同居，则其志向必不相投合，故称“其志不相得”。③祭祀有诚，变革以时，民众无不信任。 ③文明：离为明，亦为文明之象。 说：即悦。 大亨：极其顺畅。 正：指正确抉择。 当：时机适当。 变革光明正大，使人心悦诚服；变革极其顺畅，以其措施正确；变革时机得当，悔恨必会消失。 ④汤、武：商汤王、周武王。 革命：废除夏、商的天命。 汤、武革夏、商之命，既顺从天意，又适应人心。变革的时机恰当，意义十分重大。

【评析】 变革的本质是什么？作者认为，犹“水火相息”，即矛盾对立的双方发生剧烈冲突，而引起根本性变化。《革·彖》还强凋“革而当”的思想，主张变革必须遵循事物当然之则，充分显示其变革观的实践理性意向。高度评价“汤武革命”在历史发展中的重要作用，并将“顺乎天而应乎人”看作是判断社会革命正确与否的标准，这是中国古代历史哲学的光辉思想。

【象传】

［初九］“巩用黄牛”，不可以有为也[①]。

［六二］“巳日革之”，行有嘉也[2]。

［九三］“革言三就”，又何之矣[3]。

［九四］“改命之吉”，信志也[4]。

［九五］“大人虎变”，其文炳也[5]。

［上六］“君子豹变”，其文蔚也。“小人革面”，顺以从君也[6]。

【注释】 ①用黄牛皮革结扎牢固，使其不可以再有作为。 ②行：行为、行动。 嘉：吉庆。 选定巳日进行变革，因其时机成熟，行动会有吉庆。 ③（囚犯）变更供词，多次提审，将达到何种目的呢？④信：伸也。 “改变成命”而得吉祥，因其志向得到伸张。 ⑤九五：象征中正之君主（大人）。 文：斑纹。 炳：显耀。 大人推行变革，其势态迅猛如虎，因其美德如虎皮斑纹，鲜明而耀眼。 ⑥蔚：盛也，茂也。 君子推行变革，灵活如豹，因其美德如豹之斑纹，光彩夺目。小人迅速改变容颜，因其甘心顺从君主。

【评析】 革卦《象传》多言及社会伦理思想。作者认为，君王当具有中正之道德，臣民承其引导，他的志向就能够实现。并认为君王之德性如虎似豹，威严勇猛，光彩夺目，而阴柔之小人，当洗心革面，服从君王之变革。把变革之功归于帝王将相或少数历史人物，抹杀广大劳动群众在社会变革中的重要作用。

鼎䷱（巽下离上）

鼎：元吉，亨[1]。

初六：鼎颠趾，利出否？得妾以其子，无咎[2]。

九二：鼎有实，我仇有疾，不我能即，吉[3]。

九三：鼎耳革，其行塞，雉膏不食；方雨亏悔，终吉[4]。

九四：鼎折足，覆公𫗧，其形渥，凶[⑤]。

六五：鼎黄耳，金铉，利贞[⑥]。

上九：鼎玉铉，大吉，无不利[⑦]。

【注释】 ①鼎：卦名。卦象巽下离上。象征鼎器。古代贵族掌权者才有权以鼎烹饪食物献祭，故鼎又作为国家政权之象征。 元吉：大吉。 亨：亨通。 遇鼎卦，大吉大利，万事亨达。 ②颠：同蹎，倒下。 妾：妻妾。 以：及也。 鼎折足而倾倒，外出是否吉利呢？得到别人的妾及其子（以作家奴），没有灾咎。 ③实：实物，此指食物。仇：匹也，匹配，指妻。 即：就食也。 鼎中盛有食物。妻子正在生病，不能陪我就餐。占问得吉。 ④革：除却。 耳革：耳脱落。 塞：堵塞。 雉：野鸡。 膏：肥也。 亏：损也。 鼎耳损坏脱去，外出行措遇障碍，肥美的野雉吃不到。刚好下了雨，悔气消了，总算吉利。⑤覆：倾覆。 𫗧（sù）：粥也，亦作鬻。 渥：沾濡。 鼎折断了脚，王公的粥倾泻满地，沾濡一大片。凶兆。 ⑥黄耳：金黄色的鼎耳。金铉：金属制造的鼎杠。 一只宝鼎，有金黄色的鼎耳，金属制的鼎杠。吉利。 ⑦玉铉：碧玉色的鼎杠。 鼎有碧玉色的鼎杠。大吉大利。

【评析】 鼎是古代贵族用以祭祀和烹饪的器具，不同等级的贵族使用的鼎大小、数目均不同，后来成为古代社会政治权力的象征。因此，鼎与贵族生活、社会地位和政权的转移有着密切的关系。鼎铉有用玉做的，也有用黄铜制作的，代表贵族不同的身份。鼎在古代社会几乎成为贵族福祸和社会政治、经济状况的"衡量器"，也是社会变革、权力转移的"指示器"。

【彖传】

鼎，象也。以木巽火，亨饪也[①]。圣人亨以享上帝，而大亨以养圣贤[②]。巽而耳目聪明，柔进而上行，得中而应乎刚，是以"元亨"[③]。

【注释】 ①象：谓鼎卦之卦象与鼎之物象相像。鼎卦巽下离上（䷱），初六像鼎足，九二、九三、九四像鼎腹，六五像鼎耳，上九像鼎铉。 巽为木，为入，离为火，故言“以木放入火中”，像烹饪。亨：同烹。亨饪，即烹饪。 ②享：享祭、祭祀。 圣人的烹饪用来祭天帝，大人的烹饪用来养贤人。 ③鼎卦下巽上离，巽即“谦逊”；离为明，聪明，故像“耳聪目明”。柔进而上行，指阴柔之初六上进到六五。得中而应乎刚，指阴柔之六五居上卦之中，与刚毅之九二相应，故大吉。

【评析】 这里明显地揭示了鼎的两种主要用途，其一，用作祭祀天帝；其二，用作颐养圣贤。表明了鲜明的宗教色彩和“养贤”的社会风尚。《彖传》还强调了“柔得中而应乎刚”的思想原则，表露出刚柔相济而持中的中庸思想。

【象传】

［初六］“鼎颠趾”，未悖也。“利出否”，以从贵也[①]。

［九二］“鼎有实”，慎所之也。“我仇有疾”，终无尤也[②]。

［九三］“鼎耳革”，失其义也[③]。

［九四］“覆公𫗧”，信如何也[④]。

［六五］“鼎黄耳”，中以为实也[⑤]。

［上九］“玉铉”在上，刚柔节也[⑥]。

【注释】 ①颠趾：谓鼎初六之阴柔，不甘居下而上行至六五，足朝天。 未悖：未悖逆大道。 从贵：初六之阴柔上承九二之阳刚。鼎足朝天，便于洗刷，故未悖于理。阴柔承阳刚，正如母从子贵。②之：往也。 慎所之：慎其交往。此告诫九二应当上应六五，不当下乘初六。 仇：匹对也，阴阳相匹对。指九二之阳刚与初六之阴柔成对偶。 终无尤：终究不会有怨尤，指柔能顺刚。 ③义：宜也。 鼎无耳不能用，损其耳，则失其宜。六五为鼎之耳，九三与六五不相应，故“失其义”。 ④九四，阳居阴位，不当。下与初六相应，初六为阴柔无能之小人；重用无能之小人，必败事，故言“覆公𫗧”。 信：信任。信如何：信任无能之辈，如何能成功？ ⑤黄耳：黄为中色，六五为鼎耳，居上体之中，故言“黄耳”。 中：中正。 实：殷实、富足。 六五为阴柔居中，居要位而守中道，必定殷实。 ⑥上九为鼎之上爻，故言“在上”。 刚柔节：指阳刚的上九，有阴柔的六五相承，刚柔相济而有节度。

【评析】 此《象传》阐明如下思想：（一）物以因时为用，即使是“鼎颠趾”，因其当颠则颠，也未悖逆大道。（二）不可重用无能之辈，反映了“任人唯贤”的人才观。（三）强调刚柔相济而有节度，告诫统治者立俗施事当有节度，才能长治久安。

震☳（震下震上）

震：亨。震来虩虩，笑言哑哑；震惊百里，不丧匕鬯[①]。

初九：震来虩虩，后笑言哑哑，吉[②]。

六二：震来厉，亿丧贝；跻于九陵，勿逐，七日得[③]。

六三：震苏苏，震行，无眚[④]。

九四：震遂泥[⑤]。

六五：震往来，厉；亿无丧，有事[⑥]。

上六：震索索，视矍矍，征凶。震不于其躬，于其邻，无咎。婚媾有言[⑦]。

【注释】 ①震：卦名。震下震上。震本为霹雳振物者，即疾雷，又为动。 虩虩：惊恐。 哑哑：笑声。 匕：匙子。 鬯（chàng）：用黍米和郁金香草酿成的酒，用以祭祀神、帝，又作盛鬯酒的器具。 雷声阵阵可怖，人们依旧谈笑风生。急雷震惊百里，祭神者镇定自若，连匙中的鬯酒也未抛洒。②雷震之始，令人惊恐。迅雷过后，嬉笑自如。吉利。 ③厉：猛烈，危险。 亿：同臆，臆想，猜度。 贝：朋贝，古代货币。 跻：登。 九陵：高陵。 逐：赶路。 雷声隆隆真危险，预料经商会亏本；登上高陵问巫师，巫师说：“莫赶路，七日得大利。”

④苏苏：恐惧不安。 眚：灾祸。 雷声使人恐惧不安。冒雷前行，终于无灾。 ⑤遂：当作队，即坠。 霹雳下坠入泥。 ⑥往来：指电光闪来闪去。 有事：古代通常指祭祀活动。雷电闪来闪去，十分危险；心想不会有损失，照常行事。 ⑦索索：畏缩的样子。 矍矍：即惧惧，惧而不敢正视的样子。 躬：自身。 有言：有口角。 雷声震天撼地，令人畏缩，两眼不敢看，出征必有凶险。雷声震动了四邻，幸未危及自身，无咎。婚媾之事，必生口角。

【评析】 震雷是可怕的自然现象，不同的人会有不同的心理反映。对震惊百里的巨雷，祭神者仍镇定自若，表现其对神明的极度虔诚；有的人心惊肉跳，惊慌失措；有的则嬉笑自如，无所畏惧。说明当时的人们并不认为自然现象（雷）与人的行为之间有相互感应的关系。

【彖传】

震，“亨”。“震来虩虩”，恐致福也。“笑言哑哑”，“后”有则也①。“震惊百里”，惊远而惧迩也。出可以守宗庙社稷，以为祭主也②。

【注释】 ①恐致福：心存戒惧，不贸然而行，反而得福。 后有则：面对雷霆而不恐慌，是由于了解自然法则。 ②迩：近也。 惊远而惧迩：雷震虽在远处，近处亦当恐惧而慎行。 为祭主：惊雷威慑之下，仍能镇定自若不丧匕鬯的人，可以主持祭祀，守卫宗庙社稷。

【评析】 雷是一种自然现象，也比喻风雷激烈的社会现象。巨雷压顶而不恐慌，反倒镇静自如、谨慎行事的人，令人崇敬。主持祭祀、担负国家重任者，正需要选择这种人。反映出古代的一种人才价值观念。

【象传】

［初九］“震来虩虩”，恐致福也。“笑言哑哑”，“后”有则也①。

［六二］“震来厉”，乘刚也[2]。

［六三］“震苏苏”，位不当也[3]。

［九四］“震遂泥”，未光也[4]。

［六五］“震往来厉”，危行也。其“事”在中，大无丧也[5]。

［上六］“震索索”，未得中也。虽“凶”无咎，畏“邻”戒也[6]。

【注释】 ①参见《象传》注。 ②乘刚：指六二之阴柔乘初九之阳刚。以柔乘刚，故危。 ③六三柔爻居阳位，故位不当。不当则不安，故遇雷震则恐惧。 ④九四，阳爻居阴位，不当，且为六三、六五之阴柔所蔽，即坠入泥中（泥即阴柔之物），阳刚之性未得光大。 ⑤六五居中，而不当位，只能谨慎而危行。行事守中道，才能无大丧。 ⑥未得中：指上六柔爻居上位，无中正之德。 邻里受震而存畏惧戒备之心，虽遇凶险，亦可免灾。

【评析】 震雷来势突然而凶猛，有时能给自然事物及人类生活造成不同程度的破坏，并影响人的心理状态，因此，认识其特性是十分重要的。《象传》作者试图对此作出某些粗浅的总结，把“震来厉”看作是柔乘刚，把“震苏苏”看作是时位不当，把“震遂泥”看作是雷的阳刚之性为地的阴柔之性所隐蔽，等等，这种解释虽然晦涩而牵强，但毕竟反映出古人探索自然奥秘的一片苦心，显然还没有后世那种雷是上帝对人们的谴告的天人感应思想。

艮䷳（艮下艮上）

艮：艮其背，不获其身；行其庭，不见其人。无咎[1]。

初六：艮其趾，无咎，利永贞[2]。

六二：艮其腓，不拯其随，其心不快[3]。

九三：艮其限，列其夤，厉薰心[4]。

大四：艮其身，无咎一[5]。

六五：艮其辅，言有序，悔亡[6]。

上九：敦艮，吉[7]。

【注释】 ①艮：卦名，意为安止，停留。卦象艮下艮上，陈梦雷《周易浅述》："不曰止而曰艮，止有畜正之义，艮有安止之义。"艮其背：背，此处指后丹田，即人背后之命门穴。《黄帝内经素问校释》云："背为脏俞所系，内悬五脏，故为五脏之腑。"获：通"护"。 不获其身：犹不护其身，亦即外其身，置身于度外，忘形忘物。《老子·第七章》："圣人后其身而身先，外其身而身存。"行其庭：指练功时，进入气功态，不见其人，不觉客体存在。 集中意念守于后丹田，置身度外，全神练气，忘形忘物，可以消灾却病。 ②趾：足端。 作功之始，端正姿式，以意领气，注于趾端，接地无限，巩固根基。可获"无咎"，而永久利于贞问。 ③腓：小腿肚。《说文》："腓，胫端也。"拯：同升。《广韵》、《淮南子·氾论训》、《汉书·司马相如传》集注均作"升"。 随：顺循。 体内真元之气自趾端升至小腿而停止，心中便会有不舒畅的感觉。 ④限：旧注均作腰部，宜为腰围之带脉，与任、督二脉相交，为奇经八脉之一。 列：裂之借字。《说文》："列，分解也"。 夤：即膑，通胂。《说文》："胂，夹脊肉也。"薰心：胸闷如火灼。 真气继续上升至带脉而止，尚不易打通督脉，经络一时未通，则有裂脊、薰心之苦楚。 ⑤艮其身：督脉既被打通，身心舒适。故可以免灾。 ⑥辅：酺之借字。《说文》："酺，颊也。"言：气也。《国语·周语上》："气在口为言。"真气升至面颊，完成了一次深呼吸。如是反复，吐纳有序，则可以无悔。 ⑦敦：厚也。又敦与屯同，聚也。 真气厚聚，充盈于体内而不外佚，则可保终生无病，是为吉利。

【评析】 综观全卦，卦辞部分是讲气功的起势入静状况，用练功可以养生，象征行事无咎。爻辞自初六至上九具体描写了真气自脚趾至腿肚，再至腰身，至颊诸经络，自下而上的运动变化过程，反映了变化发展的观念和当时人们养生强身的知识水平。

【彖传】

艮，止也。时止则止，时行则行[①]；动静不失其时，其道光明[②]。艮其止，止其所也。上下敌应，不相与也[③]。是以“不获其身，行其庭，不见其人，无咎”也[④]。

【注释】 ①止：静止，此指相对静止。 时：适时。 当止的时候便止，当行的时候便行。 ②动静：即行止。 道：此处指前途。 动静行止适时，前途就会光明。 ③敌应：不相适应，相互排斥。 不相与：不相应。 艮之上下二体相同，相互排斥而不能相应。 ④正因艮卦上下二体相互敌应而不相与，故进入静止状态时，可以不护其身；运气之时，可出现不见其人的境界。

【评析】 本卦《彖传》强调事物的动静行止都是相对的。如能适时、适度，止其所当止，则通畅顺利而无咎。其中包含了动静应以时空条件为转移的辩证法思想。

【象传】

［初六］“艮其趾”，未失正也[①]。

［六二］“不拯其随”，未退听也[②]。

［九三］“艮其限”，危“薰心”也[③]。

［六四］“艮其身”，止诸躬也[④]。

［六五］“艮其辅”，以中正也[⑤]。

［上九］“敦艮”之“吉”，以厚终也[⑥]。

【注释】 ①初六，以阴柔居阳刚之位，本不当位。但初六为艮之始爻，犹人立身以趾为基点，故言未失正。 ②听：听从。 退听：听从下位。 六二柔得中位，上承九三。九三之阳刚，不但不退听六二，反侮乘之，故六二不顺畅。 ③薰心：心急如焚。 九三居上下四阴之间，陷入困境，是止其所不当止，故有焚心之危。 ④躬：即自身。

止诸躬：自身静止，不受干扰。　六四为上体之初爻，下有九三相承。阳刚止于下，阴柔止于上，阴阳调和，是止其所当止。　⑤中正：居中守正。　六五以阴柔居中，上承本卦主爻上九，是止其所当止，故言“以中正也”。　⑥厚终：以敦厚告终。上九居全卦之极，止其所当止，有止于至善之义。

【评析】　《象传》阐释艮卦之止义，进一步强调了君子之止道，在于“中正”。“不失正”，即止于所当止之时、当止之处，不应有偏倚勉强。与儒家所提倡的“止于至善”同义，亦可视作对无过无不及的“中庸之道”的发挥。

渐䷴（艮下巽上）

渐：女归吉。利贞[①]。

初六：鸿渐于干，小子厉，有言。无咎[②]。

六二：鸿渐于磐，饮食衎衎。吉[③]。

九三：鸿渐于陆，夫征不复，妇孕不育，凶。利御寇[④]。

六四：鸿渐于木，或得其桷。无咎[⑤]。

九五：鸿渐于陵，妇三岁不孕，终莫之胜。吉[⑥]。

上九：鸿渐于陆，其羽可用为仪。吉[⑦]。

【注释】　①渐：卦名，进也。卦象艮下巽上。　女归：女儿出嫁。　利贞：有利于贞问。　②鸿：水鸟，一名鸿雁。　干：帛书本作“渊”，水洼。　小子：指新婚丈夫。　厉：色厉，脾气躁。　有言：有言语口角。　鸿雁进入水洼。女子初到夫家，新婚丈夫脾气不好，时有言语中伤，但没什么大了不起。　③磐：帛书本作坂，水边岸上。　衎衎：和乐状态。　鸿雁进到岸边，夫妻情谊渐增，共进饮食，和乐相处。吉。　④陆：陆地，离岸边较高远处。《尔雅·释地》：“高平曰陆。”

夫征不复：丈夫应征服役，没有回家。 妇孕不育：妻子当孕之时，而不生育，是凶兆。 利御寇：丈夫服役在外，不利于治家，有利于守边，防止敌寇入侵。 ⑤木：树林。 桷：横伸的树伎。《周易程氏传》："桷，横平之柯。" 鸿雁进入山林，栖息在树枝上。筮遇此爻"无咎"。⑥陵：丘陵，山坡。 不孕：未曾怀孕。 莫之胜：没有胜过她。鸿雁进入山坡。妇女结婚多年没有生育小孩，困难终究没能将她压倒。吉。⑦陆：江永《群经补义》作"阿"。《说文》："阿，大陵也。"即陵之高者。 仪：头饰。 鸿雁进入高山之顶，美丽的羽毛，可以用作装饰品。比喻女子焕发青春之美。

【评析】 渐卦所记，分明是一首哲理诗。它通过鸿雁栖息之地渐次从水洼→岸边→陆地→树林→丘陵→山阿的渐进过程的描写，反映了一个女子婚后生活逐渐改善、命运逐渐转好的曲折过程。新婚以后，先是要忍受丈夫的疾言厉色；关系稍事改善，丈夫又从征戍边，全部家务由她一人承担，以致孕而不育，备尝艰辛。丈夫三年未归，她亦未能生育小孩，作出的牺牲是大的。但毕竟御寇有功，受到提升，她亦因此显贵。这一由贫贱而富贵的发展过程，虽然是借鸿雁象征，但却完全合乎逻辑，是形象思维的典型一例。其中包含了丰富的辩证法因素。

【彖传】

渐之进也，女归吉也[1]。进得位，往有功也[2]；进以正，可以正邦也[3]。其位，刚得中也[4]；止而巽，动不穷也[5]。

【注释】 ①之：介词。 渐之进：逐渐前进。如同女子出嫁，逐渐获得好运。 ②进得位：初六为阴柔，居阳刚之位。进至六二，以阴柔居下体之中，进至六四，以阴柔居上体之初，皆为得位。如同女子出嫁，得主妇之位，能辅助丈夫操持家务，故言"往有功"。 ③正：即得位。本卦九三、九五均正位。九五正位为君，故可正邦。 ④刚得中：指九五之阳刚得上体之中。⑤止而巽：渐卦下艮上巽，艮有止义，巽即谦和。穷：穷困。 谦和沉静，不躁不急，缓缓向前，不致穷困。《正义》曰：

"此就二体广明渐进之美也。"

【评析】 《象传》强调渐进而不主骤进；进升的方法，是循正道，而不是旁门左道。认为循正以进则有功，渐进之途不穷。循正以进，包含了前进要遵循客观规律的辩证法思想；但其渐进的主张，则只注意到了事物的量变阶段，否认了质变的重要性。这是其辩证法的不彻底的一面。

【象传】

［初六］小子之"厉"，义"无咎"也①。

［六二］"饮食衎衎"，不素饱也②。

［六三］"夫征不复"，离群丑也。"妇孕不育"，失其道也。"利用御寇"，顺相保也③。

［六四］"或得其桷"，顺以巽也④。

［九五］"终莫之胜，吉"，得所愿也⑤。

［上九］"其羽可用为仪，吉"，不可乱也⑥。

【注释】 ①初六以阴柔居下位，进而不躁，其义"无咎"。 ②不素饱：与《诗·伐檀》"不素餐"义同，犹言自食其力。六二上承九三，远应九五，以阴辅阳，克尽妇道，故"不素饱"。 ③丑：众类。《诗·小雅·采芑》"执讯获丑"，笺："丑，众也。"此谓丈夫未同众一道退役，是因有功而被提升。九三一阳上进，而离其初、二两阴，适得其象。失其道：违背正道。此谓夫征不复而妻在家有孕，行为"失道"。《象传》以此解经，失经文本义。 顺相保：九三孤阳奋进，难免遭凶，宜慎守正道，以图自保。 ④顺以巽：六四以阴柔而顺承九五之阳刚。鸿本水鸟，不宜栖止林中，但既得其桷，只能顺从自然，因时制宜。 ⑤得所愿：得以实现志愿。 九五居中守正，实现了与六二和合的心愿。 ⑥不可乱：指上九之志不可乱。 妻子因夫而贵，青春焕发，如鸿雁之羽可以为仪，但当志行高洁，不能骄矜乱志。否则，将向坏的方面转化。

【评析】 本卦《象传》所释爻辞，贯串了儒家"君子之行，合于道义"的思想原则。所谓"顺相保"，"顺以巽"，实为对顺循儒家伦理道德行为的肯定；而“失其道”，“不可乱”等，表现了对违背儒家伦理道德行为的否定。为了贯彻儒家礼教思想，作者往往曲解经意，附会经文，迂曲为说。《易传》所阐发的儒家伦理道德思想，应予批判地继承。

归妹䷵（兑下震上）

归妹：征凶，无攸利①。

初九：归妹以娣，跛能履。征，吉②。

九二：眇能视，利幽人之贞③。

六三：归妹以须，反归以娣④。

九四：归妹愆期，迟归有时⑤。

六五：帝乙归妹，其君之袂不如其娣之袂良，月几望，吉⑥。

上六：女承筐，无实；士刲羊，无血。无攸利⑦。

【注释】 ①归妹：卦名。卦象兑下震上。归，女嫁也。妹，少女。归妹，嫁女。兑为少女，震为长男，少女嫁长男，故谓“归妹”。 征：外出。 攸：所。 外出有凶，无所利。 ②娣：姊妹俩同嫁一夫，其妹称娣，即后世的妾。跛：跛脚者。 履：步行。 姐妹俩一同出嫁。梦见跛脚的人能行走。外出吉利。 ③眇：眼生疾。 幽人：幽居深闺的少女。 目盲而能视物。有利于少女占问。 ④须：即媭，古代楚人谓姊为媭。 反归：休弃回娘家。姐妹同嫁，陪嫁的妹妹被休弃回家。⑤愆：过，愈。 时：待也。 嫁妹误了婚期，只好等待一些时。⑥帝乙：殷纣王的父亲。 帝乙归妹：帝乙嫁少女给周文王。 君：古代邦君之妻称君或夫人。 袂：衣袖，指衣装。 望：月满也。 几：接近。 帝乙嫁女，夫人的衣装不如其娣的衣装华丽。月满之时出嫁，很吉利。 ⑦承：奉。 实：果实之类。 刲：屠斩。攸：所。 少女托筐，空无果品；青年斩羊，没有出血。婚礼徒具形式。不吉利。

【评析】　殷代婚姻中有“嫔嫁”制度，即姐姐出嫁，妹妹随嫁，共侍一夫。出嫁后，姐姐叫媭，妹妹叫娣。这种风俗直至清代中叶在我国的西南诸省仍然残存着，是古代群婚制的遗迹。《尚书·尧典》便载有尧的二女娥皇和女英共嫁于舜的故事。在这种婚姻制度中，媭为妻，娣为后妃或妾。本卦爻辞便是反映这一情况。六五爻辞更谈到殷周联姻之事，即帝乙嫁女给周文王。《诗·大明》：“文王嘉止，大邦有子。大邦有子，俔天之妹。文定厥祥，亲迎于渭。”这便是说周文王亲至渭水迎娶大邦殷的女子。同时，爻辞中还谈到姐姐的嫁妆不如妹妹的嫁妆好，说明妹妹更受宠爱。这些信息，对于研究中国古代婚姻制度及民族关系，均有参考价值。

【彖传】

归妹，天地之大义也。天地不交，而万物不兴。归妹，人之终始也[①]。说以动，所归妹也[②]。“征凶”，位不当也。“无攸利”，柔乘刚也[③]。

【注释】　①义：宜也。　交：交媾。　终始：终而复始。　婚嫁是阴阳匹配的大事。天地不交媾，万物便不会兴作。婚嫁，是人类不断发展的关键。　②归妹卦兑下震上，兑为悦，震为动，故言“悦以动”。兑为少女，震为长男，少女喜悦而出嫁，长男心动而娶妻，此即“所归妹也”。　③位不当：归妹的二、三、四、五爻均不当位，少女诱长男，婚嫁不当。　柔乘刚：即六三乘九二、六五乘九四。

【评析】　《彖传》认为男婚女嫁，犹如天地相匹配，意义十分重大。天地、阴阳不发生交媾，万物便不能兴作。男女不交媾，人类就无从产生和延续。这便强调了人类自身生产和发展的重要意义，并记录了古代的婚嫁习俗。

【象传】

［初九］“归妹以娣”，以恒也。“跛能履，吉”，相承也[①]。

［九二］“利幽人之贞”，未变常也[②]。

［六三］“归妹以须”，未当也[③]。

［九四］“愆期”之志，有待而行也[④]。

［六五］“帝乙归妹”，“不如其娣之袂良”也；其位在中，以贵行也[⑤]。

［上六］“上六无实”，承“虚”筐也[⑥]。

【注释】 ①以：为。 恒：恒常。 承：佐也。 妹妹随姊出嫁，是婚嫁的常规。跛脚者能行走而吉利，是得到帮助的缘故。 ②幽人：即深居内室而幽静之人。 贞：贞操。 常：常道。 九二居下体之中，有中正之德，虽不当位而不失常道。 ③姐姐随妹妹出嫁为娣，与常道相违。六三阴居阳位故未当。 ④推迟婚期，一心等待如意的郎君，故有待而行。 ⑤六五居中正位。 帝乙嫁女，姐姐的衣饰不如陪嫁的妹妹华丽，但有中正的德操，保持尊贵的身份。 ⑥上六居上位而无应，无婚配对象，不能生儿育女，故所承之筐空无一物。

【评析】 从此《象传》来看，在殷周之际，妹随姊嫁的“媵嫁”制度，尚被视为常规，反映出群婚制遗俗的改变，落后于社会生产方式的变革，一夫一妻制在当时尚未得到巩固。一再强调女子当保持中正之德，不失常道，反映古代礼教对女子的束缚。

丰䷶（离下震上）

丰：亨，王假之；勿忧，宜日中[①]。

初九：遇其配主，虽旬无咎；往有尚[②]。

六二：丰其蔀，日中见斗。往得疑疾，有孚发若。吉[③]。

九三：丰其沛，日中见沫。折其右肱，无咎[④]。

九四：丰其蔀，日中见斗。遇其夷主，吉[⑤]。

六五：来章，有庆誉，吉[⑥]。

上六：丰其屋，蔀其家，窥其户，阒其无人，三岁不觌，凶[⑦]。

【注释】 ①丰：卦名。高大、丰盛之意。卦象离下震上。 亨：同享，祭祀。 假：通格，至也。 日中：正午。 君王亲自来祭祀；不要担忧，时间宜在中午。 ②配主：或作妃主，女主人。 旬：借为姰，姘居。 尚：嘉也。遇到女主人，虽与之姘居，也没有灾咎；往后会得到他的嘉许。 ③丰：盛大。 蔀：草。 斗：星斗。 疑疾：怪病。 孚：诚信。 发：开祭。 阳光为丰茂的草所遮蔽，正午出现星斗。往后会生怪疾。诚信开祭，会有吉利。 ④沛：幡幔。 沬：《子夏易传》作昧，"昧，星之小者"。 肱（gōng）：臂。 大幡幔遮天蔽日，正午出见小星。右臂折断了，但无灾咎。 ⑤夷：平。 夷主：性格平和的主人。 丰草遮天蔽日，正午出现星斗，遇上性格平和的主人，还算吉利。 ⑥章：同璋，美玉。 庆：吉庆。 誉：荣誉、赞誉。 带着美玉回来，得到喜庆和赞誉，很吉利。 ⑦窥：窃视。阒：静也。 觌：见。 宽大的屋子，室内被丰草遮蔽，从门缝往里窥视，寂静无人，往后多年不见人影。凶险。

【评析】 日食是一种奇异的自然现象，古人无知，以为是天狗食日，并与人们的日常生活相联系，表现出天人感应思想。爻辞中有关于日偏食的记载，反映了古人对天文现象的认识。"日中见斗"的记载，在中国天文学史上具有史料价值。

【彖传】

丰，大也。明以动，故丰[①]。"王假之"，尚大也。"勿忧，宜日中"，宜照天下也[②]。日中则昃，月盈则食，天地盈虚，与时消息，而况于人乎，况于鬼神乎[③]？

【注释】 ①丰卦离下震上，离为日，为光明；震为动，此即"明以动"，谓光明的太阳运转不息。 ②尚大：崇尚盛大。 君王崇尚盛大，亲至宗庙主持盛大祭典。不必忧虑，君王当如日在中天、普照天下。③昃：侧，日偏西。食：亏。 消：灭也。 息：生长。 太阳中天，就会向西偏斜；月亮圆满，就会逐渐亏缺；天地的盈亏，随着时间的推移而消长；更何况人呢？何况鬼神呢？

【评析】 这里有两点思想值得重视：其一，认为君王崇尚盛大，如日中天，普照天下。普照天下，这是对古代帝王的歌功颂德，表现出浓厚的维护奴隶制君主统治的思想。其二，阐述了“日中则昃，月盈则食”的物极必反的辩证法思想，揭示了事物向相反方向转化的客观必然性，并具有鲜明的无神论色彩。

【象传】

［初九］“虽旬，无咎”，过旬灾也[①]。

［六二］“有孚发若”，信以发志也[②]。

［九三］“丰其沛”，不可大事也。“折其右肱”，终不可用也[③]。

［九四］“丰其蔀”，位不当也。“日中见斗”，幽不明也。“遇其夷主”，吉行也[④]。

［六五］“六五”之“吉”，有庆也[⑤]。

［上六］“丰其屋”，天际翔也；“窥其户，阒其无人”，自藏也[⑥]。

【注释】 ①旬：均也。指初九与九四均为刚爻，势均力敌，无灾咎。失去了均衡，便会有灾难。 ②六二正位居中，能信守中道，则可开拓光明之心志。 ③丰草遮天蔽日，不可施行大事。右臂折断，守残度日，无所施其才用。 ④九四刚爻居阴位，故其“位不当”。 中午出现星斗，大地幽暗不明。遇上平和的主人，志同道合，故此行吉利。⑤六五虽柔爻居阳位，但得震上之中，且与六二共守中道，故有吉庆。⑥在位时，居高大的房屋，如鸟儿般得意地在天空飞翔；一旦遭贬，门庭冷落，宜乎深居简出，独自隐藏。

【评析】 此《象传》强调“均衡”思想，认为事物之间势均力敌便不会造成以强凌弱、以大欺小的不幸局面，从而有利于事物共同向好的方面发展。反映出处于动荡之时的作者，渴望安定、和平的心境。另外，《象传》还通过对统治者得势与失势所受不同境遇的对比，反映了古代社会中的官本位意识，和得势而现、失势而隐的处世哲学。处丰盈之时，勿忘亏虚之忧，尤有教育意义。

旅䷷（艮下离上）

旅：小亨。旅贞吉[①]。

初六：旅琐琐，斯其所取，灾[②]。

六二：旅即次，怀其资，得童仆，贞[③]。

九三：旅焚其次，丧其童仆，贞厉[④]。

九四：旅于处，得其资斧，我心不快[⑤]。

六五：射雉，一矢亡；终以誉命[⑥]。

上九：鸟焚其巢，旅人先笑后号咷；丧牛于易，凶[⑦]。

【注释】 ①旅：卦名，旅行，商旅。卦象艮下离上。 小亨：小有亨通。 旅贞吉：商旅之人占之得吉。 ②琐琐：极其琐碎、斤斤计较。又琐借为惢，《说文》：“惢，心疑也，从三心，读若《易》‘旅琐琐’。”故“琐琐”亦可释为疑虑重重。 斯：离析。 斯其所取：对其所得到的东西斤斤计较。 灾：灾咎。商旅之人非常小器，对他所得到的物品总是斤斤计较。终必有灾。 ③次：家居也。在内为次，在外为舍。 即：就，近。 资：货物，钱财。 商人快到家，怀揣着钱财，还领回童仆。占问吉凶。 ④商旅在外，住所被焚烧了，童仆被抢走，占问得凶兆。 ⑤处：旅途中的临时住所。 斧：古代形似斧的钱币。 资斧：

钱财。 在临时住处行商，赚了钱财。但我心里仍然不快活（唯恐有失）。 ⑥雉：山鸡。 矢：箭头。 命：名。 搭箭射山鸡，只一箭未中，得到好名声。 ⑦号咷：号啕大哭。 丧牛于易：一说殷王亥丧牛于有易国（王国维、顾颉刚）；一说周人居邠，养了许多牛羊，狄（易）人要占领其地，烧杀抢掠，损失惨重（李镜池）；一说丧牛于田畔（易即埸、田畔）。今从王、顾之说。 鸟巢被焚毁了。商旅之人先是很高兴（赚了钱财），后来却号咷大哭，因为在有易国丢失了所畜牧的牛群。这是很凶险的。（按：有人考证，殷王亥客居有易国，生活淫荡，为有易国国王杀害。）

【评析】 卦爻辞反映了中国古代的商旅生活。刻画了商旅之人的遭遇和心理。商人们有的猥猥琐琐，斤斤计较；有的赚钱回家，买得童仆；有的旅店被烧毁了，童仆、牛羊被抢走；有的虽然赚了钱，毕竟心中不快活；有的乐极生悲。可见，还是不离开家园而安居乐业的好！它为研究中国古代社会经济史和社会心理史，提供了可贵的信息。

【彖传】

旅，小亨，柔得中乎外，而顺乎刚①。止而丽乎明，是以"小亨"、"旅贞吉"也②。旅之时义大矣哉③！

【注释】 ①柔得中乎外：谓六五阴柔，居外卦之中，喻柔弱之小人当守中道而行。 顺乎刚：谓阴柔之六五顺从阳刚之上九，喻柔弱之小人顺从于刚强者。 ②止而丽乎明：旅卦艮下离上，艮为止，离为明、为丽（附丽、依附）。谓柔弱之小人当安分守己，附丽于明德之主。③时：适时。 选择恰当时机，对于商旅意义重大。

【评析】 《彖传》认为，柔弱的商旅之人，当安分守己；在外行商，亦当持守中道，附丽于明德之主。强调商旅必须选择适当时机，方可"小亨"。显然是以中庸道德要求商人，具有"抑商"思想。

【象传】

[初六]“旅琐琐”，志穷，灾也①。

[六二]“得童仆，贞”，终无尤也②。

[九三]“旅焚其次”，亦以伤矣。以旅与下，其义“丧”也③。

[九四]“旅于处”，未得位也。“得其资斧”，心未“快”也④。

[六五]“终以誉命”，上逮也⑤。

[上九]以旅在上，其义“焚”也。“丧牛于易”，终莫之闻也⑥。

【注释】①初六，阴柔居阳位，不当。象征商旅之人猥猥琐琐，穷心极虑，自取灾咎。②尤：怨尤。贞：正。六二正位居中，柔顺而守中道，得到童仆是正当的，不会有怨尤。③伤：悲伤。下：行为卑下。旅人之住所被焚，很悲伤；旅居于外而行为卑下，遭受损失，也是活该。④未得位：九四以阳刚而居阴位，不当。虽不得其位，但能刚毅进取，获得钱财。即便如此，心情毕竟不甚畅快。⑤逮：及。上逮：上达。六五居离上之中，上承上九，有中正之德，能上承先王旨意，故终有美誉。⑥上九为旅之上爻，亦为离之上爻，离为火，离之上为火已焚，故言“宜焚”。终莫之闻：终究没有人问起丧牛于易这件事。

【评析】此《象传》认为：一、商旅在外必心胸开朗，切忌猥猥琐琐，斤斤计较，否则，就会导致不利后果。二、商旅不可过于贪图钱财，否则，会得不偿失。三、外出商旅应选择适宜的环境，从而安于其境，不至于游离于野，虽得钱财，而终日唯恐遭灾。以上观点虽有合理因素，但仍然有“抑商”思想倾向。

巽☴（巽下巽上）

巽：小亨，利有攸往，利见大人[①]。

初六：进退，利武人之贞[②]。

九二：巽在床下，用史巫纷若，吉，无咎[③]。

九三：频巽，吝[④]。

六四：悔亡，田获三品[⑤]。

九五：贞吉，悔亡，无不利，无初有终。先庚三日，后庚三日，吉[⑥]。

上九：巽在床下，丧其资斧，贞凶[⑦]。

【注释】 ①巽：卦名。顺也，入也。卦象巽下巽上。 巽卦，小有顺利，宜外出行事，利于拜见有权势的人。 ②或进攻，或退守，武人占此，吉利。 ③巽：顺伏。 床：祭神之案。 史：古代主管占卜的官。 巫：古代降神除灾的巫婆。 纷：众多。 若：语助词。 卑伏在神案之下，用众多史巫迎神，有吉利，无灾咎。 ④频：通颦，忧愁不乐。 愁苦地媚从，定有后患。 ⑤悔亡：无后悔。 田：打猎。 品：物之种类。 打猎得到了多种野兽，再无后悔。 ⑥无初有终：起初不顺利，最终得善果。 庚：庚日。古代以甲、乙、丙、丁、戊、己、庚、辛、壬、癸十天干记日。 先庚三日：庚日前的第三天，即丁日。 后庚三日：庚日后的第三天，即癸日。 占问吉利，后悔消亡，无所不利。开始行事不利，终有好结果。庚日前三天发令，庚日后三天执行，故吉利。 ⑦丧：丧失、丢失。 资：财也。 斧：古代的一种货币。 丧失了钱财，伏在神案下祈祷，占得凶兆。

【评析】 本卦爻辞主要论述人们应有顺从的品德，但非片面顺从。对于武人来说，该顺从命令，令进则进，令退则退，这才吉利。如果本不顺从，愁眉苦脸勉强地顺从了，便会有危险。这种对顺从思想作具体分析，反对盲目和违心地顺从，显然有合理的因素。

【彖传】

重巽以申命[①]。刚巽乎中正而志行[②]。柔皆顺乎刚，是以“小亨，利有攸往，利见大人”[③]。

【注释】 ①巽卦由两巽重叠而成，故言“重巽”。重巽者，上下皆顺从也。上下皆顺从，乃可以申张王者之教令。 ②九五为巽之主爻，刚爻居阳位，且得巽上之中，故言刚毅顺从中正原则，君王的意愿能施行于天下。 ③初六和六四均为阴柔，分别伏于九二和九五阳刚之下，故言柔皆顺从于刚。 柔顺于刚，象征臣民顺从君王，女人顺从男人，小人顺从君子，合于大道。故小亨，利于外出行事和拜见有权势的人。

【评析】 其一，强调臣民当顺从统治者的意愿和指令，使大道施行于天下。其二，认为柔当顺从于刚，小人当顺从于君子，女人当顺从于男人，臣民当顺从于君王，才合乎大道。这显然是赤裸裸地宣扬男尊女卑、臣民必须无条件服从君王的思想，反映了奴隶主或地主阶级的统治思想。

【象传】

［初六］“进退”，志疑也。“利武人之贞”，志治也[①]。

［九二］“纷若之吉”，得中也[②]。

［九三］“频巽之吝”，志穷也[③]。

［六四］“田获三品”，有功也[④]。

［九五］“九五”之“吉”，位中正也[⑤]。

［上九］“巽在床下”，上穷也。“丧其资斧”，正乎“凶”也[⑥]。

【注释】 ①志：思想。 疑：疑惑不定。 志治：思想得到整治，不再疑惑不定。 进退不定，因其思想疑虑。武人有吉，因其意志果断。

②“纷若之吉”，因九二居下体之中，刚毅而行中道。 ③勉强顺从，是因为九三意志穷困，迫不得已。 ④田猎而获多种物品，可受宠而建功业。 ⑤九五位正而居中，象征君王行中正之道，取信于民，故吉。⑥上穷：谓上九已顺从至极，处于困穷境地。 正：通征，前行。 正乎凶：面临困境而继续前行，必遭凶险而丧其钱财。

【评析】 一、主张以武士般的果敢精神来整治民众因不坚定顺从而造成的思想混乱，从而推行中道。二、强调刚毅者必须守中，否则便违背顺从品德，一意孤行，必凶。三、认为君王当行中正之道，取信于民，民众必须听从其指令而不得妄为，否则会有凶险。均反复强调中庸思想。

兑䷹（兑下兑上）

兑：亨，利贞[①]。

初九：和兑，吉[②]。

九二：孚兑，吉。悔亡[③]。

六三：来兑，凶[④]。

九四：商兑未宁，介疾有喜[⑤]。

九五：孚于剥，有厉[⑥]。

上六：引兑[⑦]。

【注释】 ①兑：卦名。悦也。卦象兑下兑上。 亨：亨通。 利贞：占问会有吉利。 ②和：融和。 兑：悦。 能融和处世，则有喜悦，故吉。③孚：诚信也。 悔亡：无怨恨。 诚信喜悦以待人，不会有悔恨。 ④来：谋求。 虚伪地讨人喜悦，终必有凶。 ⑤商：商谈。未宁：未定。 介疾：小毛病。 商谈彼此和悦之事，而迟迟不定。出点小毛病，终会令人高兴。 ⑥剥：消也，丧失。 厉，危害。 施信于诚信之人，有危险。⑦引：诱也。引发他人共同欢悦。

【评析】 此卦爻辞宣扬和悦处世的原则。反对无原则地取悦于人，更不能取悦于无诚信之人。彼此和悦相处，则吉而无不利。

【彖传】

兑，说也。刚中而柔外[①]，说以“利贞”，是以顺乎天而应乎人[②]。说以先民，民忘其劳[③]；说以犯难，民忘其死[④]。说之大，民劝矣哉[⑤]！

【注释】 ①说：通悦，喜悦。 兑卦九二和九五均为刚爻，且得上下体之中位，即“刚中”。六三和上六，分居上下体之外，即“柔外”。象征君予内心刚毅，外表和蔼。 ②顺乎天而应乎人：君子刚中柔外的美德，既顺应天理，又符合人心。 ③说以先民：即以人民的喜悦为先。这里包含着古代素朴的民本思想。 民忘其劳：民众就会忘记劳苦。 ④犯：胜也。 说以犯难：以战胜困难为喜悦。 民亡其死：人民就会忘掉死亡的威胁。 ⑤劝：勉励。 说之大，民劝矣哉：悦民原则的大用，在于使民众奋勉努力！

【评析】 此《彖传》主张“说以先民”的民本思想，以民众之喜乐为先，并使民众以克服困难为喜悦，从而使民众奋勉努力，不断有所为。这种思想究其实质，是为剥削阶级服务的。不过，“说以先民”的思想有其合理性，对后世影响较深。宋代范仲淹主张“先天下之忧而忧，后天下之乐而乐”，便是这一思想的继承和发扬。

【象传】

[初九]“和兑”之“吉”，行未疑也[①]。

[九二]“孚兑”之“吉”，信志也[②]。

[六三]“来兑”之“凶”，位不当也[③]。

[九四]“九四”之“喜”，有庆也[④]。

[九五]“孚于剥”，位正当也[⑤]。

［上六］“上六引兑”，未光也[⑥]。

【注释】 ①行未疑：行动未有迟疑。初六刚爻居阳位，当位而守正，故其行动刚毅果敢，毫不迟疑。 ②孚兑：发自内心的喜悦。 信：明也，表达。 信志：表达了内在的意向。 ③六三以柔爻居阳位，故“位不当”。 ④九四摆脱六三的媚惑而与刚正的九五相亲悦，故有吉庆。 ⑤剥：剥落，程颐谓剥者消阳之名。上六柔爻邪媚，下与九五相亲悦，欲剥落九五的阳刚之气。 位正当：指九五刚毅中正，居位正当。 ⑥上六柔弱而居上位，欲引诱九五之阳刚以为快乐，未必正大光明。

【评析】 主张为人和蔼可亲，处事和颜悦色，与人交往持和善态度。反对利用显要地位诱使对方以满足自己的快乐，要求保持“悦以先民”的道德情操。

涣☴☵（坎下巽上）

涣：亨，王假有庙，利涉大川，利贞[①]。

初六，用拯马壮。吉[②]。

九二，涣奔其机，悔亡[③]。

六三，涣其躬，无悔[④]。

六四，涣其群，元吉。涣有丘，匪夷所思[⑤]。

九五，涣汗其大号。涣王居，无咎[⑥]。

上九，涣其血去，逖出，无咎[⑦]。

【注释】 ①涣：卦名。洪水泛滥。卦象坎下巽上。 假：至也。 有庙：即宗庙，有为语助词。 涉：过河。 国王致祭于宗庙。利于过大河，利于占问。②用：因也。 拯：通承，接济。 洪水泛滥，得壮马拯济，渡河吉利。③涣：洪水。 奔：奔流。 机：《帛书周易》作“阶”。当读机为阶，即台阶。 洪水奔流，冲毁台阶，没有危及生命，悔恨消失。 ④躬：自身。洪水冲到身上，幸而脱险，无怨恨。 ⑤群：人群。 元：大也。 匪：即非。 夷：平常也。 大水冲散了人群，幸而得救，大吉。大水冲上了丘陵，出常人意料。⑥汗：漫汗，指水势浩大。 号：呼号。 王居：王宫。洪水浩大，人们奔走呼号。洪水冲向王宫，及时抢救，没有造成大灾难。⑦其：语助词。 血：通恤，忧虑。 逖：通惕，警惕。 此句同于《小畜·六四》："血去惕出。"洪灾的忧患已经过去，还须提高警惕，才不会有咎过。

【评析】 河水涛涛，既是孕育和滋养中华民族的宝贵资源，也是多少世纪以来的大患。中国人很早便经受着洪水的考验。因此，有流传不绝的夏禹治水的传说。本卦记述了古人对洪水的斗争。请看：洪水冲过来了，幸有健壮的奔马来营救；洪水冲毁台阶，冲散了人群，冲上丘岭，又冲向王宫，好在人们相互救助，没有造成太大的伤亡；洪水过去了，人们得救了，但千万不能放松警惕。这是古人防洪治水的经验总结，至今仍有借鉴意义。

【彖传】

涣，亨①。刚来而不穷②，柔得位乎外而上同③。"王假有庙"，王乃在中也④。"利涉大川"，乘木有功也⑤。

【注释】 ①亨，畅通。 能经受洪灾考验，亨通。 ②涣卦九二、九五均为刚爻，在内为主，在外居尊，故"刚来而不穷"，象征君王施权势于民而不困穷。 ③六四，柔爻居外卦之阴位，故"柔得位乎外"，象征臣民各安其位。六四之柔上承九五之刚，是为"柔顺乎刚"，象征臣民顺从君王，故言"上同"。 ④王乃在中：指九五刚爻居君位而守中。 ⑤乘木有功：涣卦巽上坎下，巽为木、为船，坎为水，像船行于水上，无灾而有功。

【评析】 此《彖传》认为能战胜洪水，必有亨通。君王主朝政，居尊位，施权势于下民而不困穷；臣民各安其本位，听命于君王；遭受洪灾的人民，能同舟共济。这显然是古代防洪、抗洪斗争中，万众一心的历史写照。

【象传】

［初六］“初六”之“吉”，顺也①。

［九二］“涣奔其机”，得愿也②。

［六三］“涣其躬”，志在外也③。

［六四］“涣其群，元吉”，光大也④。

［九五］“王居无咎”，正位也⑤。

［上九］“涣其血”，远害也⑥。

【注释】 ①顺：顺从。指初六以阴柔顺从九二之阳刚。 ②涣：散也。 机：即几，坐所凭也。 得愿：得其所愿，得其所安。 人心涣散，各寻其位，以得其所安。 ③六三以柔弱而居阳位，有拯济涣灾之心。 洪水危及自身也不悔恨，因其志在救他人而不在保自身。④群：结私党。 六四之阴柔，追随九五中正刚毅之君，私党涣散，大吉大利。 ⑤正位：指九五居阳位得中，象征君王有刚正之德，不愧至尊之位。 洪水冲及王居，民众奋力抢救，由于君王正位有德。 ⑥涣其血：洪灾的忧患。 远害：避免灾害。 不忘洪灾的忧患，才可避免灾害。

【评析】 此《象传》强调民众当一心追随和顺从君主，不可结党营私，与君王相对立。君王当以刚毅中正之德取信于民，而无愧于居至尊之位。能深得民心者，民众则不惜以生命来保证君王的安全。

节䷻（兑下坎上）

节：亨。苦节，不可贞①。

初九，不出户庭，无咎②。

九二，不出门庭，凶③。

六三，不节若，则嗟若，无咎[④]。

六四，安节，亨[⑤]。

九五，甘节，吉。往有尚[⑥]。

上六，苦节，贞凶，悔亡[⑦]。

【注释】 ①节：卦名。节制，节俭。卦象兑下坎上。 苦节：以节制为苦。 能节制自己，必亨通。以节制为苦者，不可占问此卦。 ②户庭：堂室。形势不妙，不出大门，可免灾咎。 ③门庭：外院。大难将至，不出门躲避，难逃凶灾。 ④若：语助词。不善节俭，必有忧愁嗟叹。但无灾咎。 ⑤安于节俭生活，必亨通。 ⑥甘节：甘心节俭。 尚：嘉许。甘心节俭度日，必吉，往后有嘉奖。 ⑦以节俭为苦痛者，占此必凶。反之，悔恨消亡。

【评析】 人们的行为是否应该有所节制？这是古代学人所关心的重要问题，且历来有三种观点：其一，主张严格节制的禁欲主义，如老子、古希腊的斯多葛派等；其二，主张无所节制的纵欲主义，如杨朱、古罗马的伊壁鸠鲁等；其三，主张有所节制的中庸思想，如孔子、古希腊的亚里士多德等。本卦爻辞也试图探寻这一问题，提倡有所节制的中庸思想，批判以节制为痛苦的纵欲主义（“苦节”），也反对极端节制的禁欲主义（另一种“苦节”），积极提倡要以有所节制为快乐的思想（“甘节”）。认为有所节制是中正之道的必然要求，强调人们应当心安理得地对行为加以节制（“安节”）。

【彖传】

节，“亨”。刚柔分而刚得中[①]。“苦节不可贞”，其道穷也[②]。说以行险，当位以节，中正以通[③]。天地节而四时成[④]。节以制度，不伤财，不害民[⑤]。

【注释】 ①节卦兑下坎上，坎为水，兑为泽，水流于泽中，即水有所节制，故亨通。节卦阴爻、阳爻各三，故称“刚柔分”。九二、九五刚爻居中，故言“刚得中”。 ②苦节：通常有两种情形：一是过分地加以节制，一是节制严重不足。然而节制之道是尚中，即中正，非过，亦非不及。因此，苦节则失中道，这样便不可占问。③节卦兑下坎上，兑为悦（即说），坎为险，故言“说以行险”（即喜悦冒险）。九五当位而守中，具有节制的美德，故称“当位以节”。节制而守中道，必亨通，故“中正以通”。④天地节：天地有节制、有规律地运行。四时成：春夏秋冬循环不已。⑤度：事物存在和发展的界限。节以制度：按节制原则来订制度，就不会浪费钱财，伤害人民。

【评析】 此《彖传》认为节制是天地运行的客观规律，是事物发展的必然规定性，也是维持社会稳定、合理使用社会财富和保证人民生命安全的客观要求。因此，节制是一种固守中正之道的良好道德原则。不节制，不节俭，铺张浪费，是伤财害民的可耻行为。

【象传】

[初九]“不出户庭”，知通塞也①。

[九二]“不出门庭，凶”，失时极也②。

[六三]“不节”之“嗟”，又谁“咎”也③。

[六四]“安节”之“亨”，承上道也④。

[九五]“甘节”之“吉”，居位中也⑤。

[上六]“苦节贞凶”，其道穷也⑥。

【注释】 ①通塞：畅通与阻塞。指泽的作用是当通则通，当塞则塞。初九居泽底，当塞，喻不出门庭。②时极：时机。九二刚爻居阴位，不当，若无节制，一味闭塞，不出门庭，将会丧失时机，导致凶险。③六三为兑之上，水已涨至泽上，塞而不通必致溃决成灾。是谁的过错呢？只能嗟叹自己。④六四顺从九五的中道，安于节制，故言“亨”通。⑤九五以节俭为乐得吉，因其以刚爻居阳位且得中。⑥上六为节之极端，且为坎水之最上爻，水势浩大，难以堵塞，只能任其泛滥，故节制之道穷尽，若定要堵塞，必将徒劳而无益。

【评析】 这里主要谈论如何堵塞洪水以防止其泛滥成灾的道理。认为泽底必堵，泽中需堵而有所通，这样才能对洪水有所节制。如果只堵塞没有通泄，则必致洪水上涨，甚至盈泽而泛滥成灾。其所论述塞与通的辩证统一，是《周易》强调节制思想的实质。《周易》的节制思想对中国文化产生了很大影响，但是，赵宋诸儒则完全背离了《周易》传统，强调极端片面的节制思想，其所高扬的“存天理、灭人欲”之论，便是一味地“窒欲”和“灭欲”，从而开启了中国历史上所特有的“伦理异化”时代，成为中国社会迟迟未能走出中世纪的思想桎梏。

中孚䷼（兑下巽上）

中孚：豚鱼，吉。利涉大川。利贞①。

初九：虞，吉。有它不燕②。

九二：鸣鹤在阴，其子和之；我有好爵，吾与尔靡之③。

六三：得敌，或鼓或罢，或泣或歌④。

六四：月几望，马匹亡，无咎⑤。

九五：有孚挛如，无咎⑥。

上九：翰音登于天，贞凶⑦。

【注释】 ①中孚：卦名，诚信也。卦象兑下巽上。 豚：一作豘，小猪。 豚鱼：以小猪和全鱼作牺牲。闻一多《周易义证类纂》读为“屯鲁”按屯鲁有福寿义。 虔诚地献豘、鱼作祭品，可获吉祥。利于涉渡大川，贞问有利。②虞：古祭礼，祭祀以安神称虞。《礼记·檀弓下》：“以虞易奠。” 它：变故。 燕：饮酒作乐。 以虞礼告祭祖宗神灵，可获吉祥。遇有变故，则不燕乐。 ③阴：树荫或指月夜。 爵：酒器，代酒。 靡：共也。 雄鹤鸣于月夜，雌鹤闻而唱和。我盛满了美酒，与你共享同乐。似为古代民歌或恋歌。 ④得：指俘获。 得敌：俘获敌人。 鼓：击鼓。 罢：收兵，回师。 偷袭成功，俘获敌人，击鼓班师，士卒凯旋歌唱，喜泪交流。⑤月几望：月中。 亡：逃走。率师凯旋，月儿中天，只马匹逃散，别无敌情。⑥孚：通俘。 挛：拘系。 战俘被捆缚着押解回去，无有咎过。⑦翰音：鸡鸣声。《礼记·曲礼下》："鸡曰翰音。" 登：上升。 登于天：升于天空。鸡鸣声响彻天空，未脱险，故云"贞凶"。

【评析】 本卦爻辞似记述古代部族之间的一次偷袭行动。行动前，先祭告祖先神灵，祈求保佑。偷袭成功，班师回营，却发生了马匹逃亡；鸡鸣报晓，尚未回营等行军遇阻情况，胜利有得而复失的危险。本卦包含了胜败、得失顷刻间可以相互转化的忧患意识。

【彖传】

中孚，柔在内而刚得中[①]；说而巽，孚乃化邦也[②]。"豚鱼吉"，信及豚鱼也[③]；"利涉大川"，乘木舟虚也[④]；中孚以"利贞"，乃应乎天也[⑤]。

【注释】 ①中孚六三、六四均为阴柔之爻，故称"柔在内"；九二、九五均为阳刚之爻分别居上下体之中位，故称"刚得中"。虚心诚实，是以有"中孚"之称。②中孚兑下巽上，兑，通说，喜悦；巽，和顺，故言"说而巽"。 孚乃化邦：诚信和顺足以改变邦国面貌。 此言上下修睦，同心同德，乃兴邦之象。③信及豚鱼：虔诚之心通过用豚鱼祭祀而表达出来。 此言豚鱼之吉，因其寄托着祭祀者一片诚意。④乘木：巽为木，兑为泽，水上之木，犹乘木船。 舟虚：船中空虚。卦象似一艘空船，故利涉大川。 ⑤天：天道。 诚信之吉利，因其顺应天道。

【评析】 《彖传》认为，中孚卦的诚信之义，表现在三个方面。其一是阴阳爻位的布局为内柔外刚；其二是卦义为上下修睦；其三是卦的结构形象如乘舟渡水。反映了作者对刚柔有节，君臣合德，天人顺应的社会现实的赞赏。

【象传】

[初九]初九"虞吉"，志未变也[①]。

[九二]其子和之，中心愿也[②]。

[六三]"或鼓或罢"，位不当也[③]。

[六四]"马匹亡"，绝类上也[④]。

[九五]"有孚挛如"，位正当也[⑤]。

[上九]"翰音登于天"，何可长也[⑥]。

【注释】 ①志未变：心志虔诚，从不动摇，故虞祭有吉祥之兆。《周易折中》引项安世曰："初九安处下，不假它求，何吉如之!" ②中心愿：发自内心的真诚愿望。雌鹤与雄鹤彼此唱和，求爱之心彼此呼应，故言"中心愿"。③位不当：六三以阴柔而居阳刚之位。且六三下乘九二之刚，以柔敌刚，是以进退失度，悲欢无常。 ④绝类上：六四绝其同类而上附九五。故有马匹离群亡失之象。 ⑤位正当：九五以阳爻居阳位，处上卦之中，中正而位当。 ⑥何可长：不长久。 鸡已报晓，荫蔽偷袭的时机不能长久。

【评析】 本传以象解经，重在卦爻的当位与不当位。推崇安于本位者和当位者，如初九、九二、九五，浸透着儒家的名分等级观念。

小过䷽（艮下震上）

小过：亨，利贞。可小事，不可大事。飞鸟之音，不宜上，宜下。大吉[①]。

初六：飞鸟以凶[②]。

六二：过其祖，遇其妣；不及其君，遇其臣。无咎[③]。

九三：弗过，防之；从或戕之。凶[4]。

九四：无咎，弗过，遇之；往厉，必戒。勿用永贞[5]。

六五：密云不雨，自我西郊。公弋，取彼在穴[6]。

上六：弗遇，过之。飞鸟离之，凶，是谓灾眚[7]。

【注释】 ①小过：卦名，少许超过常规。卦象艮下震上。 小事、大事：古代以祭祀和战争为大事，其余均为小事。 可：宜也。 小有超过，亨通，利于占问。宜做小事，不宜做大事。飞鸟传来哀叫声，不宜上飞；下守空谷，则大吉。 ②见飞鸟掠过，是凶兆。 ③过：批评。祖：祖父。 遇：礼遇，赞扬。妣：祖母。 不及：不足之处。 批评祖父，赞扬祖母；指出国君之不足，表彰大臣之功绩。没有灾咎。④弗：不也。 防：防备。 之：指过失。 从：同纵，放纵。 戕：伤害。 没有过失，但要预防。一旦放纵，将受伤害，那是凶险的。⑤戒：警也。 勿用：不利。 没有咎过者，不要指责，但要表扬；往后会有犯错误的危险，必须提高警惕。不利于有关长期的占问。 ⑥公：王公贵族。 弋（yì）：张弓射禽。 彼：指射中的飞禽。 乌云密布，不会有雨，因其来自西郊。王公射禽，从洞穴中取得猎物。 ⑦离：通罗，网也。 眚：灾也。 未受表扬，反受批评，如飞鸟误投网罗，好凶险。这叫灾祸。

【评析】 此卦爻辞认为，稍有逾越而导致小过失，还算亨通。从事征伐和祭祀等国家大事则不可如此。既已冒进，则宜于退守，否则必酿成大错。强调保持步调一致，不可放纵冒进，否则会造成过失。批评与表扬，都要适当，不可太过或不及，要注意事物的量的限度。

【彖传】

小过，小者过而“亨”也[1]。过以“利贞”，与时行也[2]。柔得中，是以“小事吉”也。刚失位而不中，是以“不可大事”也[3]。有飞鸟之象焉[4]。“飞鸟遗之音，不宜上，宜下，大吉”，上逆而下顺也[5]。

【注释】 ①小过卦下艮上震，全卦四阴二阳，阴有过而阳偏不足，故言小过。实际上阴柔弱，阴少过，正好有与阳对等之效，故“亨”。②与时行：依据具体条件施行。 小过之所以利于守正，这是依据具体情况施行的缘故。③柔得中：指六二和六五两柔爻居中。 刚失位：九四阳刚居阴位。 不中：九三虽当位，但未得中。 ④小过下艮上震，震为鹄（《经典释文》引荀爽《九家集解本》），艮为山，鹄在山上飞翔，故言“有飞鸟之象焉”。 ⑤上逆而下顺，鹄往上飞则艰难，向下飞则轻松，故“不宜上，宜下”。

【评析】 强调“与时行”，即依照客观的具体情况来行事，就不会偏离中正之道。充分估计“上逆而下顺”的形势，如飞鸟一样，上飞则逆势，下降则顺势。告诫人们应遵循客观规律而行，否则，背道而驰，必招致灾咎。

【象传】

［初六］“鸟飞以凶”，不可如何也[1]”。

［六二］“不及其君”，臣不可过也[2]。

［九三］“从或戕之”，“凶”如何也[3]。

［九四］ “弗过遇之”，位不当也。 “往厉必戒”，终不可长也[4]。

［六五］“密云不雨”，已上也[5]。

［上六］弗遇过之”，已亢也[6]。

【注释】 ①鸟飞以凶：鸟遭凶险而飞行，指受伤逃命，或受猛禽追捕。 不可如何：无可奈何。 ②臣不可过：大臣没有遇上国王，那就应安于其位，不要逾越。 ③凶如何：放纵自己，必将招害，其凶险不可测度。 ④位不当：言九四刚爻居阴位而不当。 终不可长：言六五为柔弱之君，九四不可以其刚强而相要挟，否则不会长久。 ⑤云虽密布，但已升到高空，降不下雨来。 ⑥亢：极也。 已亢：指上六阴柔已至极点，若再有过失，必招大灾。

【评析】 本《象传》试图通过“鸟飞以凶”，必无可奈何；放纵自己，必致灾祸；逞强显能，终不可久；事物亢极，必致大祸等情形的阐述，告诫世人：必须顺时而行事，不可利令智昏，行为失度。

既济䷾（离下坎上）

既济：亨。小利贞。初吉，终乱[①]。

初九：曳其轮，濡其尾，无咎[②]。

六二：妇丧其茀，勿逐，七日得[③]。

九三：高宗伐鬼方，三年克之，小人勿用[④]。

六四：繻有衣袽，终日戒[⑤]。

九五：东邻杀牛，不如西邻之禴祭，实受其福[⑥]。

上六：濡其首，厉[⑦]。

【注释】 ①既济：卦名，意即已成功地渡过水域。卦象离下坎上。小利贞：占问小事有利。 初吉：谓开始吉利。 终乱：谓结局会有祸乱。 ②曳：牵引，拉。 曳其轮：拉住车轮，缓缓渡水。 濡其尾：野兽过河，撅起的尾巴被浸湿。 无咎：没有灾咎。 ③茀：头巾。 逐：追寻。 丧：丢失。 妇女丢失头巾，用不着去追寻，七天以后复得。 ④高宗：殷王武丁。 鬼方：殷商西北接壤的异族国家。《竹书纪年》谓：“武丁三十二年伐鬼方，次于荆。三十四年王师克鬼方，氐羌来宾。”正好三年时间。 用：指重用为臣。 殷高宗征伐鬼方，苦战三年才征服。鬼方小人，不可重用。⑤繻：彩色丝帛。 有：又。 袽：破旧的絮。 戒：警惕戒备。 梦见华丽的衣服，转眼成了破絮。可要终日戒备。 ⑥东邻：指殷王朝。 西邻：指周国。 禴：同礿，夏祭，其祭品最薄。 杀牛：厚祭以牛也。 东邻杀牛厚祭，不如西邻施行薄祭所实际秉受的福祐多。 ⑦濡：浸湿。 渡水浸没了头部，真危险。

【评析】　九五爻辞所示："西邻"的周文王由于善于治理国家，人民生活得到改善，虽施行薄祭，秉受上天福祐仍然很多；"东邻"的殷纣王，腐败荒淫，人民怨声载道，虽施行厚祭，秉受上天福祐也不会多。表明殷末周初社会发展的明显不平衡，小邦周将取代大邦殷是不可改变的历史必然趋势。

【彖传】

既济，"亨"，"小"者亨也[1]。"利贞"，刚柔正而当位也[2]。"初吉"，柔得中也。"终"止则"乱"，其道穷也[3]。

【注释】　①既济：即已经取得成功，因而亨通。　小者亨：做小事亨通。　②刚柔正而当位：既济三阴爻居二、四、上，三阳爻居初、三、五，柔居阴位，刚居阳位，刚柔均正位而当，故利于坚守正道。③柔得中：指六二柔爻居阴位，得下体之中。　穷：指上六柔爻居阴位，当柔顺守正，已临穷极，不能再有所发展。

【评析】　"既济"，即谓事物发展已经完成，这显然是与《易》所主张的"变易之道"不相符合的。因为事物发展已至完结，必定是停止发展，其结果必导致死亡，所以作者认为这必然会引起大乱。那么事物发展至此是否真的只能进入"死亡之境"呢？这是本卦未能回答的问题，只好留待"未济"卦来阐述了。

【象传】

[初九]"曳其轮"，义"无咎"也[1]。

[六二]"七日得"，以中道也[2]。

[九三]"三年克之"，惫也[3]。

[六四]"终日戒"，有所疑也[4]。

[九五]"东邻杀牛"，不如西邻之时也。"实受其福"，吉大来也[5]。

[上六]“濡其首”，何可久也[6]。

【注释】 ①曳：拖拉、牵引。 义：宜也。 拉住车轮，使之未陷进泥淖，宜乎无灾咎。 ②中道：六二柔爻居阴位，且得离下之中，是柔顺而守中正之道。 ③惫：疲乏不堪。 武丁以三年艰苦战斗，终于征服鬼方，自身也疲惫不堪。 ④有所疑：疑虑重重，惧有不测之祸，故终日警惕。⑤时：客观的具体条件。 东邻杀牛厚祭不如西邻薄祭符合当时的具体情况。 吉大来：指周文王受到人民拥护。 ⑥何可久：怎能长久。

【评析】 此《象传》强调事业的发展，往往以极大的损伤为代价，不只显得极其疲惫，还将面临更大的危险。因此，必须总结经验教训，提高警惕，以防意外事件发生，切不可因事业成功而欣喜若狂，以致麻痹大意。其中所强调的忧患意识，跃然纸上，并予后世以强烈影响。

未济䷿（坎下离上）

未济：亨。小狐汔济，濡其尾。无攸利[1]。

初六：濡其尾，吝[2]。

九二：曳其轮，贞吉[3]。

六三：未济，征凶。利涉大川[4]。

九四：贞吉，悔亡。震用伐鬼方，三年有赏于大国[5]。

六五：贞吉，无悔。君子之光。有孚，吉[6]。

上九：有孚，于饮酒，无咎。濡其首，有孚，失是[7]。

【注释】 ①未济：卦名，渡河未成，喻行事未成功。卦象坎下离上。 狐：狐狸。 汔：接近。 濡：浸湿。 未济，亨通。小狐渡河将成，河水濡湿了尾巴，遭到失败，无吉利可言。 ②其：指小狐。 吝：悔恨。 小狐渡河，水湿其尾，令人悔恨。 ③曳：拖拉。《程传》

谓："倒曳其轮，杀其势，缓其进，戒用刚之过也。" 倒拉住车轮，使其缓行。占此得吉。 ④征：征伐，讨伐。 涉：徒步渡水。 渡河不成功。出师征伐，有凶险。利于涉水过大川。 ⑤震：雷霆之势。 用：使民从事，指派遣兵员。 鬼方：殷商西北接壤的异族邦国。 大国：大邦殷国。 占问得吉，无悔恨。以雷霆之势征伐鬼方，经过三年苦战，终于取胜，得到殷国的封赏。 ⑥光：光辉，指光明品德。 有孚：得到信任。 占之得吉，不会有悔恨。君子的光明品德，得到信任，定会有吉庆。 ⑦有孚：即守信。 濡其首：以酒湿其头，喻饮酒过度。 是：正也。 守信，赴约饮酒，不会有灾咎。若饮酒过度，有如以酒湿头，虽守信，却丧失了正道。

【评析】 事物的发展，有一个艰难曲折的过程，需要不断努力。如伐鬼方，三年才有赏；若推车，有时当倒曳其轮；如小狐汔济，有濡尾之险。只有真诚努力，辛勤工作，积极促进事物向前发展，才能善始善终，由未济转化为既济，获得良好结果。

【彖传】

未济，"亨"，柔得中也[①]。"小狐汔济"，未出中也。"濡其尾，无攸利"，不续终也[②]。虽不当位，刚柔应也[③]。

【注释】 ①柔得中：指主爻六五以阴柔居离上之中位。来知德谓："六五阴居阳位得中，则既不柔弱无为，又不刚猛偾事，未济终于必济，所以'亨'。" ②未出中：即九二居下坎（坎为水）之中位，意为在水之中央，还未渡过河。 不续终：即小狐费尽力气，毕竟尾巴浸湿，难以游到终点，故无所利。 ③未济各爻所处位置正好与既济相反，即三阳爻均处阴位，三阴爻均处阳位，故占"不当位"。但是，初与四、二与五、三与上均阴阳相对应，故"刚柔应"。

【评析】 此《彖传》说明事物处在发展过程之中，切忌松懈和气馁，也不可因已付出了艰苦的努力而休止，更不可如小狐汔济，妄行而损耗精力。当锲而不舍，继续努力，力戒有始无终、虎头蛇尾，避免"不续终"的结局。

【象传】

［初六］“濡其尾”，亦不知极也①。

［九二］“九二贞吉”，中以行正也②。

［六三］“未济征凶”，位不当也③。

［六四］“贞吉悔亡”，志行也④。

［六五］“君子之光”，其晖“吉”也⑤。

［上九］“饮酒”、“濡首”，亦不知节也⑥。

【注释】 ①极：中也。 不知极：不知循中道而刚柔相济。 初六柔爻居阳位。小狐不自量力，徒逞刚强，浸其尾而失败。 ②中以行正：九二刚爻居中位，守中道而行正。善审时度势，故“贞吉”。 ③六三以阴柔而居阳刚之位，不当。妄逞刚勇，力量不足，终于未济于事，反而遭凶。 ④志行：意愿得到实现。九四阴爻居阴位，渡水成功，到达彼岸的心愿得以实现。占问得吉，再无悔恨。 ⑤六五得离上之中，能守柔顺之中道。又离为明，象征君子守中道，其道光明。 晖：光辉。君子信守中道，放射出光辉。因而吉祥如意。 ⑥节：节制也。上九以刚爻居阴位，欲以阳刚之力超越限度，物极必反，是不知节制的结果。

【评析】 其一，主张坚守中道，刚柔相济，遇事量力而行，审时度势，不贸然前进，亦不中途气馁。如此则意愿终将实现。

其二，强调行事当有所节制，切不可以阳刚之盛气突破事物的限度，否则，将导致走向事物发展的反面，最终与原意大相违背。揭示了事物发展过程中“度”的规定性和重要性，也说明了“物极必反”的哲学道理。

易传

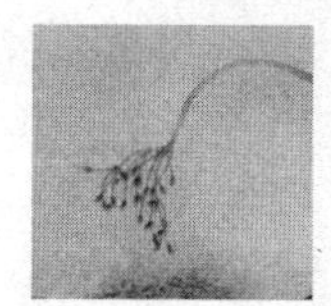

文言传[1]

元者，善之长也[2]。亨者，嘉之会也[3]。利者，义之和也[4]。贞者，事之干也[5]。君子体仁足以长人[6]。嘉会足以合礼[7]，利物足以合义[8]，贞固足以干事[9]。君子行此四德者[10]，故曰：乾，元亨利贞[11]。

【注释】 ①《文言传》简称《文言》，十翼之一，专门论述乾坤二卦卦爻辞的内容，共七段。前六段释《乾卦》。此为第一段，阐述乾卦卦辞“元亨利贞”含义。 ②元、亨、利、贞指万物生长发育的过程。“元”是万物化生之始，天地化生万物，以此为始，故为众善之首。若无始生，成长、收藏均无从谈起。 ③亨指万物壮大亨通，如众物相聚会，异常丰盛、和美。 ④利指万物成熟，利于收获。犹如阴阳调和得宜，万物各得其利。 ⑤贞、干，正也，指阴阳调和无偏颇，万事万物各得其正，如保合太和之意。 ⑥君子能体现仁德，无偏私，足以为众人之首长。 ⑦君子能使众善聚合，言行无不合礼。 ⑧君子之言行，旨在利人利物，故无不合于义。 ⑨君子之言行，信守正道，既正己又正物，万事万物，莫不得其正。 ⑩四德：指体仁、合礼、合义、干事四种道德行为。 ⑪元、亨、利、贞，古称“四德”。

【评析】 此段为第一节。基本思想在结合“四德”的修养，闸发元亨利贞的原始含义。实际上是将万物生长发育的自然过程，赋予圣人提倡的仁、义、礼、正等道德属性。混淆天道与人事的关系，宣扬天人合一思想，这种思想并非《周易》卦辞的本意。

初九曰："潜龙勿用。"何谓也？子曰："龙德而隐者也[①]。不易乎世，不成乎名[②]；遯世无闷，不见是而无闷[③]；乐则行之，忧则违之[④]；确乎其不可拔，潜龙也[⑤]。"

九二曰："见龙在田，利见大人。"何谓也？子曰："龙德而中正者也[⑥]。庸言之信，庸行之谨[⑦]，闲邪存其诚，善世而不伐，德博而化[⑧]。《易》曰：'见龙在田，利见大人。'君德也[⑨]。"

九三曰："君子终日乾乾，夕惕若，厉无咎。"何谓也？子曰："君子进德修业[⑩]。忠信，所以进德也[⑪]；修辞立其诚，所以居业也[⑫]。知至至之，可与言几也[⑬]；知终终之，可与存义也[⑭]。是故居上位而不骄，在下位而不忧[⑮]。故乾乾，因其时而惕，虽危无咎矣[⑯]。"

九四曰："或跃在渊，无咎。"何谓也？子曰："上下无常，非为邪也[⑰]。进退无恒，非离群也[⑱]。君子进德修业，欲及时也，故无咎[⑲]。"

九五曰："飞龙在天，利见大人。"何谓也？子曰："同声相应，同气相求[⑳]；水流湿，火就燥[㉑]；云从龙，风从虎[㉒]，圣人作而万物睹[㉓]。本乎天者亲上，本乎地者亲下[㉔]，则各从其类也[㉕]。"

上九曰："亢龙有悔。"何谓也？子曰："贵而无位，高而无民[㉖]，贤人在下位而无辅[㉗]，是以动而有悔也[㉘]。"

【注释】 ①子：指孔子。《文言》的作者假托孔子之名，阐述己意。下同此例。龙德而隐：龙的特性，可飞升于天，也可隐潜深渊，善于因时变化。 ②易：改变。 成：完成。 龙德之人，能特立独行，不为世俗改变其行止，不求虚名。 ③遯世：隐退。 闷：烦闷不乐。不见是：行为不被认同。 龙德之人，隐居避世，无有烦闷；行为不被同情也胸怀坦然。 ④违：回避。乐于干的事就去干，觉得可忧虑的事就避开。⑤确：坚贞，高亢。坚定高尚，志不可拔，就是“潜龙”式人物的形象。⑥具备龙德之人，必定中正而无偏颇。⑦庸：平常。信：诚实。谨：谨慎。平常说话、做事都十分诚实、谨慎。⑧闲：防止。闲邪：摒除邪恶。善世：为善济世。伐：自我夸耀。防止邪恶而保持忠诚，为善利世而不炫耀，思德广博而无不感化。⑨君德：君主的品德。龙出现于田郊，利于大德者出而治世，这意味他虽未居君主之位，已有君主之德。⑩进德：增进道德。修业：发展功业。德业双修是君子的基本任务。⑪增进道德的主要表现在忠于职守，取信于民。⑫修辞：修饰言辞。居业：保守功业。为了守其功业，先要言语诚实可信。⑬知至：认识时机已到。至之：立即从事某种活动。与：参与。几：几微。看准时机，当机立行，这才可参与几微要务。⑭知终：认识时机已过。终之：终止行动。存义：保守时宜。认准时机将终，断然终止，不做过头事，才算能守时宜。⑮上位：指九三居下体之上位。下位：指九三在上体之下方。居上易骄而能不骄，在下易忧而能不忧。⑯因：依据。时：时机，条件。能根据时机条件的变化，时刻保持自强、警惕，虽有危难亦可无过。⑰上下无常：指九四处下体之上方，居上体之下位，属上下之交，易反复无常。非为邪：不可为邪恶之事。⑱进退无恒：指九四处可进可退之地，非永恒不变的处境。非离群：不是脱离群众而高居显位之时。⑲结论是，君子无论进德还是修业，上下、进退、出处，都必须看准时机，不可妄动，故可无咎。⑳声调相同则互相感应而共鸣；气味相同则互相吸引而投合。㉑水向湿洼之处流淌，火往干燥之处蔓延。㉒云随龙卷，风随虎啸。㉓作：作为。睹：观望，景仰。圣人的所作所为，受到万民（物）的景仰。㉔本乎天者：指飞禽。本乎地者：指走兽。飞鸟喜翔于天，走兽喜行于地。㉕类：指同声相应、同气相求的各类生物。㉖阳九亢极，物极必反，定失其位；纯阳无阴，如君主居高傲下，脱离人民。㉗贤人屈居下位，高贵者则失去辅助。㉘既失位、失民而且无辅，妄动必有悔。

【评析】以上第二节。以问答形式，对乾卦的爻辞逐条加以阐发，使人们从中受到深刻启发。告诫统治者要以进德修业为己任；遇事要善于审时度势，把握时机，当进则进，当退则退，不可轻易从事；时刻想到是否得到民众拥护、贤人辅助；警惕物极必反，陷入失位、失民的悲惨结局。

“潜龙勿用”，下也①，“见龙在田”，时舍也②。“终日乾乾”，行事也③。“或跃在渊”，自试也④。“飞龙在天”，上治也⑤。“亢龙有悔”，穷之灾也⑥。乾元“用九”，天下治也⑦。

“潜龙勿用”，阳气潜藏⑧。“见龙在田”，天下文明⑨。“终日乾乾”，与时偕行⑩。“或跃在渊”，乾道乃革⑪。“飞龙在天”，乃位乎天德⑫。“亢龙有悔”，与时偕极⑬。乾元“用九”，乃见天则⑭。

乾元者，始而亨者也⑮。利贞者，性情也⑯。乾始能以美利利天下，不言所利，大矣哉⑰。大哉乾乎！刚健中正，纯粹精也⑱。六爻发挥，旁通情也⑲。时乘六龙，以御天也⑳。云行雨施，天下平也㉑。

【注释】 ①“潜龙勿用”，比喻隐居下位。 ②舍：安置。“见龙在田”，表明时势变化，已作如此安排。 ③“终日乾乾”，表明创造事业，当有此种精神。 ④“或跃在渊”，比喻跃跃欲试，不甘潜隐。 ⑤“飞龙在天”，比喻应当居上治世。 ⑥“亢龙有悔”，表明不知权变，物极必反，自取灾祸。 ⑦乾之用九，“群龙无首”，表明群英并出，天下大治。 ⑧“潜龙勿用”之象，表明阳气潜藏，难于发挥作用。 ⑨“见龙在田”之象，表明阳气升腾，草木畅茂，大地文采焕发。 ⑩“终日乾乾”，比喻随着天时变化，运转不息。 ⑪乾道：天道。“或跃在渊”之象，表明天道有变革。 ⑫天德：乾阳造就万物的功德。“飞龙在天”，象征纯阳主事，草木长成，充分体现乾阳功德。 ⑬“亢龙有悔”，象征阳气依时而变，已至极限，必然转化。 ⑭天则：自然法则。 “用九”，表明六爻皆变，由阳变阴，乃自然法则。 ⑮“乾元”（当作“乾元亨”），谓乾阳使万物始生而畅茂亨通。 ⑯利贞，谓乾阳赋予万物以特性和情感。 ⑰乾始：即乾元。美利：和美、利物之特性。乾阳能以和美利他的特性普利天下万物，而不张扬利他之功，真伟大。⑱指乾卦六爻皆阳，阳乃刚健；一、三、五阳爻正位，二、五得中，故中正；纯阳不杂，粹而无疵，故曰纯粹精。 ⑲六爻发挥其变化，可旁通万物之情理。 ⑳按照潜、见、惕、跃、飞、亢这“六龙”的变化法则，就可掌握万物生、长、成、藏的自然变化了。 ㉑自然法则的作用，若云行雨施，天下万物莫不平等地受其润泽。

【评析】 以上三段为《文言传》第三、四、五节。

第三节，阐述潜龙、见龙、飞龙、亢龙等爻象的比喻意义，重在以物象变化比喻人事变化。

第四节，仍是论述潜龙、飞龙等爻象的意义，着眼于阳气变化所造成的自然变化。

第五节，论述元、亨、利、贞是事物变化的普遍规律，犹如“六龙”变化具有规律性一样。

君子以成德为行，日可见之行也[①]。“潜”之为言也，隐而未见，行而未成，是以君子“弗用”也[②]。

君子学以聚之，问以辩之[③]，宽以居之，仁以行之[④]。《易》曰：“见龙在田，利见大人。”君德也[⑤]。

九三，重刚而不中[⑥]，上不在天，下不在田[⑦]。故“乾乾”，因其时而惕，虽危“无咎”矣[⑧]。

九四，重刚而不中，上不在天，下不在田，中不在人，故“或”之[⑨]。“或”之者，疑之也，故“无咎”[⑩]。

夫“大人”者，与天地合其德[⑪]，与日月合其明[⑫]，与四时合其序[⑬]，与鬼神合其吉凶[⑭]。先天而天弗违[⑮]，后天而奉天时[⑯]。天且弗违，而况于人乎[⑰]？况于鬼神乎[⑱]？

“亢”之为言也，知进而不知退，知存而不知亡，知得而不知丧[19]，其唯圣人乎[20]！知进退存亡，而不失其正者[21]，其唯圣人乎！

【注释】 ①成德：自我道德完善。 君子的一切行为以完善道德为基准，且其日常行为众人可见。 ②释初九“潜龙勿用”。潜的意义，虽有美德，隐而不显；虽有善行，未致完成，故宜“弗用”（即勿用）。③释九二“大人”（君子）的特点，在多学以积聚知识，多问以明辨是非。 ④宽：宽厚待人。以宽厚态度处世，以仁慈之心行事。 ⑤君德：君子的美德，指学问、居宽、行仁。 ⑥重刚：以乾接乾。 不中：指九三位非二、五（二为下卦之中，五为上卦之中）。 ⑦六爻之中，五、上为天位、三、四为人位，初、二为地位。乾九三居人位，故上不在天，下不在地（田），易于招祸。 ⑧能乾乾不息，时刻惕省，则虽危无咎。⑨释九四“或跃在渊”。 或：未必然，主意不定。 不在人：指九四阳居阴位，非人位之正。 不在天，不在地，不居人之正位，则动而有悔，故主意难定。 ⑩或：疑惑不定。 有惑必审慎行事，故无咎。 ⑪释九五“大人”。 德：品德。 大人应有天地的品德，无私地化育万物。⑫明：光明。 大人的功德应同日月一样光明普照。 ⑬序：次序。大人的行为应如四时运转有严格的次序。 ⑭鬼神：阴阳二气的屈伸变化。 大人的言行应如阴阳二气有规律的变化，影响万物的生灭。⑮先天：先于天时变化而行动。 天弗违：自然的变化准时发生。指预见天道规律以指导行动。 ⑯后天：在天时变化之后行动。 奉天时：严格遵循天时变化的规律办事。 ⑰天时变化不会违反其规律，人亦应如此。 ⑱阴阳屈伸变化也有其规律。 ⑲释上九“亢龙有悔”。进退、存亡、得丧，对立的双方都可相互转化。居“亢”者，只知其一，不知“物极必反”，故有悔。 ⑳圣人：具有高度智慧的人。 ㉑不失其正：不违背中正原则。指进退、存亡、得丧，随时变通，保持中和，不至过分。

【评析】 此为《文言》第六节，是哲理最强部分。

强调君子当完善居宽、行仁的高尚品德，还要善于审时度势，自强不息，发挥主观努力。

主张人的行为当顺应自然变化规律，“先天而天弗为，后天而奉天时”，不可鲁莽造次。

强调圣人之所以为圣人，在于“知进退、存亡、得丧而不失其正”，警惕“物极必反”。

坤至柔而动也刚，至静而德方[①]。“后得主”而有常，含万物而化光[②]。坤道其顺乎？承天而时行[③]。

积善之家，必有余庆；积不善之家，必有余殃[④]。臣弑其君，子弑其父，非一朝一夕之故，其所由来者渐矣[⑤]，由辩之不早辩也[⑥]。《易》曰：“履霜，坚冰至。”盖言顺也[⑦]。

直其正也，方其义也[⑧]。君子敬以直内，义以方外[⑨]，敬义立，而德不孤[⑩]。“直方大，不习无不利”，则不疑其所行也[⑪]。

阴虽有美，含之[⑫]；以从王事，弗敢成也[⑬]。地道也，妻道也，臣道也[⑭]。地道无成，而代有终也[⑮]。

天地变化，草木蕃[⑯]；天地闭，贤人隐[⑰]。《易》曰：“括囊，无咎，无誉”，盖言谨也[⑱]。

君子黄中通理，正位居体[⑲]，美在其中，而畅于四支，发于事业[⑳]，美之至也[㉑]。

阴疑于阳，必战[㉒]，为其嫌于无阳也，故称龙焉[㉓]。犹未离其类也，故称血焉[㉔]。夫玄黄者，天地之杂也，天玄而地黄[㉕]。

【注释】 ①坤至柔，承乾而动，刚强不息，故柔中有刚。坤至静，承乾而动，化生万类，无有方域，是静而恒动。 ②后得主：指坤阴承乾阳之后，主持化生万物。 有常：恒常的法则。 含万物：阳施阴受而含育万物。 化光：化育万物使之光大。 ③此句总结前言，阐述“后得主”之旨。指明坤的特性在顺从；承奉乾阳之施，依时令发育万物。 ④积善者多福（庆）、积恶（不善）者多祸（殃），谓善有善报，恶有恶报。 ⑤谓弑（杀）君弑父等大恶事，绝非偶然爆发，必有根由，定是小恶逐渐积累而来。喻事物发展有其量的积累的渐进过程。

⑥辩：假为辨，觉察。谓未能早日觉察防范。⑦顺：必然趋势。小恶出现，不加防范，逐渐积累，终成大乱，乃势所必然。此对“履霜，坚冰至”的爻辞作了绝妙的哲学解释。⑧心怀“耿直”，表明为人正大；处事“方正”，反映其人重义。⑨敬：庄重，不苟且。君子保持内心的刚直以存“敬”，方正地处理外事以全“义”。⑩孤：陋。谓既敬且义，表明君子的德性绝非浅陋。⑪不疑，谓君子能以“直方大”的坤德自励，则其所行之事，是无可怀疑或指责的。⑫含蓄不外露，因阴之美德在顺从。⑬弗敢成：不敢居功，有功归之乾阳。⑭地道、妻道、臣道，均指顺从之道，不敢与乾阳争功，不敢外露其美。⑮无成：指坤阴只成乾阳之德，如臣终君事，妇终夫业，自己无成功可言。代有终：代替乾阳（天、夫、君）终其功业。⑯天地变化：指阴阳调和。蕃：繁茂。⑰天地闭：指阴阳不通。隐：退隐、遁世。⑱谨：谓括囊、默口，以示谨慎戒惧。⑲黄为地之正色，中乃地之中位。喻君子体坤道而禀正色、得中道，正位居体，则事理无不通达条畅。⑳四支：四肢。畅：通。谓“黄中”之美，存于心中，通于四肢（即全身），发于外而成就事业。㉑美之至：坤的美德，得到最高体现。㉒疑：疑似，类似，等同。谓上六乃阴之极盛，类似于阳。与阳势均力敌，故必战。㉓嫌：嫌疑。无阳：相战的双方只有阴而没有阳。龙：乾阳的象征。战的双方本是极盛的阴与消退的阳，为消除无阳与阴战之嫌疑，故称“龙”战。㉔血：阴之属。阳属气，阴属血。称“龙”战，又恐认为无阴，称“血”表明未离阴类。㉕玄（青）为天之色，黄为地之色。玄黄：指天地相混，阴阳不分。天地之杂：玄黄混杂为一。

【评析】 此为《文言》第七节，专门阐述坤卦的卦爻辞。它比《坤·象》的论述更深刻，更富哲理。

关于“履霜，坚冰至”的阐发，揭示了事物发展由积渐而穷极的客观规律，予人以深刻启示。

关于“敬以直内，义以方外”的论点，示人以修己待人的高尚品德。

关于“天地闭，贤人隐”的观点，揭示了不良社会的普遍现象。

"阴疑于阳必战"的命题，强调了对立面的斗争。在着意宣扬坤阴必须顺从乾阳的同时，又强调阴阳必战，意义深长，耐人寻味。

大象传[①]

（上）

天行健，君子以自强不息[②]。

地势坤。君子以厚德载物[③]。

云雷，屯。君子以经纶[④]。

山下出泉，蒙。君子以果行育德[⑤]。

云上于天，需。君子以饮食宴乐[⑥]。

天与水违行，讼。君子以作事谋始[⑦]。

地中有水，师。君子以容民畜众[⑧]。

地上有水，比。先王以建万国，亲诸侯[⑨]。

风行天上，小畜。君子以懿文德[⑩]。

上天下泽，履。君子以辨上下，定民志[⑪]。

天地交，泰。后以财成天地之道，辅相天地之宜，以左右民[⑫]。

天地不交，否。君子以俭德避难，不可荣以禄[⑬]。

天与火，同人。君子以类族辨物[⑭]。

火在天上，大有。君子以遏恶扬善，顺天休命[⑮]。

地中有山，谦。君子以裒多益寡，称物平施[⑯]。

雷出地奋，豫。先王以作乐崇德，殷荐之上帝，以配祖考[⑰]。

泽中有雷，随。君子以向晦入宴息[⑱]。

山下有风，蛊。君子以振民育德[19]。

泽上有地，临。君子以教思无穷，容保民无疆[20]。

风行地上，观。先王以省方观民设教[21]。

雷电，噬嗑。先王以明罚敕法[22]。

山下有火，贲。君子以明庶政，无敢折狱[23]。

山附于地，剥。上以厚下安宅[24]。

雷在地中，复。先王以是日闭关，商旅不行，后不省方[25]。

天下雷行，物与，无妄。先王以茂对时育万物[26]。

天在山中，大畜。君子以多识前言往行，以畜其德[27]。

山下有雷，颐。君子以慎言语，节饮食[28]。

泽灭木，大过。君子以独立不惧，遯世无闷[29]。

水洊至，习坎。君子以常德行，习教事[30]。

明两作，离。大人以继明照于四方[31]。

【注释】 ①《大象传》：属于《象传》的一部分，专门阐述六十四卦的卦象，古称《大象》，区别于阐述爻象的《象传》部分。原本《大象传》与《象传》结合，今为研究方便，独立成篇，仍依上下经分为上下两部分。 ②天行健，释乾卦卦象。 乾卦的卦象为乾（☰）上乾（☰）下。 乾为天，天即乾之象。乾性刚，主动，故乾之特性为“天行健”。天体运行，刚健有力，周而复始，永无止息；君子（道德高尚之人）观此象，当努力奋斗，自强不息。 ③坤为地，地即坤之象。坤性柔，主静。君子观此象，当柔顺居下，纯厚品德，承担重任。 载物：承受重物。 ④屯卦上坎（☵）下震（☳），坎为水，在天上为云，震为雷，故屯有云雷之象。 经纶：治乱丝，使之经纬分明。 君子观屯之象，当凝重如云，震迅如雷，治理乱世，使之秩序井然。 ⑤蒙卦上艮（☶）下坎（☵），艮为山，坎为水，故蒙卦象山下出泉。君于观此象，当果敢行动，如山之坚固；培育美德，如泉水长流。 ⑥需卦上坎（☵）下乾（☰），坎为水，为云，乾为天，云在天上，待时而为雨，故卦名需。需，待也。君子观此象，暂不可大有作为，宜饮食宴乐以待时而动。 ⑦讼卦上乾（☰）下坎（☵），乾为天，坎为水。天西转，水东流，上下违行。违行必讼。君子观之，当于作事之初，妥为谋划，以防争讼。 ⑧师卦上坤（☷）下坎（☵），坤为地，坎为水，故曰地中有水。水流不竭，象征众多，众即师。君子观此，平时养育（容）人民，战时则兵强士众。 ⑨比卦上坎（☵）下坤（☷），坎为水，坤为地、为土。地上有水，则水土交合，亲密无间，故为比。比，亲密也。先王观此象，当分封万国，亲抚诸侯，上下亲密，以安王业。 ⑩小畜，上巽（☴）下乾（☰），巽为风，乾为天，是风行天上。风煦万物，如甘霖普济，故称小畜。君子观此卦象，当日益完美（懿）自己的文章、道德，积蓄力量，以待大展雄图。 ⑪履，上乾（☰）下兑（☱），乾为天，兑为泽，是上天下泽，一上一下，一尊一卑，界限分明，严如执礼，故以履名卦。君子观此，当严辨（同辩）上下名分，以安定民心。

⑫泰，上坤（☷）下乾（☰），坤象阴，乾象阳，阴气下降，阳气上升，阴阳交合，化生万物，使万物通泰。人君（即后）观此象，当裁（同财）成天地之道，即掌握利用自然变化的规律；辅助（相）天地之宜，即辅助自然变化合乎时宜，从而治理（左右）百姓，使之安泰。

⑬否，上乾（☰）下坤（☷），阳在上，升而不降；阴在下，降而不升，故阴阳背离，不相交合，乃闭塞不通，故为否。君子观此象，当收敛（俭）自己的才德，避开乱世；不可享受荣华俸禄，免与小人合污同流。

⑭同人，上乾（☰）下离（☲），上天下火，本相异；天在上，火亦炎上，是天又与火同。称“天与火”，表明异中有同。君子观此象，当知万物虽异，各有其类，以类族的观点辨物，万物莫不分门别类，自有条理。以此观人，则有“同人”观念。正如《系辞》主张的“方以类聚，物以群分”。 ⑮大有，上离（☲）为火，为日。下乾（☰）为天，故称火在天上，即日在天上。红日高照，万物生长旺盛，故卦名大有。君子观此象以行事，当制止恶人恶事，彰扬善人善事，顺应天理，完美性命。

⑯谦，上坤（☷）下艮（☶），坤为地，艮为山，故称“地中有山”。地中有山，表明山已凌夷，卑下于地，乃谦退之象，故卦以“谦”名。君子仿此象以行政事，当取（裒）其多者，补（益）予少者，量（称）物

之多少，平均施之于人，使天下无不平。 ⑰豫，上震（☳）下坤（☷），震为雷，坤为地，雷在地上，故曰“雷出地奋（奋，动也）”。雷震地动，蛰居之物，无不舒畅，故以“豫”名卦。豫，和乐之貌。先王观此以行事，则表演乐舞，颂扬功德，以丰盛礼品祭祀上帝和陪祭（配）的先祖。 殷：丰盛。 荐：进奉。 ⑱随，上兑（☱）下震（☳），兑为泽，震为雷，故称“泽中有雷”。古人误认春雷出于地上，秋雷入于泽中，冬雷潜入地下，雷声随时变化，故名“随卦”。君子观雷入泽中之象，当日暮之时，及时休息。 向晦：日暮。 宴息：安息。 ⑲蛊，上艮（☶）下巽（☴），艮为山，巽为风，故称山下有风。狂风为山所阻，激荡回环，草木无不败坏，故称蛊。蛊：病、坏。君子观此象当知社会风气败坏，欲振奋民心，必先培育美德。 ⑳临，上坤（☷）下兑（☰），坤为地，兑为泽，故称泽上有地。泽水之上有小片陆地，水与土必亲密无间，故卦名“临”。君子依此卦象施政，当与民众亲密无间，教化、关心人民毫不中断，宽容、保护人民无有止境。 ㉑观，上巽（☴）下坤（☷），巽为风，坤为地，卦象风行地上。风行地上，吹拂万物；万物摇曳袒露，易为人所观察，故卦以“观”名。君子见风行地上之象，当亲自视察各方。观察民情疾苦，因民设教。 省方：巡察地方。 ㉒噬嗑，上离（☲）下震（☳），离为火，震为雷，故称电雷。雷电交加，声光并厉，若咬牙切齿之凶象，故以“噬嗑”名卦。噬嗑，厉齿咬物。君子观之，当修明刑罚，整敕法令，以严刑峻罚，惩治不良。 ㉓贲，上艮（☶）下离（☲），艮为山，离为火，卦象山下有火。山下有火，草木斑斓杂呈，故有贲象。贲，五采交错。君子观象悟理，当兴礼乐以修明庶政，不可据文饰之词折狱判刑。庶政：诸项政事。 折狱：判决讼狱。 ㉔剥，上艮（☶）下坤（☷），艮为山，坤为地，卦象山附于地。山附于地，必日渐陵夷崩剥，故卦以“剥”名。在上者（君主）观此象，当知君与民乃山与地的关系，以宽厚政策对待下民，才可使自己安居，免遭崩剥之祸。 ㉕复，下震（☳）上坤（☷），震为雷，坤为地，有“雷在地中”之象。卦象五阴在上，一阳居下，呈一阳来复之象，卦名“复”。古称“冬至一阳生”，以“至日”

(冬至之日）表“复”卦。先王观复卦之象，知阳气方生，有待静养。故当锁闭关卡，禁止商旅通行。君主（后）亦安居静养，不再省察四方。㉖无妄，上乾（☰）下震（☳），乾为天，震为雷，卦象天下雷行。雷行则物应，无物不然，故卦称“无妄”。先王见雷行天下之象，当勉力配合天时，助长万物发育，不可妄自作为。物与：万物应雷声而起。茂对：勉力配合。㉗大畜，上乾（☰）下艮（☶），乾为天，艮为山，故有“天在山中”之象。天在山中，俗称“洞天”，其空间大可容物，故卦名“大畜”。畜，同蓄。君子观此象，当虚怀若谷，多学前人的言论和经验，以培养自己的品德。多识：多学多记。往行：已往的实践经验。㉘颐，上艮（☶）下震（☳），艮为山，震为雷，故象山下有雷。颐卦卦象两阳爻中含四阴爻，横看如口中含齿，故名“颐”。颐，口颊也。君子之于口，一要慎言语，语不慎易遭祸；二要节饮食，食不节必伤身。因祸从口出，病从口入。㉙大过，上兑（☱）下巽（☴），兑为泽，巽为风，为木。木在泽水下，故为“泽灭木（船）”。舟沉人亡，是为“大过”。君子观此象，面对大过危局，可取两种态度，一独立不惧，见危不屈；一遁世无闷，避世隐居，待时再起，此乃大过人者。遁世：逃避现实。无闷：不悔。㉚坎，卦象二坎（☵）相重，坎为水，二水相推，为“水洊至”。洊，再也。一水未停，一水又至，君子观之，当德行常新，教事常习，不可停滞不前。“德行”，指道德行为，“教事”，指礼乐教化。习坎：“习”字衍。㉛离，卦象二离（☲）相重，离为火，为日，二离并起，故“明两作”。“明”指火、日之光亮。大人观此象以行事，当以其光明美德继续普照四方。

【评析】 上经《大象传》三十节，显示了三大特点。

一、用八卦的基本卦象，如乾为天，坤为地等，解释六十四别卦的卦象，如比卦象“地上有水”，蒙卦象“山下出泉”等，以《说卦传》为据，简明易懂，较少牵强。但以卦象反释卦名之由来，则有不少牵强附会之词，如“地中有水”则称“师”，“上天下泽”则为“履”等。说明古人释卦象与卦名，多主观随意性，有其不足为法之处。

二、《大象传》的基本指导思想是“观象悟理”，即以卦象为出发点，观其上体与下体的物象关系，从中得到某种启发，领悟出政治、社会、伦理、个人修养等方面的一般原理，作为施政、处世、言行的基本准则。“观象悟理”和“观象制器”，是两种指导思想，其共同之点在于发展形象思维方法，以卦象中展示的事物形象关系为契机，触类旁通，发展理性思维。其中有不少合理思想的颗粒，如观乾象而主张“天行健，君子以自强不息”，观坤象而主张“地势坤，君子以厚德载物”，观否象知“天地不交”，而主张“君子以俭德避难，不可荣以禄”等。但也有不合理之词，理与象的联系十分牵强、费解。如观“天与火，同人。君子以类族辨物”；“上天下泽，履。君子以辨上下，定民志”；“山下有风，蛊。君子以振民育德”等。

三、上经《大象传》三十节，所阐述的政治、社会、伦理思想，按其思想性质来说，着重反映了封建地主阶级的世界观，是从维护封建统治者的利益出发的，宣扬的是封建专制主义，等级压迫思想，如主张“辨上下，定民志”（《履》），“建万国、亲诸侯”（《比》），“容民畜众”（《师》），“明罚敕法”（《噬嗑》）等。其中有些思想，是对封建统治经验的合理总结，具有借鉴意义，值得批判地继承，如“君子以自强不息”（《乾》），成为世代相传的格言古训；“裒多益寡，称物平施”（《谦》），成为劳动人民的理想；“先王以省方，观民设教”（《观》）足以作为历代统治者施政的准则。“慎言语，节饮食”（《颐》），是人们日常生活中应当遵守的信条；“独立不惧，遯世无闷”（《大过》），是人们处于逆境时应具有的高尚情操，这些都是值得记取的。

（下）

山上有泽，咸。君子以虚受人[①]。

雷风，恒。君子以立不易方[②]。

天下有山，遁。君子以远小人，不恶而严[③]。

雷在天上，大壮。君子以非礼弗履[④]。

明出地上，晋。君子以自昭明德[⑤]。

明入地中，明夷。君子以莅众，用晦而明[⑥]。

风自火出，家人。君子以言有物，而行有恒[7]。
上火下泽，睽。君子以同而异[8]。
山上有水，蹇。君子以反身修德[9]。
雷雨作，解。君子以赦过宥罪[10]。
山下有泽，损。君子以惩忿窒欲[11]。
风雷，益。君子以见善则迁，有过则改[12]。
泽上于天，夬。君子以施禄及下，居德则忌[13]。
天下有风，姤。后以施命诰四方[14]。
泽上于地，萃。君子以除戎器，戒不虞[15]。
地中生木，升。君子以顺德，积小以高大[16]。
泽无水，困。君子以致命遂志[17]。
木上有水，井。君子以劳民劝相[18]。
泽中有火，革。君子以制历明时[19]。
木上有火，鼎。君子以正位凝命[20]。
洊雷，震。君子以恐惧修省[21]。
兼山，艮。君子以思不出其位[22]。
山上有木，渐。君子以居贤德善俗[23]。
泽上有雷，归妹。君子以永终知敝[24]。
雷电皆至，丰。君子以折狱致刑[25]。
山上有火，旅。君子以明慎用刑，而不留狱[26]。
随风，巽。君子以申命用事[27]。
丽泽，兑。君子以朋友讲习[28]。
风行水上，涣。先王以享于帝，立庙[29]。
泽上有水，节。君子以制数度，议德行[30]。
泽上有风，中孚。君子以议狱缓死[31]。
山上有雷，小过。君子以行过乎恭，丧过乎哀，用过乎俭[32]。

水在火上，既济。君子以思患而豫防之㉝。

火在水上，未济。君子以慎辨物居方㉞。

【注释】 ①咸，上兑（☱）下艮（☶），兑为泽，艮为山，故象山顶有泽。泽水下润于山，山气上凝于泽，有“山泽通气”交感之象，故卦名“咸”。咸，感也。君子观山泽交感之象，当以谦虚态度接受别人意见，乃可交流感情。 ②恒，上震（☳）下巽（☴），震为雷，巽为风，故卦象雷风。上有雷电，下必有狂风，是恒常现象，故卦名“恒”。君子见此象，虽处于风雷突变的世道，亦当坚立不变的原则。 不易：不变。 方：道，原则。 ③遁，上乾（☰）下艮（☶），乾为天，艮为山，卦象为天下有山。山虽高不可攀，天总是远离而不与相亲。天有遁退之象，故卦名遁。君子观此象，当疏远小人，但不可使之厌恶，只可示以威严，使其敬而远之。 ④大壮，上震（☳）下乾（☰），震为雷，乾为天，有雷在天上之象。雷震于天，声威俱壮，故卦名“大壮”。在封建社会，大壮者无过于天子淫威。君子观此象，当勿触其淫威，只可不作非礼之事。履：行也。 ⑤晋，上离（☲）下坤（☷），离为日，坤为地，有日出地上之象。日出地上，冉冉上升，故卦名“晋”。晋，升也。君子观此象，当自爱自珍，如日东升，显扬自己的美德。 昭：显耀。 明德：美德。 ⑥明夷，上坤（☷）下离（☲），坤为地，离为日，有日入地中之象。日入地中，表明太阳的光辉已藏而不显，故卦称明夷。君子见此象，治理民众即使明察秋毫，也不可锋芒外露。 莅众：治理民众。 用晦：晦藏不露。 ⑦家人，上巽（☴）下离（☲），巽为风，离为火，有风自火出，炊烟之象。在小农社会，炊烟所在，必有人家，故卦名家人。君子以家人态度处世，言必有实，行必有常。反对花言巧语，出尔反尔。 ⑧睽，上离（☲）下兑（☱），离为火，兑为泽，有“上火下泽”之象。火自上，水（泽）自下，二者相背离，故为睽。睽，乖离也。火与水均有生物之功，君子观火泽之象，当思万物虽异，莫不存在异中之同。 同而异：既同且异。 ⑨蹇，上坎（☵）下艮（☶），坎为水，艮为山，呈“山上有水”之象。山上有水，水之下流必遭阻难，故卦以蹇名。蹇，难也。君子当蹇难之时，须反躬自省，进修道德，乃可化险为夷。 ⑩解，上震（☳）下坎（☵），震为雷，坎为水，呈“雷雨作”之象。雷雨至，或坚冰解冻，或旱象缓解，故卦以“解”名。君子观雷雨之象以决刑狱，当赦免有过者，宽恕有罪者，使阶级矛盾有所缓解。 宥：宽恕。 ⑪损，上艮（☶）下兑（☱），艮为山，兑为泽，呈“山下有泽”之象。山下有泽，则山将日益浸蚀，泽将日益壅塞，二者均损，故卦名“损”。君子观此象以养生，当损其情欲，一要止怒，二要节欲，否则生命日损。 惩忿：抑制忿怒。 窒欲：窒息贪欲。 ⑫益，上巽（☴）下震（☳），巽为风，震为雷，呈“风雷”激荡之象。风烈则雷声益大，雷激则风势益猛，二者相增益，故卦名“益”。君子观风雷相益之象以修身，见人有善德则虚心学习，自己有过错则决心改正，道德将日益完善。 ⑬夬，上兑（☱）下乾（☰），兑为泽，乾为天，呈“泽上于天”之象。泽在天上，水盈泽必溃决，故卦名夬。夬，决也。君子见水盈而泽决之象，当知积财益多必招祸，应将利禄恩泽施予下位，若吝惜不施，必遭忌恨。居德：吝而不施其德。 ⑭姤，上乾（☰）下巽（☴），乾为天，巽为风，呈“天下有风”之象。天下有风，万物莫不遇之。故卦名“姤”。姤，遇也。人君（后）观姤之象，当使政令如风，遍告四方，万民莫不知晓。施命，实施政策法令。 诰：同告。 ⑮萃，上兑（☱）下坤（☷），兑为泽，坤为地，有“泽上于地”之象。泽水高于地，必聚土筑堤以防溃决，故卦名“萃”。萃，聚也。君子观萃土固泽堤之象，当聚集戎器（兵器），加以修理，以防意外（动乱）。 除：修治。 不虞：未预料，意外。 ⑯升，上坤（☷）下巽（☴），坤为地，巽为风，为木。呈“地中生木”之象。木生日益升高，故卦名“升”。君子观木日升之象，当顺应事物生长的特性，听其自然，逐渐积小以成高大之才，不可揠苗助长，欲速不达。 ⑰困，上兑（☱）下坎（☵），兑为泽，坎为水，呈泽下出水之象。泽底出水，泽必涸。“泽无水”乃困涸之象，故卦名困。君子观困涸之象，当于危困之时，临危授命，忍辱负重，以实现自己的理想抱负。致命：授命，豁出性命。 遂志：实现志向。 ⑱井，上坎（☵）下巽（☴），坎为水，巽为木，呈“木上有水”之象。木，指桔槔。木上升则有水，像桔槔从井中提水，故卦名“井”。君子观此提井水以养人之象，不只应使民勤劳，更应劝其相互帮助。相：帮助。⑲革：上兑（☱）下离（☲），兑为泽，离为火，呈“泽中有火”之象。沼泽枯涸，泽中水草干枯，以至于焚烧有火，是沼泽的巨大变革，故卦名“革”。君子观革卦之象，当朝代变革之际，认真修订历法，颁布于人民，使知朝代变革。（按，古代改朝换代，必重颁历法。）⑳鼎，上离（☲）下巽（☴），离为火，巽为木，象“木上有火”。卦象初六为鼎足，九二、九三、九四象鼎腹，六五象鼎耳，上九象鼎铉，故卦名“鼎”。鼎为传国重宝，象征国君重位。君子观鼎之象，当端重所居之宝位，固守所受之天命。凝：凝固，固守。㉑震，上下体皆震（☳），震为雷，二震重叠，故称“洊雷”。洊，重也。一雷将尽，二雷又至，震荡不已。君子观此象，当时存恐惧戒慎之心，不断修身反省，无时稍息。㉒艮，上下体皆艮（☶），艮为山，呈两山并立（兼山）之象。二山并立，各居其所而不相通。君子观其象，当思考问题时，不可超越自已所居之职位，妄自干预他人之事。㉓渐，上巽（☴）下艮（☶），巽为木，艮为山，象“山上有木”。山上之木，日长夜大，渐渐生长，故卦名“渐”。君子观此象，当不断积累贤德，改善风俗。居：积累。㉔归妹，上震（☳）下兑（☱），震为雷，兑为泽，象“泽上有雷”。古人谓冬天寒冷，雷入泽中，春天暖和，雷出泽上。雷出泽上，是阴气感阳，故宜“归妹”。归妹，少女出嫁。君子于归妹之事，一求白头偕老，佳偶永终，二防夫妻反目，不合多敝。敝：同弊。㉕丰，上震（☳）下离（☲），震为雷，离为火，为电，呈“雷电皆至”之象。雷鸣电闪，声光极盛，故卦以“丰”名。丰，盛也。君子观雷声之象，效电之明以察实判案，法雷之威以执刑惩凶。折狱：判决讼狱。致刑：执行刑罚。㉖旅，上离（☲）下艮（☶），离为火，艮为山，象征山上有火。野火在山，蔓延迅速，绝无居留，故卦以“旅”名。君子观此卦象，用刑明细慎重，稳妥如山；决狱果断而不滞留，迅若扑火。留狱：对讼狱拖延不决。㉗巽，上下体皆巽（☴），巽为风，象风与风相随，物随风而动，故卦名“随”。君子观此象以行事，三令五申于行事之先，雷厉风行于申令之后，民则随令而行，勿敢迟延。 申命：申明命令。 ㉘兑，上下体皆兑（☱），兑为泽，有“丽泽”之象。丽，相连。二泽相连，则相互调济。君子观此象，知朋友讲习，有相互补益之效，不致孤陋寡闻，
㉙涣，上巽（☴）下坎（☵），巽为风，坎为水，象“风行水上”。风吹于水上，则水上浮泛之物，无不随波涣散，故卦以“涣”名。先王观水涣之象，则祭祀上帝，建立宗庙，宣扬先祖功德，增加宗室凝聚力，防止民心涣散。 ㉚节，上坎（☵）下兑（☱），坎为水，兑为泽，象“泽上有水”。水在泽上流，是盈溢之患，必加节制，故卦名“节”。君子观节制泽水之象，为制定礼仪制度以节制贵贱，评议道德行为以规范善德，务使贵贱有节，不致越出轨范。 数度：数目和长短度量，引申为节制尊卑的礼仪、规范。 ㉛中孚，上巽（☴）下兑（☱），巽为风，兑为泽，象“泽上有风”。风吹泽水，狂风起狂澜，微风起微波，诚信无差，是“中孚”之意。中孚，信也。君子观此象以折狱，则当决狱之先，周详审议；若决死刑，缓死复审，务求信实，使受刑者诚心伏罪。若罚不当罪，必难服众。 ㉜小过，上震（☳）下艮（☶），震为雷，艮为山，象“山上有雷”。山上响雷，山谷回响，其响声稍为过于正常，故卦名“小过”。君子观小过之象，当知有的小过并不为过的意义，行为少许恭谨过人，居丧少许悲哀过人，费用少许节俭过人，虽为小过，反可获得人们的称赞。 ㉝既济，上坎（☵）下离（☲），坎为水，离为火，象“水在火上”。以水灭火，火必熄；以火煮水中之物，物必熟，故为“既济”之象。既济，渡河已完成，引申为成功。君子观“水在火上”之象，当思有两种坏的可能性，水大于火则火被扑灭，火大于水则水被烧干，当知其祸患而预防之，乃可达到既济的目的。 ㉞未济，上离（☲）下坎（☵），离为火，坎为水，呈“火在水上”之象。火性炎上，水性润下，水火背道而驰，不相交感，未能济物，故卦名“未济”。未济，意味着事物未获成功。君子观此象，当思前途多阻，应审慎地分辨事物的特性及其所居的位置，采取妥善措施加以引导，争取好的前途。方：方所，位置。

【评析】 下经《大象传》三十四节，按其基本内容，大致论及如下诸

方面：

一、要求封建统治者以身作则，建立并施行正确的政治原则和政治制度，以维护封建统治。要“正位凝命”（《鼎》），“制历明时”（《革》），“施命诰四方”（《姤》），使人民有所遵循。要“制数度，议德行”（《节》），建立节制社会等级的标准，还要有“施禄及下”（《夬》）、“用晦而明”（《明夷》）的统治手段，争取人心，安定政局。

二、阶级斗争不能不使用刑罚，要求统治者一定要慎重用刑，要在用刑过程中采取宽大政策。主张“折狱致刑”（《丰》），但需“慎用刑，不留狱”（《旅》），要考虑“赦过宥罪”（《解》）以缓和阶级矛盾，甚至执行“议狱，缓死”（《中孚》）的审慎措施，以防滥施刑罚而激化矛盾。

三、要树立良好的社会风气，注意社会治安问题，保障人民的安定生活。主张“居贤德，善俗”（《渐》），提倡“劳民，劝相”（《井》），勤劳生产，相互扶持；要“除戎器，戒不虞”（《萃》），“思患而豫防之”（《既济》）；倡导“行过乎恭，丧过乎哀，用过乎俭”（《小过》），以保持恭敬有礼，朴实节俭的社会风气。

四、下经《大象传》用更多篇幅论述个人修身处世原则，认为加强封建统治者的道德修养，是治理社会，改变社会风气的重要途径。主张“反身修德”（《蹇》），“惩忿窒欲”（《损》），“非礼弗履”（《大壮》），提倡“见善则迁，有过则改”（《益》），要求“远小人”（《遯》），“以虚受人”（《咸》），认为做一个正人君子，必须“自昭明德”（《晋》），“立不易方”（《恒》），要做到“言有物，行有恒”（《家人》）。

系辞上传

【释名】

《系辞》约形成于战国中期至晚期，分上、下传，是对《易经》的通论。《易经》本为西周、春秋时期流行的占筮之书，其结构特殊，迥异于《诗》、《书》，有文字（卦爻辞），又有符号（卦画），二者自成系统而又密不可分。《杂卦》、《说卦》、《序卦》、《文言》、《彖》、《象》诸传各自从不同侧面对之进行了阐明与发挥。《系辞》则不仅保留了以上诸传所论之长，而且站在当时人类对宇宙认识的最高水准之上，以高屋建瓴之势，畅论了天、地、人三材之道。《系辞》既从分析的角度上牢牢把握了宇宙的基本规律——阴阳对立统一法则；又从综合的意义上阐叙了天、地、人三材的统一性，广泛探讨了客观世界运动、变化、发展的内在根据。

《系辞》把《易经》当作是可以“与天地准，故能弥纶天地之道”的宇宙模型，并对这个模型的结构特征及其深刻的象征意蕴，进行了充分的扩展与发挥。《系辞》在阐发《易经》宇宙模型的过程中，广泛吸取了先秦哲学与自然科学发展的成果，同时也提出了很多新的哲学范畴与命题，形成了一整套较为完整的哲学范畴系统，奠定了中国古代哲学的基石。《系辞》以太极演化论作为一条主线，将宇宙演化过程划分为太极（浑沦为一之元气）、两仪（阴阳、乾坤、天地）、四象（春、夏、秋、冬，少阳、老阳、少阴、老阴）、八卦（万物）四个阶段。在太极阶段，阴阳未分，元气絪缊浑沦为一。絪缊促成太极解体，分而为阴阳、天地，在《易》以乾坤模拟之。阴阳有交感、阖辟、动静，于是有生化、生生，相遇相推，四象因之而成。四象有逆向之变与顺向之通，变通以成万物。八卦模拟万物，重而为六十四，以象万物错综复杂的关系。推而广之，这个太极演化的四阶段论可以概括一切事物生长演化的一般过程，故后世学者有云：人人一太极，事事一太极。在这条主线的基础上，《系辞》又作出许多辅助线，以说明宇宙观与方法论的一般原理。如在对客观事物的描述上，提出形、象、体、物、器等相近而有别的概念；又有类、刚柔、象数、久大、易等概念，说明事物之间种类、性质、数量、时空、变易等关系。在探讨事物运动的内在原因上，提出了道与器、神与化等范畴，探讨了决定事物运动及其轨迹的内在作用力。在认识论上，《系辞》提出了仰观俯察、体（悟）、言行、象（拟）、易简、言象意、化裁、推行等范畴，以及知几、知来、知神等以前民用的预测理论。《系辞》的哲学体系，远非古希腊罗马哲学所能比拟，不仅就其哲学体系的成熟程度说是如此，而且就其所包容的科学知识来说亦是如此。当然，由于历史与时代的局限，《系辞》的哲学仍然是一种朴素形态的哲学，是一种成熟了的朴素哲学。正因为如此，我们不能说，人类今天所获得的各种科学成就，《周易》早就有了。更何况其中尚有不少糟粕，应当谨慎地一一加以剔除。

《系辞》在汉代被称为《易大传》。马王堆出土的帛书《系辞》已分为上下篇，篇首顶端以黑色方块为记。今本《系辞》之文字顺序依晋人韩康伯所注《系辞》为准，韩本未分章节，从文义看错简漏文甚为严重，有待帛书《系辞》公布后重加整理。汉代诸《易》学大家，对《系辞》上、下传之分章，并无一成不变之格。《正义》云："周氏云：天尊地卑为第一章，圣人设卦观象为第二章，彖者言乎象者为第三章，精气为物为第四章，显诸仁藏诸用为第五章，圣人有以见天下之赜为第六章，初六籍用白茅为第七章，大衍之数为第八章，子曰知变化之道为第九章，天一地二为第十章，是故易有太极为第十一章，子曰书不尽言为第十二章。马季长、荀爽、姚信等，又分白茅章后，取负且乘更为别章，成十三章。……虞翻分为十一章。"此上传分章情况。下传分章，亦是"诸儒不同。刘瓛为十二章，……周氏庄氏并为九章"。唐人孔颖达著《周易正义》，《系辞》用韩注，并依韩本文字顺序，从周氏《系辞》注分章，得上传十二章，下传九章。南宋朱熹著《周易本义》，分上传为十二章，下传为十二章，对明显错简有一处更动。今人高亨著《周易大传今注》，分上传为十三章，下传为十二章。本书基本以韩注本文字顺序为依据，对明显错简略有更动。得上传九章，下传六章，非刻意求“用九”、“用六”之意，因其自然而已矣。分章参照《正义》与《本义》，分段参照来知德《易经集注》。

天尊地卑，乾坤定矣①。卑高以陈，贵贱位矣②。动静有常，刚柔断矣③。方以类聚，物以群分，吉凶生矣④。在天成象，在地成形，变化见矣⑤。

【注释】 ①尊：高也。 卑：同埤，下也。 乾卦象征天，坤卦象征地，两卦的位置依天高地下而得以确定。详见伏羲八卦方位。 ②陈：列也。 位：位置、地位也。位在此处作动词用，指尊卑贵贱位置的确立。 ③常：指规律性。 断：分判也。 刚柔：事物之特性。《杂卦》：“乾刚坤柔。”又《系辞》上第二章：“刚柔者，昼夜之象也。” ④方：高亨《周易大传今注》：“方当作人，篆文人作入，方作[illegible]，形似而误。”类：种类。 类聚：同类相聚。群：群体。 群分：以群相分。 ⑤象：可见，可供模拟，但未必能够触知。 形：有体可见，可供模拟，亦可被触知。 韩注云：“象，况日月星辰；形，况山川草木也。悬象运转，以成昏明；山泽通气，而云行雨施，故变化见矣。”《本义》云：“象者，日月星辰之属；形者，山川动植之属。”《系辞·上》自释云：“见乃谓之象，形乃谓之器。”

是故刚柔相摩，八卦相荡①；鼓之以雷霆，润之以风雨；日月运行，一寒一暑；乾道成男，坤道成女②。乾知大始，坤作成物③。

【注释】 ①刚柔相摩：刚为乾☰，柔为坤☷，相摩即交感，乾坤两卦相感则生六子。如初爻交感则生巽☴、震☳，中爻交感则生离☲、坎☵，上爻交感则生兑☱、艮☶。八卦相荡：八经卦两两相推而重为六十四卦。相荡指八经卦之间以卦为单位的整体推移与相互搭配，即经卦相重而为别卦。②雷霆，震卦象之；风雨，巽卦象之；日，离卦象之；月，坎卦象之。乾道成男者为艮，坤道成女者为兑。《说卦》：震“为雷”，巽“为风”，坎“为月”，离“为日”。“艮三索而得男，故谓之少男；兑三索而得女，故谓之少女”。③知：主也，为也。大始：指万物之始生也。乾的作用在于促成万物之发生，坤的作用在于确保万物以长成。

乾以易知，坤以简能①。易则易知，简则易从②。易知则有亲，易从则有功③。有亲则可久，有功则可大④。可久则贤人之德，可大则贤人之业⑤。易简而天下之理得矣。天下之理得，而成位乎其中矣⑥。

【注释】 ①“乾以易知”之“知”，即“乾知大始”之“知”，主持与作为也。“坤以简能”之“能”，同于“坤作成物”之“作”。易：容易之易，不难也。简：简约之简，不繁也。韩注云：“天地之道，不为而善始，不劳而善成，故曰易简。”②“易则易知”之“知”，犹知晓、认识。乾知大始，自然实现，故容易认识；坤作成物，也是自然完成，故容易顺从。③容易认识，则从者众，故曰“有亲”。容易顺从，则事有成，故曰“有功”。④亲者众则事业长久，功业著则受益面广大。久：指时间。大：指空间。⑤德：品德。可久：谓可以持之以恒。可大：谓可以推而广大。⑥成位：谓成乎人之位。其中：指天地之中。

【评析】 以上三段为第一章。

《系辞》作者的睿智并不仅仅体现在人们所称道的乾坤哲学或阴阳哲学上。事实上，阴阳之论在当时已经是一种十分流行的时代思潮。《庄子·天下篇》所谓“《易》以道阴阳”，并非说只有《易》在论叙阴阳哲学，而是说在众多的谈论阴阳哲学的学派和著述中，惟有《易》论叙得最为形象、系统和周密。《易》之所以能达到这一成就，不只是依靠对前人或同时代思想家的思想进行集大成的总结，尤为重要的是《易》自身创造的一整套符号系统，为此提供了独一无二的充分条件。

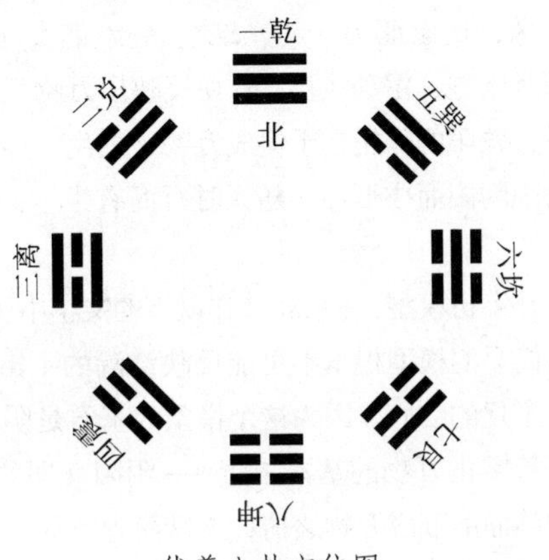

伏羲八卦方位图

《易》的符号系统的基础是阳爻⚊与阴爻⚋。这两种性质不同的爻画的互相组合，可以形成八个形态不同的三画卦：☰乾、☷坤、☳震、☴巽、☵坎、☲离、☶艮、☱兑。这八个三画卦便是通常所说的八经卦。《系辞》作者一开篇便抓住由阴阳两种爻组成的八个经卦，并以此构造成一个简易的模型。在此之前，《说卦》有云：“天地定位，山泽通气，雷风相薄，水火相射。”宋代流行起来的《伏羲八卦方位》大约据此而来。《说卦》这段话从文字上看，叙说的是自然界的几种主要事物之间的两两关系。而《系辞》则将这八个经卦所象征的事物组成为一个反映宇宙运动变化的动态模型。从空间上说，天尊处上，地卑居下，《易》以乾坤两卦模拟天地，故伏羲八卦方位图中，乾坤定位于上下。离坎模拟日、月，分居左右。“刚柔者，昼夜之象也”（语在下章）。昼夜更替皆有常度，故云“动静有常，刚柔断矣”。东汉末年魏伯阳所著《周易参同契》，开篇即云：“乾坤者，《易》之门户，众卦之父母。坎离匡郭，运毂正轴。”又云：“天地者，乾坤之象也；设位者，列阴阳配合之位也，《易》谓坎离。坎离者，乾坤二用。”敏锐地看出乾坤坎离四卦在模型中标示的空间构架。这四卦将宇宙模拟为一个风箱（“牝牡四卦，以为橐籥”）其一阖一辟，“犹工御者，准绳墨，执衔辔，正规矩，随轨辙”。有常度可寻，故人可依之制定历法。有人认为《契》为《易》之别派，然由此看来，则《契》得《易》之精髓矣。八卦宇宙模型的空间构架确定之后，需要继续解决的问题是对宇宙万物生长变化的模拟。《系辞》以震象征雷，巽象征风，艮象征男（牝、雄）、兑象征女（牡、雌）。日月运行，昼夜相推，云行雨施，雷动风行，这便反映出万物生长变化的背景与条件。从内在因素看，乾阳的作用在于促成万物之发生，坤阴的作用在于保证万物之长成，万物因阴阳而成形器，随天时行而有生、长、壮、老、已的变化过程。

这个简易的八卦宇宙模型，《系辞》在以下的文字中还有许多具体说明。人们或许以为这样简易的模型根本不可能反映浩瀚的宇宙面貌，然《系辞》作者对此却充满了十足的信心。因为这个模型的基石是阴阳两种爻画，而这两种爻画正好象征着宇宙万物的基本矛盾——阴阳（即乾坤）的对立统一。乾以易为特征，善施而能顺应万物之情；坤以简为特征，顺受而能成就天下之事。天地之间一切高深莫测的道理实际上无不寓于这一简易的事实之中，即所谓“易简而天下之理得矣”。人成位于天地之间，找到了这一简易的途径，无异于把握到通向宇宙奥秘之门的钥匙。

圣人设卦观象[①]，系辞焉而明吉凶［悔吝］[②]，刚柔相推而生变化[③]。是故吉凶者，失得之象也；悔吝者，忧虞之象也[④]；变化者，进退之象也；刚柔者，昼夜之象也。六爻之动，三极之道也[⑤]。是故君子所居而安者，《易》之序也；所乐而玩者，爻之辞也[⑥]。是故君子居则观其象而玩其辞，动则观其变而玩其占。是以自天祐之，吉无不利。

【注释】 ①设卦观象：指圣人构设卦画之时，仰观俯察，广泛摄取物象，然后画而成卦。 ②系辞：指给每卦和每爻系之以辞（即卦辞与爻辞），以断吉凶悔吝。 “明吉凶”下诸本无“悔吝”。《释文》云：“虞本更有悔吝二字。”此说与下文文义相合，据补。 ③刚柔相推：指刚柔两种爻性之间的进退、升降、推移等现象。《易》以此象征阴阳结构或力量对比的变动引起事物性质的变化。 ④吉凶、悔吝：《易》之判辞，预言人事之结果。吉凶相对，悔吝居中。悔，后思有误而显忧愁之象；吝，不以小误为意，仍然乐而忘忧之象。故《周易本义》云："悔，自凶而趋吉；吝，自吉而趋凶也。" 虞：乐也。 ⑤三极：天、地、人三才也。 ⑥《易》之序：在卦体中，六爻自下而上，有初、二、三、四、五、上之序；在八经卦有伏羲先天次序与文王后天次序；在六十四别卦，有《杂卦》卦序、《序卦》卦序、长沙马王堆出土的帛书卦序，后世更有汉代的京房卦序、宋代邵雍的先天卦序等等。所谓《易》之序，理应有爻之序、八经卦之序、六十四别卦之序，但据文意连贯理解，此处主要当指后天八卦之序，取君子所居而安者，贯在与时偕行而已。 玩：研究也。《释文》："玩，五乱反，研玩也。马云贪也。郑作翫。"《周易本义》："玩者，观之详也。"

彖者，言乎象者也；爻者，言乎变者也[①]。吉凶者，言乎其失得也；悔吝者，言乎其小疵也；无咎者，善补过也。是故列贵贱者存乎位[②]，齐小大者存乎卦[③]，辨吉凶者存乎辞，忧悔吝者存乎介[④]，震无咎者存乎悔[⑤]。是故卦有小大，辞有险易。辞也者，各指其所之[⑥]。

【注释】 ①彖者，此处指卦辞；爻者，此处指爻辞。卦辞总叙该卦之义，爻辞分叙该爻在卦中的变动趋势。故彖与爻的关系，彖为整体，爻为局部；彖为静，爻为动；彖为体，爻为用；彖为经，爻为权等等。②位：指爻在卦体中之位置。一般意义上说，爻位愈高，其位愈贵；爻位愈低，其位愈贱。《正义》所谓"六爻之位，皆上贵而下贱也"，即就此一般意义而言。又《易》卦分上下体，上体为贵，下体为贱。《易》尚中，第五爻居上体之中，故第五爻为君位，六爻之中位置最尊者也。③齐：等也。 小者：阴也。 大者：阳也，《易》六十四卦，阴卦阳卦各三十二，齐等也；三百八十四爻，阴爻阳爻各一百九十有二，亦齐等也。 ④介：纤细也。《参同契》云："纤介不正，悔吝为贼。" ⑤震：

惊也。 不因无咎而心安理得，反而因之有所震惊，其表现则在于内心有所悔悟。 ⑥之：往也，向也。 来知德《易注》：“卦与辞虽有大小、险易之不同，然皆各指于所往之地，如吉凶则趋之避之，如悔吝则忧乎其介，如无咎存乎悔也。”

【评析】 以上两段为第二章。《本义》分两章，即前段为第二章，后段为第三章。《正义》前段为第二章，后段至下文“故知死生之说”为第三章。今据文义将《本义》之第二章与第三章合为一章。

《易》之作，前提在于观察天地万物之象，然后效法之以为卦象，系以卦爻之辞，统以天地人三才之道，示以吉凶悔吝之理，明以刚柔动静变化之故。故学《易》者，既应详观其象，又应研玩其辞。人事的“吉凶”、“悔吝”因于得失，而得失生于动静。善补过者事无咎，惊无咎则事有成，忧悔吝而不遗漏纤介之疵，学《易》至此，则可谓“与时偕行”，“吉无不利”矣。子曰：“五十以学《易》，可以无大过矣。”(《论语·述而》)此之谓矣。《系辞》作者十分强调学《易》者应运用《易》理，充分发挥自身的能动作用，趋吉避凶，成就事业，但又常常错误地把客观辩证法的作用与天的意志混为一谈，将人们根据《易》理行事所取得的成功，说成是“自天祐之”的结果。《系辞》作者一再提及西周统治者“以德配天”的这一思想沉积，目的在于保留《易经》作为一部占筮之书的神学依据。

《易》与天地准，故能弥纶天地之道①。仰以观于天文，俯以察于地理，是故知幽明之故②。原始反终，故知死生之说③。精气为物，游魂为变，是故知鬼神之情状④。与天地相似，故不违⑤。知周乎万物而道济天下，故不过⑥。旁行而不流，乐天知命，故不忧⑦。安土敦乎仁，故能爱⑧。范围天地之化而不过⑨，曲成万物而不遗⑩，通乎昼夜之道而知⑪，故神无方而《易》无体⑫。

【注释】 ①准：《说文》：“准，平也。”京房训等，虞翻训同。《易》模拟天地惟肖惟妙，以致可与天地相等同。 弥纶：弥缝之弥，丝纶之纶。弥引申有遍及、包括、周备之义；纶引申有牵引选择、条理分明之义。 ②幽明：无形为幽，有形为明；夜为幽，昼为明等。幽明以视觉分，不可见者为幽，可见者为明。 故：缘故，所以然之理。 ③原：察也。 反：求也。 原察万物之始，故知其所以生；反求万物之终，故知其所以死。 ④精气：含生灵信息之气，亦即气之精者也。万物皆由阴阳二气交感而生。气之粗者生而为无生命之物；气之精者生而为有生命之物。 游魂：谓阳气游离于形体之外。 魂为阳，魄为阴，气聚则魂依于魄，气散则魄游离于魄。故“精气为物”指精气凝聚，有生命之物形成；“游魂为变”则指精气耗散，生命结束。鬼者：归也。 神者：伸也。 鬼神之情状：指气之聚散屈伸。 ⑤《易》既与天地自然规律相一致，故天地自然的运行变化与《易》理不相违背。《文言》“先天而天弗违”与此同义。 ⑥知：知识。 周：周遍。 道：《释文》引郑玄：“当作导。” 济：《尔雅·释诂》：“济，成也。”过：过失，差错。从知识覆盖面上看，《易》可以周遍万物；从作用上看，《易》可以疏导并济成天下之事而不会出现差错。 ⑦旁行：应变旁通之谓。 不流：不流于淫、不失其正也。 乐天：知天之化，乐而顺应之。 知命：前知命运的进程。 ⑧安土：静安于土，万物之性也。 敦：厚也，敦厚于仁，万物之情也。 朱熹《本义》：“盖仁者爱之理，爱者仁之用，故其相为表里如此。”⑨范：效法也。 围：匡郭也。 化：变化之轨迹也。 不过：不使过之也。 ⑩曲成：屈曲委细，成就万物。《正义》：“屈曲委细成就万物，而不有遗弃细小而不成也。” ⑪通：贯通也。 知：智也。 ⑫神：决定事物运动轨迹的内在根据。方：方向，方位。 体：形体也。 无方、无体者， 谓无定方、无定体也。

一阴一阳之谓道[①]。继之者善也[②]，成之者性也[③]。仁者见之谓之仁，知者见之谓之知[④]，百姓日用而不知，故君子之道鲜矣[⑤]。显诸仁，藏诸用[⑥]，鼓万物而不与圣人同忧[⑦]，盛德大业至矣哉！富有之谓大业，日新之谓盛德[⑧]。生生之谓易[⑨]。成象之谓乾，效法之谓坤[⑩]。极数知来之谓占[⑪]，通变之谓事[⑫]，阴阳不测之谓神[13]。

【注释】 ①一阴一阳：阴阳者，气也；一一者，阴阳迭运之貌也。道：对立之阴阳二气的动态统一。②继：接续不息之意。此处言天人相续之际，天降人受，人道承继天道而有自然之善。③人依天道而成就事业，正是人的本性。"成之"，以及上句"继之"和下文两处"见之"的"之"，皆指道。④见：现也，发现之现。知：智也。见仁见智者，各得道之一隅而未窥其全。⑤百姓：泛指庶民。日用不知：谓天天都在利用阴阳之道，但对道却毫无认识。君子之道：指对道的全面认识与把握。鲜：少也。⑥显：显现。藏：隐藏。诸："之于"合音。仁：指道的造化之功。用：指道造化万物的作用。⑦鼓万物：指道鼓动万物之生、长、壮、老、已。不与圣人同忧：谓道自然无为，不象圣人那样有济世利民之忧。《道德经》云："道法自然"，天地不仁，"以万物为刍狗"，此是也。⑧赞阴阳之道生育万物之德业极至无以加。横渠《易说》云："富有，广大不御之盛与！日新，悠久无疆之道与！富有者，大而无外也；日新者，久而无穷也。"⑨生生：阴阳之道化育万物，新陈代谢不已之貌。易：变易也。⑩成象：见第一章"在天成象"注，《易》以乾卦模拟之。效法：仿效也，地顺应天，承天而时行，《易》以坤卦模拟之。⑪极数：指穷尽蓍策之数的演算。知来：预知未来。占：指占筮吉凶的活动。⑫事物的顺向发展为通，逆向发展为变。如春至夏，气温渐升，为通；夏至秋，气温由升转降，为变；秋至冬，气温顺而继降，为通；冬至春，气温回升，为变。《易》以四象模拟之，少阳之老阳为通，老阳之少阴为变；少阴之老阴为通，老阴之少阳为变。事物之动，或顺或逆，故谓"通变之谓事"。下文有："变通配四时"，"通其变，遂定天下之文"，"变通莫大乎四时"，"化而裁之谓之变，推而行之谓之通"，"《易》穷则变，变则通，通则久"，皆此义也。⑬事物之运动变化，可测者，其有形可见之迹也；不可测者，其无形可见之神也。

夫《易》，广矣大矣：以言乎远则不御[1]，以言乎迩则静而正[2]，以言乎天地之间则备矣[3]。夫乾，其静也专，其动也直，是以大生焉[4]；夫坤，其静也翕，其动也辟，是以广生焉[5]。广大配天地，变通配四时，阴阳之义配日月，易简之善配至德[6]。

【注释】 ①御：《集解》引虞翻："御，止也。"《释文》：御，"禁止也"。 不御：《本义》："不御，言无尽。"来氏《易注》："不御者，无远不到而莫之止也。" ②迩：近也。 静而正：谓洁静而端正。《礼记·经解》："洁静精微，《易》教也。" ③备：具备、完备，此处为无所不有之意。 ④专：《释文》："专，陆（绩）作抟。"《说文》："抟，圜也。" 直：刚健之貌，《大象·乾》："天行健。" ⑤翕：闭也。 辟：开也。 ⑥配：相似也，吻合也。来氏《易注》："配，相似也，非配合也。"《易》模拟宇宙，以其乾坤广大之义与天地相似，变通之义与四时相似，阴阳之义与日月相似，易简之善与人之至德相似。至：极至也。 德：人之得，亦即智也。《横渠易说》："得天下之理之谓德。"

子曰："《易》，其至矣乎！夫《易》，圣人所以崇德而广业也[1]。知崇礼卑，崇效天，卑法地[2]。天地设位，而《易》行乎其中矣。成性存存，道义之门。"[3]

【注释】 ①崇德：高尚其智也。 崇：高也。 德：得也，人之智也。 广业：广大其事业。 业：见之于事也。 ②知：智也。 礼：礼节也。 智慧崇高以仿效天之高远，礼节卑谦以仿效地之卑下。 ③成性：成人之本性。 存存：存之又存。 积而扩充，以成智成礼。智者礼者，通向道义的门户。 道义：指用以修身的伦理规范。

【评析】 以上四段为第三章。《本义》将以上四段各立为一章，即分别为该书之第四章、第五章、第六章、第七章。《正义》"精气为物"至"故君子之道鲜矣"为第四章，"显诸仁"至"道义之门"为第五章。《本义》此处分章过细，但以章为段则文义完整。《正义》分章粗而略，但文义常有割裂。今据文义分立《本义》第四至七章各为一段，合四段而为一章。

此章论述《周易》宇宙动态模型的盛大富有以及这一模型能够成立的理

论依据。

《周易》宇宙动态模型，以天地为模拟对象，故可以与天地相齐准，普遍包含天地间一切事物运动变化的法则。从知识覆盖面上看，《易》于“幽明之故”、“死生之说”、“鬼神之情状”，几乎无一不知，即所谓“知周乎万物”，“以言乎远则不御，以言乎迩则静而正，以言乎天地之间则备矣”。从作用上看，《周易》模型可以“道（导）济天下”，“范围天地”、“曲成万物”、“通乎昼夜”；应用于人事，以智崇礼卑且成性存存而通人伦道义之门户，以其富有盛大，“所以崇德而广业也”。

《系辞》作者赞叹曰：“夫《易》，广矣大矣!”又引孔子之辞曰：“《易》，其至矣乎!”《周易》模型无所不包而又尽善尽美，赞叹之辞充盈于字里行间，其理论依据何在？

其一，《周易》宇宙模型的客观性。《系辞》作者认为，《周易》模型是圣人对天地自然界仰观俯察的感性积累与原始反终的理性推求的产物。《系辞》下第二章云：“古者包牺氏之王天下也，仰则观象于天，俯则观法于地，观鸟兽之文与地之宜，近取诸身，远取诸物，于是始作八卦，以通神明之德，以类万物之情。”《周易》以天地之构架，以万物之形象比类以为象，所以这个模型“与天地相似”，与“万物之情”相类，完全从真实的宇宙摄取而来。但《易》实际上并不是一部无所不包的百科全书，《易》所构造的宇宙动态模型也不可能仅仅停留在外形的相似。因此，对《周易》模型的富有广大，《系辞》作者又作出了进一步的理论说明。

其二，《周易》宇宙模型体现了宇宙运动变化的基本法则——“一阴一阳之谓道”。《系辞》对《易》道的论述大致有以下几点：一、道是阴阳二气的动态统一。阴阳者，二气也，为形而下之器。一阴一阳者，阴阳迭运，交相作用，对立面在运动中表现出统一性，这便是形而上之道。道是对立统一这一宇宙基本规律的动态表叙，故“一阴一阳之谓道”，而阴阳非道。《道德经》云：“万物负阴而抱阳，冲气以为和。”和者，阴阳二气互相作用之结果，即“二生三”之“三”，故“和”或“三”是实指，是形而下之器。道不可以与器分离，但道不是器。二、道具有造化万物的功能。《易》以乾象纯阳、坤象纯阴。“夫乾，其静也专，其动也直，是以大生焉；夫坤，其静也翕，其动也辟，是以广生焉”。大生、广生云者，仅就阴阳二气之性能而言；只有当二气相交感，道的造化之功才能成为现实。道“显诸仁”而“藏诸用”，“鼓万物而不与圣人同忧”，自然无为而造化万物，其“盛德大业”极至而无以加。道行于天地之间，无处不在，无时不有。圣人因其富有而能成就利民之大业，因其生生不已的造化之功而能促进事物日新月异地向前发展。《系辞》有见于道的普遍性及其在《易》中的地位与作用，以后各章中屡有伸叙，以纠见仁见智之偏与日用不知之蔽。

其三，《周易》宇宙模型揭示出决定事物运动轨迹的内在作用力——“阴阳不测之谓神”。下文曾引孔子之辞曰：“知变化之道者，其知神之所为乎！”神行乎事物运动变化的过程之中，决定着事物运动的具体轨迹，表现为必然性与偶然性的统一。神是阴阳对立统一的一种特定作用力，没有形迹可供取象与测量。为此，《易》考察了事物运动的各种轨迹，如往来、进退、升降、屈信、顺逆等等，并分析了这些轨迹中相推、相感、变通等诸种互相作用之情状。这些情状是可以模拟的，故《易》以“广大配天地，变通配四时，阴阳之义配日月，易简之善配至德”，以模拟事物的各种运动轨迹。神的作用广泛存在于事物的种种运动轨迹之中，但不受某一种运动轨迹的限定与制约，故“神无方而《易》无体”。

《系辞》“一阴一阳之谓道”、“阴阳不测之谓神”这两个命题，受到历代思想家的重视，并不断得到丰富与发展，成为中国传统哲学辩证思维的独特表达形式。这一表达形式，不仅试图用对立统一法则回答事物运动的内在动力，而且试图用这一法则说明事物运动的轨迹与方向。这样便给认识论提出了一个重要的任务与要求，即不满足于对事物已陈之迹的考察与认识，必须进而把握住事物的运动方向并对事物未来的运动轨迹作出准确的判断，否则不足以“前民之用”。因此认识必须“穷神”，“穷神”才能“知化”。

圣人有以见天下之赜①，而拟诸其形容②，象其物宜③，是故谓之象④。圣人有以见天下之动，而观其会通⑤，以行其典礼⑥，系辞焉以断其吉凶⑦，是故谓之爻⑧。言天下之至赜而不可恶也⑨，言天下之至动而不可乱也⑩。

【注释】 ①赜：杂也。《本义》：“赜，杂乱也。”来氏《易注》：

“赜，盖事物至多之象也。” ②拟：比拟也。 其：赜之代词。下句“其”字同此。 ③象：像也，动词，意为象征。 宜：相宜，合适或恰到好处之意。 ④象：像也，名词，模写与再现客观事物的符号，此处特指卦象，如《说卦》所谓“乾为天、为圜、为君”，“坤为地、为母、为布”之类是也。 ⑤会：聚也。 通：无阻碍处也。 ⑥行：推行，实行。 典礼：典章礼仪。 ⑦断：判断、推断、论断之断。 ⑧爻：卦的组成部分。《易》六十四卦，每卦由六爻组成，六十四卦共三百八十四爻。爻之组成有爻画、爻题、爻辞三个部分。作《易》者以爻在卦中上下、往来、升降、进退等位置的变动，仿效天下事物的运动变化。⑨至赜：复杂之极。 恶：厌也。 ⑩至动：动之极也。 不可乱：指爻仿效天下之动井然有条贯，虽至动而不紊乱。

拟之而后言[①]，议之而后动[②]，拟议以成其变化[③]。

【注释】 ①拟：观象也。 卦象是对客观事物的模拟，有事而找相类之卦象详观之，而后出言有据。 ②议：玩辞也。 研玩卦爻之辞，先事决疑，知趋吉避凶之理，而后行动必有所利。 ③成：促成也。拟之议之而后使自己的言行符合《易》理，从而促成事物向好的方向变化。往下凡举《易》八爻之例，以论拟议之事。

“鸣鹤在阴，其子和之。我有好爵，与尔靡之[①]。”子曰：“君子居其室，出其言善，则千里之外应之，况其迩者乎；居其室，出其言不善，则千里之外违之，况其迩者乎。言出乎身，加乎民；行发乎迩，见乎远。言行，君子之枢机[②]。枢机之发，荣辱之主也[③]。言行，君子之所以动天地也，可不慎乎！”

【注释】 ①此举中孚九二爻辞，注详该卦。 ②枢：户枢也，一云门臼。 机：弩牙也，犹今枪械之扳机。 ③主：关键，决定性之因素。 枢机决定着门户与弩弓之动静，言行决定着君子之动静。

“同人先号咷而后笑。”[①]子曰：“君子之道，或出或处，或默或语。二人同心，其利断金[②]。同心之言，其臭如兰。”[③]

【注释】 ①此举同人九五爻辞，注详该卦。 ②利：锋利也。断：斩断、切断也。 金：金属制成之物。 ③臭：气味也。 如兰：如同兰花之馨香也。

“初六籍用白茅，无咎。”[①]子曰：“苟错诸地而可矣[②]。籍之用茅，何咎之有？慎之至也。夫茅之为物薄[③]，而用可重也。慎斯术也以往[④]，其无所失也。”

【注释】 ①此举大过初六爻辞，注详该卦。 ②苟：如果。 错：借为措，置也。 ③薄：微薄之薄，非厚薄之薄。 ④斯术：指藉用白茅，即物薄用重的办法。

“劳谦，君子有终，吉。”[①]子曰：“劳而不伐[②]，有功而不德[③]，厚之至也[④]，语以其功下人者也[⑤]。德言盛，礼言恭[⑥]。谦也者，致恭以存其位者也[⑦]。”

【注释】 ①此举谦九三爻辞，注详该卦。 ②伐：自夸也，自称其能也。 劳者功尚未成，不应自夸其能。 ③德：得也，此处指得意洋洋之态。 功者劳之已著，不应以功自居。 ④厚之至：指上述“劳而不伐，有功而不德”，皆是极其敦厚的表现。 ⑤语：意谓也，犹云“上述三句话是要说明……”。 以其功下人：指不以其功傲人，反而谦居人下。 ⑥孔疏：“德以盛为本，礼以恭为主。德贵盛新，礼尚恭敬。”⑦谦虚这种美德，使人恭谨待人，其地位不强为之保护亦可自存。此句呼应爻辞“君子有终，吉”。

“亢龙有悔。”[①]子曰：“贵而无位，高而无民，贤人在下位而无辅，是以动而有悔也。”[②]

“不出户庭，无咎。”[③]子曰：“乱之所生也，则言语以为阶[④]。

君不密则失臣，臣不密则失身，几事不密则害成[⑤]，是以君子慎密而不出也。”

【注释】 ①此举乾上九爻辞，注详该卦。 ②此句与《文言·乾》重出。③此举节初九爻辞，注详该卦。 ④阶：阶梯也。 ⑤几事：事之初也。 几：始也，微也。

子曰：“作《易》者，其知盗乎？《易》曰：‘负且乘，致寇至。’[①]负也者，小人之事也；乘也者，君子之器也。小人而乘君子之器，盗思夺之矣。上慢下暴，盗思伐之矣[②]。慢藏诲盗，冶容诲淫[③]。《易》曰‘负且乘，致寇至’，盗之招也。”

【注释】 ①此举解六三爻辞，注详该卦。 ②在上位者松懈散慢，在下位者恃强逞暴，盗寇便会产生攻伐的打算。 思夺、思伐：虽未夺而欲抢夺之，虽未伐而欲攻伐之。 ③慢藏：懈怠于收藏财物。 冶容：容貌打扮得十分妖冶。 诲：教也，此处指招致、引诱之意。

《易》曰：“自天祐之，吉，无不利。”[①]子曰：“祐者，助也。天之所助者，顺也；人之所助者，信也[②]。履信思乎顺[③]，又以尚贤也，是以自天祐之，吉，无不利也[④]。”

【注释】 ①此举大有上九爻辞，注详该卦。 ②顺从天道行事者，方可得到天的帮助；行事恪守信用者，方可得到他人的帮助。 “天”在这里由人格神还原为自然界。 ③履：践行也。 履信：践履于诚信也。 思乎顺：时时都考虑使言行顺从于天之道。 ④此段《正义》置于十一章之末，《本义》置于十二章之首。朱熹云：“然在此无所属，或恐是错简，宜在第八章之末。”允矣，今据斯言移此。

【评析】 以上十段为第四章。《正义》列此章一、二、三、四段为第六章，五、六、七、八、九段为第七章。《本义》合此九段为第八章。

此章论叙《易》之象与爻的蕴义，以及读《易》者应善于运用《易》理，拟之议之以成就事物之变化。

《易》之卦象，是模写与再现天地万物的符号。这些简单的符号，象征天下极为复杂的事物及其相互关系，准确而精当，是读《易》者千万不可轻忽的。《易》之爻，反映了天下事物会合变通的规律，读《易》者不可乖违错乱《易》之爻所揭示的事物运动变化之理。观象以拟之，玩辞以议之，“拟之而后言，议之而后动”，言动皆合乎《易》理，从而促进事物向好的方向发展变化。为了帮助读《易》者深刻理解《易》理，《系辞》在这里列举孔子释《易》八爻以为例，引导读《易》者要善于举一以返三，阐发爻辞的微言大义，以收下学上达之效。

天一，地二；天三，地四；天五，地六；天七，地八；天九，地十[①]。天数五，地数五[②]，五位相得而各有合[③]。天数二十有五，地数三十，凡天地之数五十有五[④]。此所以成变化而行鬼神也[⑤]。

【注释】 ①《本义》：“此言天地之数，阳奇阴耦，即所谓河图者也。其位一、六居下，二、七居上，三、八居左，四、九居右，五、十居中。就此章言，则中五为衍母。次十为衍子；次一、二、三、四为四象之位，次六、七、八、九为四象之数。二老位于西、北，二少位于东、南，其数则各以其类交错于外也。”（见附图） “天一……地十”句，韩康伯注本在“子曰：《易》有圣人之道四焉者，此之谓也”句之后。《本义》：“此简本在第十章之首。程子曰宜在此，今从也。”程朱之言与文义合，从之。 ②天数五：指一、三、五、七、九五个数。天为阳，其数奇。 地数五：指二、四、六、八、十五个数。地为阴，其数耦。“天数五，地数五”至“行鬼神也”，韩康伯注本在“故再扐而后挂”句之后。《本义》：“此简本在大衍之后，今按宜在此。”从之。 ③五位：指天地奇耦之数分处河图之位，一、六处北，二、七处南，三、八处东，四、九处西，五、十居中。 相得：指一与二相对，三与四相对，六与七相对，八与九相对，五与十相对，奇耦与宾主之相对而相得也。 合：指一与六、二与七、三与八、四与九、五与十奇耦配合，分居北、南、东、西、中五位。晋韩康伯注：“五数相配，以合成金木水火土。”此为

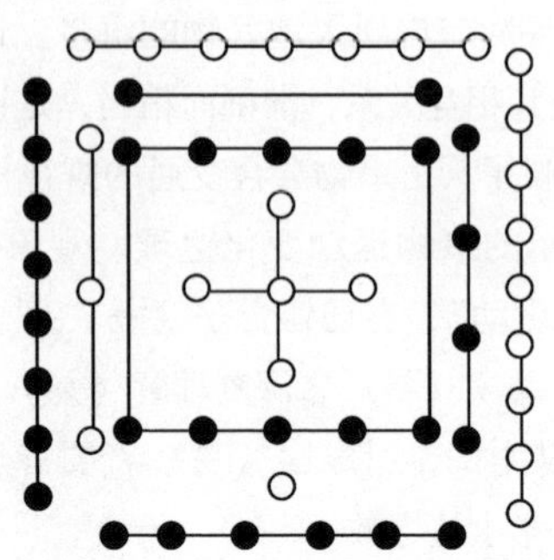

汉代流行之说。北水，南火，东木，西金，土居中。 ④天数一、三、五、七、九之和为二十有五，地数二、四、六、八、十之和为三十，天地之数二十有五加三十，其和为五十有五。 ⑤成变化：指奇耦数之间的生成变化。《本义》云：“一变生水而六化成之，二化生火而七变成之，三变生木而八化成之，四化生金而九变成之，五变生土而十化成之。”以五行、五方配河图之数，可以使河图数字模型生出无穷变化，此属汉代学者之一大贡献，或非《系辞》作者之始料所及。 行鬼神：指推衍天地之数的生成变化，有鬼神行乎其间，故可以占筮过去未来之事。

大衍之数五十，其用四十有九①。分而为二以象两②，挂一以象三③，揲之以四以象四时④，归奇于扐以象闰⑤。五岁再闰⑥，故再扐而后挂⑦。乾之策二百一十有六⑧，坤之策百四十有四⑨，凡三百有六十，当期之日⑩。二篇之策，万有一千五百二十，当万物之数也⑪。是故四营而成易⑫，十有八变而成卦。八卦而小成⑬，引而伸之⑭，触类而长之，天下之能事毕矣⑮。显道神德行⑯，是故可与酬酢，可与祐神矣⑰。

【注释】 ①大衍之数：指占筮时用以演算的蓍草之数。 衍：演也。 演算时取出一茎置于侧，只用四十九茎，故云“其用四十有九”。《本义》云：“大衍之数五十，盖以河图中宫天五乘地十而得之。至用以筮，则又止用四十有九，盖皆出于理势之自然，而非人之知力所能损益也。”王船山《周易内传》释“天地之数”与“大衍之数”相差“有五”时云：“天道有余而人用不足，行法以俟命者，非可穷造化之藏也，故极乎衍之大而五十尽之矣。” ②自此以下叙述占筮时的设卦过程及其象征意义。 “分而为二”为第一营，指将占筮用的四十九根蓍草任意分为二堆也。 象两：象征阴阳。 ③此为第二营。指从分成二堆的蓍草中任取一根，挂于左手小指间。象三：象征天、地、人三才也。④此为第三营。揲之以四，指以四为单位，分数二堆蓍草，每堆分别余数或一、或二、或三、或四，而不超过四。 揲：取而数之也。陆德明云：“揲，犹数也。”郑玄云：“取也。”象四时：象征春、夏、秋、冬四季也。 ⑤此为第四营。指将第三营二堆分别所余之蓍草数放置于别处。奇：指四揲后所余之蓍草。扐：《释文》：“荀柔之云：别也。”象闰：象征历法中将每年之余数归聚而成之闰。 ⑥五岁再闰：来知德《易注》云：“一年十二月，气盈六日，朔虚六日，共余十二日，三年则余三十六日。分三十日为一月，又以六日为后闰之积，其第四、第五年又各余十二日，以此二十四日凑前六日，又成一闰。此是五岁再闰也。” ⑦再扐而后挂：指归奇于扐之后，复将揲四之二堆蓍草合而为一，此为一变。然后再对两堆合一之蓍草再分、再挂、再揲、再归奇，此为二变。接着将二变之后的两堆合一之蓍草再分、再挂、再揲、再归奇，此为三变。三变之后两堆蓍草之和或二十四、或二十八、或三十二、或三十六，不会超出此四个数字之外。以四除之，得数不外六、七、八、九。六为老阴，八为少阴，七为少阳，九为老阳。依实得奇耦之数画爻，奇数为阳爻，偶数为阴爻，凡三变得一爻，总共十有八变，依次由下而上可画出初、二、三、四、五、上六个爻，故后文有“十有八变而成卦”之语。⑧策：指十有八变后的过揲之数。乾用九，三变过揲数为三十六，六爻凡十八变，六乘三十六，故乾过揲数之和为二百一十有六。 ⑨坤用六，三变过揲数为二十四，六乘二十四，故坤过揲数之和为百四十有四。⑩三百有六十，为乾坤策数之和，与一年之三百六十日（约数）相当，象征天地运行一个周期。 期：指一年。 ⑪二篇：指《易经》上、下两篇。 六十四卦之总爻数为三百八十四，阴阳爻各一百九十二爻。阳爻每爻三十六策，一百九十二爻为六千九百一十二策；阴爻每爻二十四策，一百九十二爻为四千六百零八策。合之，总策数为万有一千五百二十，象征万物之数。⑫四营：指分二、挂一、揲四、归奇。易：指变易。“四营而成易”：即四营为一变。⑬八卦小成：指九变后所得到的由三爻组成的卦。⑭引而伸之：指再得三爻组成的卦，与之相重，则六十四卦备矣。⑮触类而长之：指根据八卦的特征，分类赋予和丰富八卦所象征的事物。内、外卦所代表的各种物象之间的复杂关系，可将天下之能事尽都囊括其中。⑯显：显明、显示也。道：一明一阳之道也。神：阴阳不测之神也。德：得也，圣人将《易》所揭示的客观规律转换为人伦规范。行：躬行践履。⑰酬酢：孔颖达疏：“谓应对报答。”占筮可代鬼神而与人应对。祐神：有助于神灵显告。祐：助也。

【评析】 以上两段为第五章。《正义》列为第八章，“天一、地二……天九、地十”句该书置第十章之首。《本义》列为第九章。本书此章基本与《本义》文字顺序同，只将末句“子曰：知变化之道者，其知神之所为乎”句移至下章之首。

此章论天地之数与大衍之数。天地之数与大衍之数是易数系统的重要组成部分，其主要功能是构造宇宙结构的数字模型，并为占筮提供推衍与检索程序。

“天一、地二；天三、地四；天五、地六；天七、地八；天九、地十。天数五，地数五，五位相得而各有合。天数二十有五，地数三十，凡天地之数五十有五，此所以成变化而行鬼神也。”这个包括天地之数的河图数字模型，历代学者分别从可按算与不可按算等不同角度进行过阐释与发挥。汉代学者以五行五方配河图天地之数，北方一、六配水，南方二、七配火，东方三、八配木，西方四、九配金，中央五、十配土，其层次分布取五行内外生成之意。《月令》《素问》取外层八、七、九、六四个数配以春、夏、秋、冬四季，以日地空间循环运转为取象背景。丹家则取内层一、二、三、四及中央五等五行生数作为人体小宇宙模型。五行生克，一气流行，始终相衔，神化不已。丹家以“三五与一”为人道至宝至玄之功，天道七、八、九、六周流于外，“九还七返，八归六居”（《周易参同契》语），与人道息息相应。

以上为从不可按算之角度阐发之例。将河图作为一个不可按算的模型，其重要特征是将模型中的数转换为象，从而为研究者提供了任其思维之骏马驰骋的广阔阵地。从可按算的角度加以研究的，如英人李约瑟在其名著《中国科学技术史》数学卷中认为，河图是“从 1 到 10 的十个数字所组成的十字阵”，“在抛开中间的 5 和 10 时，奇数和偶数各自相加都等于 10。”这样谈论河图数字图案，割裂出该图中心部分的五与十，显然不能说明问题。今人刘蔚华在《谈易数之谜》一文中认为，“河图的数字关系表示了圆和方的关系。”“若以中数 5 为正方形边长，其周长为 5×4＝20，正好等于第二层、第三层数之和。”“若以这一正方形的边长 5 为半径画圆，其周长按径一周三的古圆周率计算：（圆周长＝2πR）2×3×5＝30；这正好是河图外层 6+7+8+9＝30。”这样解释河图，揭示出该图所反映出的宇宙结构关系，大致属于盖天说的天圆地方理论，初步涉及宇宙运行的某些数量关系（如外层数 30，相当一月之日数）。

大衍之数在揲蓍运数过程中是一种可按算的数，单位是策。而揲蓍运数之结果得七、八、九、六，这四个数则转化为纯数，即转化为象，不再具备算术之数的特征。大衍之数作为可按算之数，在西汉末年被刘歆纳入三统历，乾坤策数亦被作为求算岁星、太白、填星、荧惑、辰星等岁数的决定性因子。尽管由此所得到的一些大周年数只是一些近似值，但他毕竟是第一个将易数引进历法的学者。唐代僧一行制大衍历，较之刘歆便前进了一大步。

在易学的整体系统中，易数事实上是一个最不发达的分支。它本身在绝大多数场合只是一些没有位权的不可按算的代码，不足以表现各种素朴易象模型中的数量关系。古代学者在这方面作过不少努力，但由于素朴综合方法本身的局限，因而很难从中得到定量的信息。“通其变，遂成天下之文；极其数，遂定天下之象。”可以说，这是世界上最早提出要用数学推算方法对自然界进行精确描叙的杰出思想，多少说明易数中蕴含了许多极宝贵的东西，有待深入发掘并加以升华。

子曰：“知变化之道者，其知神之所为乎[①]！《易》有圣人之道四焉：以言者尚其辞[②]，以动者尚其变[③]，以制器者尚其象[④]，以卜筮者尚其占。[5]”是以君子将有为也，将有行也，问焉而以言[6]，其受命也如响，无有远近幽深，遂知来物[7]。非天下之至精，其孰能与于此[8]！参伍以变，错综其数[9]。通其变，遂成天地之文[10]；极其数，遂定天下之象[11]。非天下之至变，其孰能与于此！《易》，无思也，无为也，寂然不动，感而遂通天下之故[12]。非天下之至神，其孰能与于此！夫《易》，圣人所以极深而研几也[13]。唯深也，故能通天下之志[14]；唯几也，故能成天下之务[15]；唯神也，故不疾而速、不行而至[16]。子曰“《易》有圣人之道四焉”者，此之谓也。

【注释】 ①变化之道：指事物变化的内在根据，即一阴一阳之谓。神之所为：指决定事物运动轨迹的内在作用力在事物运动过程中所起的作用。 ②以：用也。 言：论也。 尚：崇也，从也。 意为用《易经》立论者崇尚其卦爻之辞。 ③用《易经》决定行为进退者崇尚其卦爻之变化。 ④用《易经》创造器物者崇尚其卦的物象关系。⑤用《易经》从事占筮者崇尚大衍之数的推衍程序。 以上言、动、制器、卜筮，圣人之所为也；辞、变、象、占为《易》之备，圣人之所依也。《横渠易说》云：“尚辞则言无所苟，尚变则动必精义，尚象则法必致用，尚占则谋必知来，四者非知神之所为，孰能与于此！” ⑥问焉而以言：指占筮之人将所欲为欲行用言语向蓍策发出寻址指令。 ⑦受命：指蓍策接受到寻址指令。 如响：如声之应响也。蓍策受令后立即开始运策衍算，从而寻到所要贞问之卦爻。 来物：所占问的即将到来的事物的吉凶。 ⑧精：精密、精微也。 孰：谁也。 与：及也。 ⑨参：三。伍：五。举此两数以概运蓍过程中的反复推衍。变：四营成一变之变。 错：交错也，指布蓍中分二、挂一、揲四、归奇过程中蓍草之数的交错变更。 综：总聚也，指将四营后两堆分别经揲之数总合为一。⑩通：通贯。 变：四营成一变之变。 遂：于是。 成：表现为。文：纹。 通贯各种各样的变，无外乎六十四种十八变。十有八变而成卦，故可得六十四个卦体，而六十四卦则可表现天地万物的千姿百态。

⑪极其数：穷尽大衍之数的推衍。　遂定天下之象：便可确定天下万物之数量关系。　⑫无思无为：指《易》本身没有思维活动与行为意志。寂：静也。　感：受命后产生的反应，即“其受命也如响”之意。　天下之故：天下事物或吉或凶之缘故。　⑬由于《易》理精深，故圣人用以探求事物之理，可以极尽其幽深，研求其几微。　⑭唯圣人能极深，故其德深，因而能通贯天下人之意志。　⑮唯圣人能研几，故能准确预见事物的发展趋向，因而能成就天下之事务。　⑯唯圣人能穷神，“故不须急疾而事速成，不须行动而理自至也。”（《正义》孔颖达疏）

【评析】　以上为第六章。《正义》为第九章。《本义》为第十章，但首句“子曰：知变化之道者，其知神之所为乎”被安置在上章之末。

“《易》有圣人之道四焉：以言者尚其辞，以动者尚其变，以制器者尚其象，以卜筮者尚其占。”许多释《易》著作据此认定此章之大意是说明圣人用《易》在于尚辞、尚变、尚象、尚占，以立言、定行、制器、占筮等。如《本义》云：此章“言《易》之用，有此四者。”何楷《古周易订诂》云：“此章与第二章观象玩辞、观占玩变相应。”但此章下文并未就用《易》之四个方面充分展开，而是仅举占筮之灵应，说明《易》的至变之道与神的功效，而与首句“知变化之道者，其知神之所为乎”相呼应。因此圣人之所以能在四个方面运用《易》，原因在于通过《易》可以极深研几、穷神知化。结句云：“《易》有圣人之道四焉者，此之谓也。”正是强调此章中心在于通过圣人用《易》之四事，说明《易》理的宏大精深。孔颖达《周易正义》疏有云：“上章既明大衍之数，极尽蓍策之名数，可与助成神化之功；此又广明《易》道深远。圣人之道有四，又明《易》之深远穷极几神也。”此言为得之矣。

子曰：“夫《易》何为者也？夫《易》开物成务[①]，冒天下之道[②]，如斯而已者也。”是故圣人以通天下之志，以定天下之业，以断天下之疑。是故蓍之德圆而神，卦之德方以知[③]，六爻之义易以贡[④]。圣人以此佚心[⑤]，退藏于密，吉凶与民同患[⑥]。神以知来，知以藏往[⑦]，其孰能与于此哉？古之聪明睿知神武而不杀者夫[8]！是以明于天之道，而察于民之故，是兴神物以前民用[9]。圣人以此齐戒[10]，以神明其德夫。

【注释】 ①《横渠易说》："物，凡物也；务，事也。开，明之也；成，处之也。"开物：开发未知之物使明之，即使人明于物之理，"以通天下之志"。 成务：利用已认识之物以成就事业，即"以定天下之业"。 ②冒：《释文》："覆也。"包容其中之谓。《本义》："冒天下之道，谓卦爻既设，而天下之道皆在其中。" ③蓍：蓍策。 德：形态与功能。 来知德《易注》："圆者，蓍数七七四十九，象阳之圆也，变化无方，开于未卦之先，可知来物，故圆而神。卦数八八六十四，象阴之方也，爻位各居定于有象之后，可藏往事，故方以知。"知：智也。④易：变也。 贡：献也。 以六爻变动之态势将所预知的吉凶陈献于人。 ⑤佚心：佚乐其心也。通行本为"洗心"，据马王堆出土帛书《系辞》改。 ⑥退藏于密：指将占筮之事及其结果记录下来，退而藏之于密处，以供来日观其应验。 圣人所占，事涉天下百姓，故其吉耶凶耶，拳拳以待，圣人与民同此忧患。 ⑦神者，蓍之德也，故布蓍推衍，可以预知来事。知者，卦之德也，圣人作卦爻系辞，皆其仰观俯察之所得，是对既往知识的总结。 ⑧聪明：听觉灵曰聪。视觉锐曰明。 睿知：慧智也。 此句意为，《易》以其神可知来物，使人知惧而不犯，古之聪明睿智之人得此，则不必以刑杀服人而人自服矣。 ⑨神物：指蓍草与龟壳。殷人尚卜，用龟壳；周人尚筮，用蓍草。西周至春秋，卜筮并行，二者并称神物。 兴：起而用之也。 以前民用：指卜筮定吉凶于前，民法而用之于后。 ⑩齐：敬也。 戒：惕也。

子曰："乾坤，其《易》之门邪？"[1]乾，阳物也；坤，阴物也。阴阳合德而刚柔有体[2]，以体天地之撰，以通神明之德[3]。是故阖户谓之坤，辟户谓之乾[4]。一阖一辟谓之变，往来不穷谓之通[5]。见乃谓之象，形乃谓之器[6]。制而用之谓之法[7]；利用出入，民咸用之谓之神[8]。

【注释】 ①此云乾坤二卦在《易》中的地位与作用。乾卦六爻皆阳。坤卦六爻皆阴。六十四卦凡阳爻皆出自乾，凡阴爻皆出自坤，故乾坤为《易》之门户。孔颖达疏云："《易》之变化，从乾坤而起，犹人之兴动从门而出，故乾坤是《易》之门邪。" ②阴阳合德：即阴阳交感。合德，与《道德经》"万物负阴而抱阳，冲气以为和"之"冲气"同义。 刚柔有体：指阴阳合德而产生的有形可见的物体，刚柔谓物体之特性。六十四卦皆由阴阳爻组成，象征万物形形色色的刚柔之体。 ③撰：来知德注："撰者，述也。天地之撰，天地雷风之类也，可得见者也。"此处指天地之营为，无言之撰述也。 《论语·阳货》："天何言哉？四时行焉，百物生焉，天何言哉？"天地既撰，则相对稳定，则数存乎其间矣。体天地之撰者，《易》之卦也。 体：模拟也，体现也。通：贯通也。 神明之德：指天地造物的神明功能。 通神明之德者，《易》之理也。《易》之卦以阴阳爻为基本组成单元，《易》之理以阴阳交感为发端，故乾坤为《易》之门邪。 以上《正义》在《系辞》下传第五章，《本义》在《系辞》下传第六章。与文义不相属，疑为错简。以移至此处为当。 ④阖：闭也。 辟：开也。 乾阳性动以象辟户，坤阴性静以象阖户，故阖辟者，阴阳之动静也。 ⑤一闭一开，变之骤而相反也；往来不穷，徐缓而顺也。⑥见：现也。 凡自然显现且能为目所视者，皆可称之为象。凡有形实体且能援手触及者，皆可称之为器。《集解》引荀爽："谓日月星辰，光见在天而成象也；万物生长，在地成形，可以为器用也。" ⑦法：效法。 效法卦象，制器成用。 ⑧神：神妙。 百姓日日反复利用但不知其所由来，是其神妙而不可言矣。

乾坤，其《易》之缊邪[①]！乾坤成列，而《易》立乎其中矣[②]。乾坤毁，则无以见《易》；《易》不可见，则乾坤或几乎息矣[③]。

【注释】 ①缊：同蕴，藏也。《张子正蒙注》："乾坤，其《易》之蕴邪，言《易》藏畜阴阳，具足充满，以因时而成六十二象。" ②乾坤成列，犹阴阳两仪相对而立。余六十二卦皆本之乾坤，故《易》道变化行乎乾坤之中。 ③无乾坤二卦，余六十二卦则成无源之水、无本之木，《易》道则荡然无存；无《易》道变化之理，则乾坤之对立统一亦成无水之源、无木之本，其作用也就接近于止息了。 此段《正义》《本义》皆在第十二章。王船山《周易内传》认为此段“与上下文义不相属，盖亦错简，”疑在此章之末，据此移入。

【评析】 以上三段为第七章。 此章之第一段与第二段后半部分“是故阖户谓之坤”至“民咸用之谓之神”，《正义》相连属，在第十章。《本义》亦相连属，在第十一章。

此章第一段承上启下，通过卜筮可以前民之用，说明《易》于天下之道理尽皆囊括其中，因此可用之以开物成务，通天下之志，定天下之业，断天下之疑。第二段第三段说明《易》之所以能“冒天下之道”，原因在于《易》以乾坤二卦为基石，抓住了天下万物运动变化的基本矛盾。如果抽掉这一基石，《易》的整个结构体系都会落空；反之，如果没有《易》的整个结构体系，乾坤基石也将会毫无意义。

是故《易》有太极，是生两仪①，两仪生四象②，四象生八卦③，八卦定吉凶，吉凶生大业④。

【注释】 ①太极：谓天地阴阳未分之前，宇宙呈现为元气混沦如一之状态，或称为“太初”、“太一”、“太和”，为战国时期流行的宇宙太极演化论的原初阶段。 两仪：谓太极分解为阴阳二气，阳轻清上浮而为天，阴重浊下沉而为地。故两仪者，阴阳、天地，两体之仪容也。以《易》模拟太极演化，则《易》之阴阳爻未生之前，犹元气混沦之太极；阴阳爻（⚋、⚊）既生，则积阳为乾☰，乾者象天；积阴为坤☷，坤者象地，乾坤象两仪之立也。 ②四象：春、夏、秋、冬四季也。两仪生四象：谓天地两仪之运行形成四季。在《易》，阴爻上再生一阴，得老阴⚏；再生一阳，得少阴⚎。阳爻上再生一阳，得老阳⚌；再生一阴，得少阳⚍。老阴、少阴、老阳、少阳，四象备矣。 ③八卦象征万物。春、夏、秋、冬四时更替，万物应时生、长、壮、老、已。在

《易》，老阴再生一阴一阳，得坤☷、艮☶；少阴再生一阴一阳，得坎☵、巽☴；老阳再生一阴一阳，得兑☱、乾☰；少阳再生一阴一阳，得震☳、离☲。四象生八卦，象征四时生万物矣。④八卦尽吉凶之理，趋吉避凶则大业有成。

是故法象莫大乎天地[①]，变通莫大乎四时；县象著明莫大乎日月[②]；崇高莫大乎富贵[③]；备物致用、立功成器以为天下利，莫大乎圣人[④]；探赜索隐、钩深致远[⑤]，以定天下之吉凶，成天下之亹亹者，莫大乎蓍龟[⑥]。

【注释】 ①天地，物象之最大者也，《易》以乾坤两卦模拟之。②县：同悬。日月之光普照天下，明之最著者也，《易》以坎离两卦模拟之。③崇高：指位。韩康伯注："位所以一天下之动而济万物。"富贵：指人君之势位，卦以九五爻之位模拟之。④《正义》孔疏："谓备天下之物，招致天下所用，建立成就天下之器，以为天下之利，唯圣人能然。"立功成器：通行本无"功"字，朱熹《本义》云："立下疑有阙文。"高亨《周易大传今注》据《汉书·货殖传》引《易》"立功成器"之文增补，今从之。⑤探赜：探讨复杂之事。索隐：索求隐晦之物。钩深：钩取深奥之理。致远：推致远离占筮之时空的结局。⑥亹亹：娓娓，不穷之意。王船山《周易内传》卷五："亹亹，大业之无穷也。"此句意谓用蓍龟进行卜筮的神奇功效。

是故天生神物，圣人则之[①]。天地变化，圣人效之[②]。天垂象，见吉凶，圣人象之[③]。河出图，洛出书，圣人则之[④]。《易》有四象，所以示也；系辞焉，所以告也；定之以吉凶，所以断也。

【注释】 ①神物：蓍龟也。则：效法之以为卜筮也。②圣人作《易》，以爻仿效天地之变化。③圣人作《易》象，模拟天象与人事吉凶的感应关系，属天人感应说。汉代盛行的瑞祥说与谴告说，均属此类。④河：黄河。图：河图。洛：洛水。书：洛书。河出图之说，流传甚古。《尚书·顾命》记成王丧礼之陈设时有云："太玉、夷玉、天球、河图在东序。"《论语·子罕》《墨子·非攻》《礼记·礼运》、《管子·小匡》等篇均有叙及。然河图究为何物，汉代便已歧说纷纭。先秦文献有缺，至今亦无从详考矣。宋儒所传之河图，合天地五十有五之数，注详第五章。洛出书之说，较为晚出，先秦著作仅此处与《管子·小匡》有载。洛书究为何物，亦无从断定。宋儒所传之洛书(见下图)，出自《道藏·灵图类》之《太乙下行九宫法》，原图"一白二黑三碧四绿五黄六白七赤八白九紫"，注于黑白点之傍。《大戴礼记》："明堂者九室，二九四，七五三，六一八。"《易纬·乾凿度》："一阴一阳合而为十五之谓道……故太一取其数以行九宫，四正四维，皆合于十五。"孙星衍《问字堂集》："北周甄鸾注数术记遗九宫算云：九宫者，即二四为肩，六八为足，左三右七，戴九履一，五居中央。"圣人则之：指圣人效法河图、洛书以作《易》。

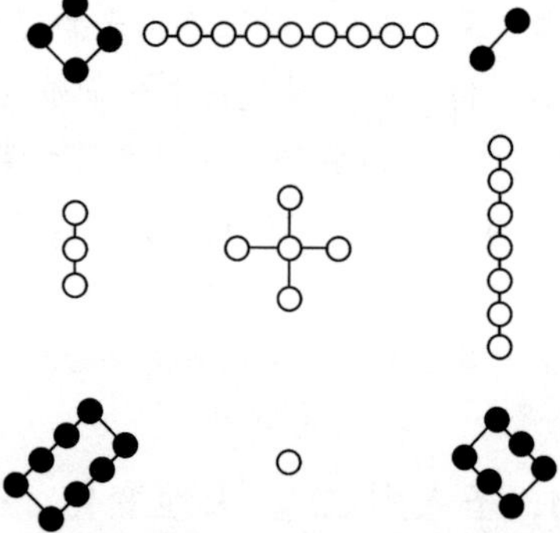

【评析】 以上三段为第八章。《正义》与《本义》均在第十一章。

以太极为原初的宇宙衍化论是战国时期十分流行的一种有关宇宙发展衍化理论。这一理论力求探索宇宙的起始，回答宇宙衍化的进程。因为立论宏恢，思虑玄远，一时之间几乎征服了整个思想界。如《礼记·礼运》："是故礼必本于太一，分而为天地，转而为阴阳，变而为四时。"又如《吕氏春秋·大乐》："音乐本于太一，太一出两仪，两仪出阴阳。"甚至于拳术、棋艺等等也纷纷援此作为创建理论体系的根基。所谓“《易》有太极”云云者，说明《易》对于太极理论的重视与吸取。王船山《周易内传》卷五云：“《易》有太极，言《易》之为书备有此理也。”此言尚未尽意。何止是备有此理，而是以全《易》之体模拟这一理论，并以之作为轴线建构了自身哲学体系的纵向范畴联结。这一体系建立以后，基本奠定了东方哲学的思维模式，往后的发展大多体现在各个纵向点的横向联结之上；纵向的内涵虽然也起了重大的变化，但其形式则一直维持到清代。

依据大衍之数进行推演的筮法，亦是对太极演化理论的仿效。五十置一于侧以象太极，二以象两仪，挂一以象天、地、人三才，揲四以象四季，归奇以象闰。预测之所以灵应，以其取意之深远，用物（蓍草）亦为神物之故也。“天垂象，见吉凶”云云者，更加充满了神秘色彩，为战国后期的方术之士以及汉代盛行的望气占候之术和谶纬神学提供了经典依据。

子曰：“书不尽言，言不尽意。”①然则圣人之意，其不可见乎？子曰：“圣人立象以尽意②，设卦以尽情伪③，系辞焉以尽其言④，变而通之以尽利⑤，鼓之舞之以尽神⑥。

【注释】 ①书：指文字。 言：指语言。 意：指思想、意识、意念。 文字是记载语言的，语言是表达思想意识的。但文字与语言一旦形成后便具有相对的稳定性。对于生动活泼的思想意识来说，这稳定性无疑使文字与语言的表达功能受到局限。这一卓越思想，对中国古代哲学，以及诗歌、书法、绘画、音乐、舞蹈、气功、医学等科目理论的发展产生过重大的影响。 ②立象：创立《易》象的符号系统。 尽意：以充分表达思想意境。 ③情：人性之自然流露，引申为真也，善也，亦即诚也。 伪：人为也，引申为假也，恶也，亦即虚伪也。 孔颖达疏：“情谓情实，伪谓虚伪。” ④系辞尽言者，谓卦爻辞内容丰富无比，可以避免书不尽言的局限。 ⑤通，是事物变后的稳定状态，人应充分利用这一状态谋取利益。如果有变无通，事物总是变来变去，不停顿地作逆向运动，无丝毫稳定性可言，人类的认识便不可能发生，更谈不上“以尽利”了。 ⑥神：鬼神之神。 古代出征或庆典的大型祭祀活动中，由众多的人排列成一定的队形，边鼓边舞，气势雄壮，以尽神之兴致，取悦神的欢心。

是故形而上者谓之道，形而下者谓之器[①]。化而裁之谓之变，推而行之谓之通，举而措之天下之民谓之事业[②]。

【注释】 ①形：各种事物形态所占有的一定空间。 道：阴阳对立统一的客观规律性。 器：有形质的物体。 道无质为虚，器有体为实，二者皆不可离形而独居。形上、形下云云者，就其虚实而言也。②此句意谓：顺应客观事物变与通的规律，当变即变，当通即通，充分发挥主观能动作用，用于天下之民，以成就事业。即是说，当客观事物出现向相反方向转化的契机时，应随其化而裁夺之，犹当革之时，行革之命，此为善用《易》之变也。变革之后，尽力巩固成果，推而行之，使之发扬臻大，此为善用《易》之通也。

是故夫象[①]，圣人有以见天下之赜，而拟诸其形容，象其物宜，是故谓之象。圣人有以见天下之动，而观其会通，以行其典礼，系辞焉以断吉凶，是故谓之爻[②]。极天下之赜者存乎卦，鼓天下之动者存乎辞[③]。化而裁之存乎变，推而行之存乎通，神而明之存乎其人[④]。默而成之，不言而信，存乎德行[⑤]。

【注释】 ①王船山《周易考异》引郭京："无夫象二字。" ②以上为重文，疑转抄所致。《本义》："重出以起下文。"可备一说。③极:尽也。 赜：杂也。 存乎：在于也。 卦：卦之象也。 辞：爻之辞也。 ④此句意谓：人之所以能"化而裁之"，原因在于客观上已具备了变的契机。人之所以能"推而行之"，原因在于事物已具备了正向发展的趋势。能否体悟《易》之神，并使之显明昭著，在于其人之心而已。 ⑤默而成之：不声不响地按照《易》道去成就事业。 不言而信：不用言语而能取信于人。 存乎德行：指全在于人的品德修养和实际行动。

【评析】　以上三段为第九章。《正义》《本义》皆在第十二章。

此章三段皆涉及变通。变通者，客观事物运动所呈现出来的周期性轨迹。“知变化之道者，其知神之所为乎?”考变通之轨迹可以悟之矣。事物运动的各种轨迹，皆因神行乎其间所致，其最显著者莫过于变与通的周期性运动。《系辞下传》曾将这种周期性运动归结为：“《易》，穷则变，变则通，通则久。”久则穷，由此而变与通循环不已，若春夏秋冬四季温度升降顺逆轨迹之扫描。人对变通规律之用，全在于趣时而行，时当变则变，时当通则通，审时度势，举措于天下之民，则利莫大焉。反之，则其害无穷。

系辞下传

八卦成列，象在其中矣[①]；因而重之，爻在其中矣[②]。刚柔相推，变在其中矣[③]；系辞焉而命之，动在其中矣；吉凶悔吝者，生乎动者也[④]。刚柔者，立本者也；变通者，趣时者也；吉凶者，贞胜者也[⑤]。

【注释】　①成列：谓八卦在宇宙简易模型中的排列位置。　象：谓八卦之形体及其所象征的事物。　此句意为：在八卦依一定位置排列而成的宇宙简易模型中，天地所有之象无不包容其间。　②因：依据。《本义》：“因而重之，谓各因一卦而以八卦次第加之，为六十四也。”爻：卦体的基本组成部分。　爻在其中：谓爻的运动变化存在于由六爻组成的卦体之中。　③刚柔：阴阳爻也。　相推：阴阳爻的相互作用。由于阴阳爻之间的相互作用，构成阴阳爻在卦体中的往来、进退、消长、盈虚等变动，故云“变在其中矣”。　④系辞：指给卦、爻系之以辞。　命之：指告之以吉凶悔吝。　来知德《易经集注》：“系辞以命而动在其中者，何也？盖吉凶悔吝皆辞之所命也，占者由所命之辞而动，当趋则趋，当避则避，则动罔不吉。不然，则凶悔吝随之矣。吉凶悔吝生乎其动，动以辞显，故系辞以命之而动在其中矣。” ⑤本：根本。趣：同趋。 贞胜：守正则胜也。 贞：正也。 胜：胜负之胜。

天地之道，贞观者也；日月之道，贞明者也。天下之动，贞夫一者也[①]。夫乾，确然示人易矣；夫坤，隤然示人简矣[②]。爻也者，效此者也。象也者，像此者也[③]。爻象动乎内，吉凶见乎外，功业见乎变，圣人之情见乎辞[④]。

【注释】 ①贞观：天无私覆，地无私载，为天地之贞。贞者，正也。天地正，其象方可为人所崇仰观瞻。 贞明：日月以明普照天下，日月之正者，以其所照无私也。 贞一：一者，道也。贞夫一者，指天下之动皆循道而不忒也。《道德经》云：“天道无亲”，“天得一以清，地得一以宁，神得一以灵，谷得一以盈，侯王得一以为天下正”。得一者，贞夫一者也。 ②确然：刚健之貌。 隤然：柔顺之貌。 ③此处两“此”字，指代易简之理与贞一之道。 ④《本义》：“内，谓蓍卦之中；外，谓蓍卦之外；变，即动乎内之变；辞，见乎外之辞。”此句意为：爻象往来、进退、升降于蓍卦之内，而吉凶则照示于蓍卦之外。随其变，趋吉以避凶，则功业由变以兴。圣人所系卦爻之辞，体现着圣人的觉民之情。

天地之大德，曰生[①]。圣人之大宝，曰位[②]。何以守位？曰仁[③]。何以聚人？曰财。理财正辞，禁民为非，曰义[④]。

【注释】 ①德：功能。 生：化生。 天地的最大功能是化生万物。 ②位：权位。张载《横渠易说》：“失位则无以参天地而措诸民也。” ③《本义》：“曰人之人，今本作仁，吕氏从古。盖所谓非众罔与守邦。”尚秉和《周易尚氏学》谓“仁、人古通”。案：此句仁当为人，与下句“何以聚人”相呼应。 ④理财：管理财物。 正辞：端正言辞号令。 管理财物有节，则物尽其用，财用有余；以正辞教民，则民知理守度，社会安稳。 禁民为非：《正义》：“禁约其民为非僻之事，勿使行恶。”

【评析】 以上两段为第一章，与《正义》《本义》同。

此段重申《易》卦宇宙模型中各种构件（单卦、重卦、爻等）的地位与作用，着重强调这一模型所体现的贞一之道。“天地之道，贞观者也；日月之道，贞明者也。天下之动，贞夫一者也。”贞观、贞明、贞一，指天地日月之正道以及万物之新生的前进的运动，即所谓“旁行而不流”、“日新之谓盛德，生生之谓易”、“天地之大德曰生”。圣人效此贞一之道，以义理财，以财聚人，得人则可守大宝之位矣。故吉凶在于得失，而得失则在于贞一之道。守正则吉，否则凶矣。所谓“吉凶者，贞胜者也”，此之谓也。

古者包牺氏之王天下也[①]，仰则观象于天，俯则观法于地，观鸟兽之文与（天）地之宜[②]，近取诸身，远取诸物[③]，于是始作八卦，以通神明之德，以类万物之情[④]。作结绳而为罔罟，以佃以渔[⑤]，盖取诸离[⑥]。

【注释】 ①包牺：又称虙牺、伏羲，风姓，唐尧时期南方有苗族尊崇的祖先神。伏羲氏生活时期距今约七千年之久。战国时期，南北文化合流，伏羲进入中原的圣王系统，称为太皞，三皇之最先者也。《系辞》据传说所作的这一记载，对八卦起源的探讨有重要的文献价值。②《本义》：“王昭素曰：‘与地’之间，诸本多有‘天’字。”据补。宜：适宜、协调、和谐之谓。 此句意为：考察各种类型的飞禽走兽与天地的适应关系。 ③《正义》：“近取诸身者，若耳目鼻口之属是也；远取诸物者，若雷风山泽之类是也。举远近，则万事在其中矣。”诸：之于合音。 ④通：会合也。 德：性能也。 类：类同也。 情：情状也。 来知德《易注》：“通者，理之相会合也。类者，象之相肖似也。神明之德，不外健顺动止八者之德；万物之情，不外天地雷风八者之情。德者，阴阳之理；情者，阴阳之迹。德，精而难见，故曰通。情，粗而易见，故曰类。” ⑤罟：音古，捕鱼之网。 佃：音田，此处指田猎。《释文》引黄本云：“取兽曰网，取鱼曰罟。”“作结绳”之“作”，王念孙谓“涉上文‘作八卦’而衍”，并广为引证之。王说是也，结绳而为罔罟，文义已明，加一作字则赘矣。 ⑥盖：大概。 离☲，下离上离。《说卦》："离为目。""离，丽也"。《本义》："两目相承，而物丽焉。"丽，附著也。两目相承，为网罟之象。网罟之用，则视鱼兽附丽之所。韩康伯注："罔罟之用，必审物之所丽也。鱼丽于水，兽丽于山也。"

包牺氏没，神农氏作[①]。斲木为耜，揉木为耒[②]，耒耨之利以教天下[③]，盖取诸益[④]。日中为市，致天下之民，聚天下之货，交易而退，各得其所[⑤]，盖取诸噬嗑[⑥]。

【注释】 ①神农氏：炎帝，兴起于西北甘陕一带的姜姓氏族首领，后迁徙入中原。《白虎通》卷一："古之人民皆食禽兽肉。至于神农，人民众多，禽兽不足，于是神农因民之时，分地之利，制耒耜，教民农耕，神而化之，使民宜之，故谓之神农氏。" ②耒耜：上古翻土之农具，即今之犁也。耒，音垒，为耒耜上部之曲柄，以手操纵之处；耜，音似，为耒耜下部入土之部分，《释文》引京房"耒下钉也"，引陆绩"广五寸"。铁器广泛使用后，耜上加以铁铧，称为犁头。 ③此句当读为"以耒耜之利教天下"。 耨：古代锄草的农具。《汉书·食货志》引此作"耒吕（耜）之利"，《重定费氏学》引王昭素："耨，诸本或作耜。"从上文看，耨似为耜之误。 ④益☴，下震上巽。《说卦》："震，动也；巽，入也。""巽为木。"又"震，东方也"，配五行亦为木。《本义》："二体皆木，上入下动，天下之益，莫大于此。"二至四爻互为坤。坤，土也。巽木入坤土而震木动，耒耜之用，益卦之象也。 ⑤日中：正午。 为市：开辟交易市场。 致：招致。 聚：聚合。 交易：这里指以货易货。 ⑥噬嗑，下震上离，与市合谐音。《本义》："日中为市，上明而下动。又借噬为市，嗑为合也。"来知德《易注》："离日在上，日中之象。中爻艮为径路，震为大途，又为足，致民之象。中爻坎水艮山，群珍所出，聚货之象。又震错巽，巽为市利三倍，为市聚货之象。震动，交易之象。巽为进，退之象。艮止，各得其所之象。此噬嗑之象也。"

神农氏没，黄帝、尧、舜作①。通其变，使民不倦②。神而化之，使民宜之③。《易》，穷则变，变则通，通则久④。是以自天祐之，吉无不利。

【注释】 ①黄帝：姬姓，号轩辕氏。《史记·五帝本纪》："黄帝者，少典之子，姓公孙，名曰轩辕。轩辕之时，神农氏世衰，诸侯相侵伐，暴虐百姓，而神农氏弗能征。于是轩辕乃习于干戈，以征不享，诸侯咸来宾从。"《国语·晋语》："黄帝以姬水成，炎帝以姜水成，成而异德，故黄帝为姬，炎帝为姜。"尧：伊祈姓，陶唐氏，史称唐尧。 舜：姚姓，有虞氏，史称虞舜。《史记·五帝本纪》："自黄帝至舜禹，皆同姓而异其国号，以章明德。故黄帝为有熊，帝颛顼为高阳，帝喾为高辛，帝尧为陶唐，帝舜为有虞。" ②《正义》："事久不变，则民倦而穷。今黄帝、尧、舜之等，以其事久或穷，故开通其变，量时制器，使民用之日新，不有懈倦也。"此释与传意契合。此谓开通其变，即变而后通之，变因其时，通顺其势。若变而无通，则民以为纷更而安得不倦。③神而化之，即因循事物内在之神而推进其运动变化，故可以"使民宜之"。《白虎通》卷一引"神而化之，使民宜之"归之神农，疑另有所本，或此句为错简。④事物发展到穷尽之点，便会出现逆向运动之"变"。在"变"的基础上顺其势而运动，即上文所谓"通其变，使民不倦"。通则久长，久长则复归于穷，穷——变——通，循环往复，以至无穷，《易》之道也。

黄帝、尧、舜垂衣裳而天下治，盖取诸乾、坤①。刳木为舟，剡木为楫，舟楫之利以济不通，致远以利天下，盖取诸涣②。服牛乘马，引重致远以利天下，盖取诸随③。重门击柝，以待暴客，盖取诸豫④。断木为杵，掘地为臼，臼杵之利，万民以济，盖取诸小过⑤。弦木为弧，剡木为矢，弧矢之利，以威天下，盖取诸睽⑥。

【注释】 ①《正义》："垂衣裳者：以前衣皮，其制短小，今衣细麻布帛，所作衣裳，其制长大，故云垂衣裳也。”古代服装上衣下裳，据传自黄帝始。上衣取象乾，下裳取象坤。衣裳辨贵贱，乾坤定尊卑。“垂衣裳”，象征原始社会解体，阶级社会的等级尊卑关系已经确立。 ②刳木：刳音枯，将大木剖开并凿空。 为舟：制作为舟。 剡木：剡音眼，削木制为楫。 楫：划船所用之桨。 《释文》：“致远以利天下句，一本无。”《本义》：“致远以利天下，疑衍。”涣䷺，下坎上巽，巽木坎水，二爻至四爻为震动，木动水上，象舟楫济江河阻隔不通之利。 ③服牛：穿牛鼻驯而服之。 乘马：络马首驾而乘之。 服牛以引重，乘马以致远，说明当时尚未用牛于农耕。 随䷐，下震上兑。来知德《易注》：“中爻（案：此指三爻至五爻互卦。）巽为绳，艮为鼻，又为手，震为足，服之乘之之象也。震本坤所变，坤为牛，一奇画在后，阳实而大，引重之象也。兑本乾所变，乾为马，一偶画在前者，大道开张致远之象也。牛非不可以致远，曰引重者，为其力也；马非不可以引重，曰致远者，为其敏也。” ④重：重复之重。 重门：谓不止一道门。 柝：夜行敲打的木梆，用以警戒，《说文》作榛。 豫䷏，下坤上震，震综艮（案：综，颠倒相看之象），下互艮（案：下互，二爻至四爻之象），上互坎（案：三爻至五爻之象）。来知德《易注》：“中爻下艮为门，上震综艮又为门，是两门也，重门之象也。震动善鸣，有声之木，柝之象也。艮为守门阍人，中爻坎为夜，艮又为手，击柝之象也。坎为盗，暴客之象也。” ⑤杵臼：舂米之具。《正义》：“杵须短木，故断木为杵；臼须凿地，故掘地为臼。”小过䷽，下艮上震，上互兑，下互巽，兑为毁折，断与掘之象也。小过卦画象重坎，坎陷，臼之象也。巽为木，入也；震为动；艮为手，为土，手执木杵动入臼土之象。来知德《易注》：“万民以济者，前此虽知粒食，而不知脱粟，万民得此杵臼，治米极其精，此乃小有过而民用以济者也。” ⑥弦木：使木弯曲上弦成弓；剡木：削木使其锐利成矢。 睽䷥，下兑上离，上互坎，下互离。来知德《易注》：“坎木坚，离木槁，兑为毁折，弦木剡木之象也。坎为弓矢，离为戈兵，又水火相息，皆有征伐之意……弧矢威天下之象也。”

上古穴居而野处，后世圣人易之以宫室，上栋下宇，以待风雨，盖取诸大壮[①]。古之葬者，厚衣之以薪，葬之中野，不封不树，丧期无数，后世圣人易之以棺椁，盖取诸大过[②]。上古结绳而治，后世圣人易之以书契，百官以治，万民以察，盖取诸夬[③]。

【注释】　①栋：屋梁。　宇：屋边。　大壮䷡，下乾上震，上互为兑。震错巽，雷风相薄之象；兑为泽，雨水之象；兑错艮，山泽通气，宫室择址之象；震为木，上栋之象；乾为刚健，又四阳相比，壮而且健，栋宇伟壮之象。　②厚衣之以薪：以厚厚的薪木覆盖在尸体上，有火葬之意，惜乎语未尽矣。　衣：取遮盖之意。　之：代尸体。　《正义》："不封不树者，不积土为坟，是不封也；不种树以标其处，是不树也。丧期无数者，哀除则止，无日月限数也。"棺椁：盛葬尸体之具，最内层为棺，外层为椁。《庄子·天下》："古之丧礼，贵贱有仪，上下有等。天子棺椁七重，诸侯五重，大夫三重，士再重。"大过䷛，下巽上兑。上下互卦皆乾，厚衣之象；巽为木，薪之象。大过内阳外阴，有坎象，坎陷，坑之象；巽入也，为木，棺椁入坑之象。《正义》："取诸大过者，送终追远，欲其甚大过厚。"　③结绳而治：以结绳之法记载物品之数量与事件之大小。《正义》引郑康成注："事大大结其绳，事小小结其绳。"书：文字。　契：刀刻。夬䷪，下乾上兑。兑综巽，巽为绳直，结绳之象；乾为金，巽为木，又乾错坤，坤为文，以金刻木而有文，书契之象。兑为附决，为悦，百官附决于君，以文字明于治事，万民察于书契，悦于明理守度。

是故《易》者，象也[①]。象也者，像也[②]。

【注释】　①是故：总结全章之意的发语辞。《正义》将此段归于下章之首，云："但前章皆取象以制器，以是之故，《易》卦者写万物之形象。"象：模写，象征。　②像：相肖，相似也。《释文》："象，众本并云拟也。孟、京、虞、董、姚还作象。"《本义》："《易》卦之形，理之似也。"

【评析】　以上六段为第二章。《正义》以第一段单立为第二章，第二段以下至本书下章“穷神知化，德之盛也”为第三章。《本义》分此六段为两章，一即第一——五段为第二章，第六段并延至“吉凶生而悔吝著也”为第三章。

此章主要以圣人用《易》四道之一的观象制器，说明《周易》卦爻之象对促进古代文明史的发展所起的重大作用。所列举之例，未免牵强附会，甚至因果倒置，但《系辞》作者却有意无意地表现出两点极为宝贵的思想：其一，人类文明史的发展与生产工具的改进存在着密切关系。其二，重视发明创造，并把《易》象看作是发明创造的思想源泉。这两点思想火花，在以后两千年易学的发展过程中导致了《周易》对中国传统文化的全面渗透与影响，人们几乎在各种思想意识和文化现象中都能找到《周易》的踪迹。

象者，材也[①]；爻也者，效天下之动者也[②]。是故吉凶生而悔吝著也[③]。

【注释】　①象：指卦体或卦辞。　材：质材，即由阴阳爻相杂所构成的卦体。又材通裁，指卦辞有裁断一卦主旨的作用。　②爻在卦体中的位置、态势及其进退、往来、升降等，仿效着天下万物的运动与变化。　③生：发生，产生。著：显著，出现。　《正义》：“动有得失，故吉凶生也；动有细小疵病，故悔吝著也。”

阳卦多阴，阴卦多阳，其故何也？阳卦奇，闭卦耦[①]，其德行何也？阳一君而二民，君子之道也；阴二君而一民，小人之道也[②]。

【注释】　①八卦除乾☰、坤☷为纯阳纯阴外，六子亦分阴阳。震☳、坎☵、艮☶为阳卦，皆一阳二阴；巽☴、离☲、兑☱为阴卦，皆一阴二阳。韩康伯注：“夫少者，多之所宗；一者，众之所归。阳卦二阴，故奇为之君；阴卦二阳，故耦为之主。”奇耦者，言卦体笔画之数也。《本义》：“凡阳卦皆五画，凡阴卦皆四画。”　②德行：这里指阴阳卦体各自的象征意义。阳爻象征君，阴爻象征民。《汉上易传》：“阳卦一君而遍体二民，二民共事一君，一也，故为君子之道；阴卦一民共事二君，二君共争一民，二也，故为小人之道。”

《易》之为书也，原始要终以为质也[①]。六爻相杂，唯其时物也[②]。其初难知，其上易知，本末也[③]。初辞拟之，卒成之终[④]。若夫杂物撰德，辨是与非，则非其中爻不备[⑤]。噫！亦要存亡吉凶，则居可知矣[⑥]。知者观其彖辞，则思过半矣[⑦]。二与四同功而异位，其善不同。二多誉，四多惧，近也[⑧]。柔之为道，不利远者，其要无咎，其用柔中[⑨]。三与五同功而异位，三多凶，五多功，贵贱之等也[⑩]。其柔危，其刚胜邪[⑪]？

【注释】 ①原：察也。 原始：察其始也（始，此处指卦体之初爻）。 要：总也，会也。 要终：总会其终也（终，此处指卦体之上爻）。 质：指卦体。 ②六爻相杂：六爻阴阳参杂，共居一卦之中。 时物：来知德《易注》：“然占者之决吉凶，惟观其就值之时、所值之物而已。” ③占者揲蓍时，始得初爻，全卦尚在未知之中，故云“其初难知”。至上爻揲出，则全卦六爻皆已决出，则上爻之意自明，故云“其上易知”。 本末：初爻为本，上爻为末。 以此拟之对事物的认识过程，则如韩康伯所注：“夫事始于微而后至于著。初者数之始，拟议其端，故难知也。上者卦之终，事皆成著，故易知也。”《正义》：“其初难知，是本也；其上易知，是末也。以事本故难知，以事末故易知，故云本末也。” ④初辞：初爻的爻辞。 拟之：拟议其端。 卒：事物之终结。 成之终：完成于卦之上爻。初爻为始，上爻为终。 ⑤杂物：同“六爻相杂”之义。 撰德：撰述阴阳之性能。 撰：述也。 德：性能也。 辩：通辨，辨别也。 中爻：卦体初，上爻之外，中间的三至五爻称中爻，此就全卦而言。卦分上下体，上体之五爻与下体之二爻，分居上下卦体之中位，亦称中爻。此处与下文相应，中爻当指全卦的二、三、四、五爻。备：具也。 ⑥噫：感叹中四爻之妙也。 要：切要之处，下文“其要无咎”之“要”同。 ⑦彖辞：卦辞。《本义》：“彖，统论一卦六爻之体。”《正义》：“言聪明知达之士观此卦下彖辞，则能思虑有益以过半矣。” ⑧二爻与四爻同功者，为耦位之阴功也。异位者，《易》尚中，二爻处下卦之中位，故多誉。五爻为君位，四爻逼近君位，故多惧。 ⑨此句进一步伸叙二、四爻。二、四居阴位，其性柔，当以亲附于人以得济，即“柔之为道，不利远者”，故二爻多誉，四爻多惧。如果二、四爻为阴爻，阴爻居阴位，皆可无咎，以“其用柔中”之故也。中，指中爻，二、三、四、五皆为全卦之中爻。 ⑩三爻与五爻同功者，为奇位之阳功也。异位者，五以君位为贵，则三为贱。贵多功，贱多凶。等：差等也。 ⑪三与五处奇位，奇为阳。柔处阳位故危，刚处阳位故胜。 此段《正义》至“思过半矣”在第七章之末，“二与四同功”至“其刚胜邪”在第八章之首。《本义》单列为第九章。今据文意移此。

《易》之为书也，广大悉备。有天道焉，有人道焉，有地道焉，兼三才而两之故六。六者非它也，三才之道也[①]。道有变动故曰爻[②]，爻有等故曰物[③]，物相杂故曰文[④]，文不当故吉凶生焉[⑤]。

【注释】 ①《本义》：“三画已具三才，重之故六，而以上二爻为天，中二爻为人，下二爻为地。”此句意谓，无论是三画的八个经卦或六画的六十四个别卦，都是天、地、人三才统一的象征。 ②天道、人道、地道三者各自内在的以及三者之间的相互作用与转换，《易》以卦体中爻的变动象征之。《集解》引陆绩：“天道有昼夜日月之变，地道有刚柔燥湿之变，人道有行止动静、吉凶善恶之变。圣人设爻以效三者之变动，故谓之爻也。”此说仅及三才各自内在的变动，忽略了三才之间的关系，意尚未尽。 ③等：差等。 有性质与位置的差异，《易》以此象征事物的远近贵贱之等。 ④《本义》：“相杂，谓刚柔之位相间。”文：纹也。象征万物递相错杂。 ⑤文不当：谓阳爻在阴位，阴爻在阳位。《正义》：“若相与聚居，间杂成文，不相妨害，则吉凶不生也。由文之不当，相与聚居，不当于理，故吉凶生也。”并非一定当位吉、不当位凶也。此段《正义》紧接前段，在第八章；《本义》单列为第十章。今据文意移此。

《易》之为书也不可远[①]，为道也屡迁[②]。变动不居，周流六虚，上下无常，刚柔相易[③]，不可为典要，唯变所适[④]。其出入以度外内使知惧[⑤]，又明于忧患与故[⑥]，无有师保，如临父母[⑦]。初率其辞而揆其方，既有典常[⑧]。苟非其人，道不虚行[⑨]。

【注释】 ①远：疏远。《横渠易说》："心不存之，是远也；不观其书，亦是远也。" ②屡：数也。 迁：更改。《易》之为道，指《易》模拟天地阴阳和万事万物的各种方式方法。来氏《易注》："《易》之为书不可远，以其为道也屡迁，所以不可远也。" ③此句阐叙"《易》无体"之意。 居：止也。 六虚：卦体六爻之位。 常：不变也。 易：交易也。 《正义》："变动不居者，言阴阳六爻更互变动，不恒居一体也。……周流六虚者，言阴阳周遍流动，在六位之虚。六位言虚者，位本无体，因爻始见，故称虚也。" 上：指上卦。下：指下卦。 上下无常：言上下卦体皆是可变的。 刚柔相易：言卦体中不同性质的两爻互换位置。 ④典要：典常纲要。来氏《易注》："典要，拘于迹者也。" 适：趋也，往也。《正义》："六爻错综，上下所易皆不同，是不可为典常要会也。唯变所适者，言刚柔相易之时，既无定准，唯随应变之时所之适也。" ⑤度：审也。 此句谓由占筮之出于本卦，入于变卦，而审度外卦（即变卦）与内卦（本卦）的联系与态势，使人知所警惧。⑥故：缘故。 又使人能明晓于忧患以及产生忧患的缘故。 ⑦师保：负教育辅导之责的师长。《礼记·文王世子》："入则有保，出则有师，是以教喻而德成也。"此句与"《易》之为书也，不可远"相呼应，强调人们应自觉用《易》指导言行，如同时刻有师保父母督促一样，不可须臾荒疏《易》理。 ⑧初：谓学《易》之始。 率：循也。 辞：卦、爻之辞。 揆：审度也。 方：意义，方式。 此句谓学《易》之初，应遵循卦爻辞之意，审度其取象比类的方式，这些是有典常可循的。

⑨此句承上句言，谓仅仅通晓其可为典常之处，而不知其为道屡迁的灵活性，那是不可能掌握《易》理的。 苟：如果。 其人：指贤明之人。 道不虚行：谓《易》道不可凭空推行。与上传第九章“神而明之，存乎其人”意同。 此段《正义》在第七章，《本义》单列为第八章。今据文意移此。

【评析】 以上五段为第三章。此章次序与分章较之《正义》、《本义》有较大变动，以文义连属为唯一依据。

此章主要阐叙《易》卦模型中有体与无体的辩证关系。从有体的意义上说：彖为一卦之体，象征有形质的事物，爻则仿效事物的内在变动；卦爻之辞是以文辞达意，因而也是不变动的。三画卦，阳卦以一君二民象征君子之道，阴卦以二君一民象征小人之道。因而重之为六爻卦，六者非它，象征三才之道的统一也。又六爻之义，初为始，上为终，中四爻，二多誉，四多惧，三多凶，五多功，其象征性也是稳定的。所谓“初率其辞而揆其方，既有典常”，总上述诸例之义也。从无体的意义上说：为道屡迁者，有体而体无定准。其一因为卦爻的象征性不是单一的，而是多相的，故不可拘泥于某一种象征意义而否定其余。其二卦因爻动而变动不居，爻周流于六位之间，或相综相错相互，导致上下无常；或刚柔相易，有升有降，引起卦变；或彼来此往，刚柔相推，出现阴阳消长，……凡此种种，该从动态中显现，故“不可为典要”。学《易》者应有相当灵活的头脑，做到“唯变所适”，此即所谓“苟非其人，道不虚行”矣。有体者，静以观也；无体者，动以察也。动静相函，无体中有体，有体中无体，两相依存，此《易》之所以能象征神与化的关键！故舍此不足以谈“穷神知化”之理。

《易》曰：“憧憧往来，朋从尔思。”[①]子曰：“天下何思何虑[②]？天下同归而殊途，一致而百虑[③]，天下何思何虑[④]！日往则月来，月往则日来，日月相推而明生焉；寒往则暑来，暑往则寒来，寒暑相推而岁成焉[⑤]。往者屈也，来者信也，屈信相感而利生焉[⑥]。尺蠖之屈，以求信也；龙蛇之蛰，以存身也[⑦]。精义入神，以致用也[⑧]；利用安身，以崇德也[⑨]。过此以往，未之或知也[10]。穷神知化，德之盛也。”[11]

【注释】 ①此引咸卦九四爻辞，原意详见该卦注释。 ②虑：思之深也。来氏《易注》：“虑不出于心之思，但虑则思之深尔。” ③《正义》：“天下同归而殊途者，言天下万事，终则同归于一，但初时殊异其途路也。一致而百虑者，所致虽一，虑必有百。言虑虽百种，必归于一致也；途虽殊异，亦同归于至真也。” ④此句当为感叹句。意谓天下万事万物皆顺应自然，殊途同归，百虑一致，何须格外劳神思虑哉！《本义》云：“必思而从，则所从者亦狭矣。”⑤相推：相交替也。 日月交替而生明，寒暑交替而成岁，往来不息，无思无为，自然而成。 ⑥信：借为伸。 相感：往来屈信交替过程中产生的效应。来氏《易注》：“一往一来，一屈一信，循环不已，谓之相感。” 利者：功用也，如上述明生岁成之类。 ⑦此句以例说明屈伸相感乃自然之常理。尺蠖：昆虫名。郝懿行《尔雅义疏·释虫》：“其行先屈后申。如人布手知尺之状，故名尺蠖。”蛰：潜藏也。 ⑧精义入神：《本义》：“精研其义，至于入神。”其义指上述往来相推、屈信相感之理。致用指以此自然之理致用于人事，亦可得以屈求信、以蛰求存之利。 ⑨尺蠖之屈，龙蛇之蛰，皆为危中求安之道，故可“利用安身”。身安而后能有所举措，以增崇其德。⑩此：指代“精义入神”与“利用安身”。《正义》：“此二者皆入理之极，过此二者以往，则微妙不可知，故云未之或知也。”此说“微妙”二字为蛇足，“未知或知”句，意在强调人们从往来屈信自然之理中所得到的启示，除“精义入神以致用”与“利用安身以崇德”之外，没有比这二者更重要的了。 ⑪《横渠易说》：“气有阴阳，推行有渐为化，合一不测为神。”穷神知化，即穷尽“合一不测”之神，把握“推行有渐”之化。达到这种既了解事物运行的轨迹，又深刻理解其内在根据的程度，则可以从心所欲而不逾矩，故谓之“德之盛也”。

《易》曰：“困于石，据于蒺藜，入于其宫，不见其妻，凶[1]。”子曰：“非所困而困焉，名必辱；非所据而据焉，身必危[②]。既辱且危，死期将至，妻其可得见邪[③]？”

【注释】 ①此引困卦六三爻辞，原意详见该卦注释。②《正义》：“困之六三，履非其地。欲上干于旧，四自应初，不纳于己，是困于九四之石也。三又乘二，二是刚阳，非己所乘，是下向据于九二之蒺藜也。”三欲上干于四，“以向上而进取，故以声名言之，云名必辱也”。三强往乘二，“下向安身之处，故以身言之，云身必危也”。来氏《易注》：“欲前进以荣其身，不得其荣，是求荣而反辱也，故名必辱。欲后退以安其身，不得其安，是求安而反危也。”以上两注，《正义》侧重爻位态势，来注侧重文义，两注相通，可以合观。③求荣反辱，求安反危，身心皆遭凶，故“死期将至”焉，妻室安能保哉！

《易》曰：“公用射隼于高墉之上，获之，无不利。”[①]子曰：“隼者，禽也；弓矢者，器也；射之者，人也。君子藏器于身，待时而动，何不利之有？[②]动而不括，是以出而有获，语成器而动者也。”[③]

【注释】 ①此引解卦上六爻辞，原意详见该卦注释。 ②藏器于身：器，指弓矢，喻才能或技能。 待时而动：隼过而射之，喻适时发挥才能。 ③括：闭塞阻碍。 因藏器待时，故动必无碍，出必有获。语：指上引解上六爻辞的意义在于…… 成器：现成的器具。

子曰：“小人不耻不仁，不畏不义，不见利不劝，不威不惩[①]。小惩而大诫，此小人之福也[②]。《易》曰‘屦校灭趾，无咎’[③]，此之谓也。善不积不足以成名，恶不积不足以灭身。小人以小善为无益而弗为也，以小恶为无伤而弗去也，故恶积而不可掩，罪大而不可解。《易》曰：‘何校灭耳，凶[④]。’”

【注释】 ①此四句泛说“小人”的特征。 劝：努力也，《说文》：“劝，勉也。”威：刑威。 惩：惩戒。 ②受小惩罚而警戒犯大错，此是小人之福分，与下引“无咎”相呼应。 ③此引噬嗑卦初九爻辞，原意详见该注。 ④此引噬嗑卦上九爻辞，原意详见该注。

子曰："危者，安其位者也；亡者，保其存者也；乱者，有其治者也。是故君子安而不忘危，存而不忘亡，治而不忘乱，是以身安而国家可保也[①]。《易》曰：'其亡其亡，系于苞桑[②]。'"

【注释】 ①此处论说安危、存亡、治乱的辩证关系。来氏《易注》云："安危以身言，存亡以家言，治乱以国言，所以下文曰身安而国家可保也。" ②此引否卦九五爻辞，原意详见该注。

子曰："德薄而位尊，知小而谋大，力小而任重，鲜不及矣。[①]《易》曰：'鼎折足，覆公悚，其形渥，凶[②]。'言不胜其任也。"

【注释】 ①鲜：少也。 不及：指不及祸也。 ②此引鼎卦九四爻辞，原意详见该注。

子曰："知几，其神乎！君子上交不谄，下交不渎[①]，其知几乎？几者，动之微，吉之先见者也[②]。君子见几而作，不俟终日[③]。《易》曰：'介于石，不终日，贞吉[④]。'介于石焉，宁用终日，断可识矣[⑤]。君子知微知彰，知柔知刚，万夫之望[⑥]。"

【注释】 ①上交，下交：指与地位在己之上或在己之下的人交往。谄：谄媚。渎：轻谩。 ②见：现也。 "吉"下脱"凶"字，《正义》："诸本或有凶字者，其定本则无也。"案：定本指韩康伯注本。《本义》："《汉书》'吉之'之间有凶字。"案：《汉书·楚元王传》穆生语引此有凶字。 ③俟：待也。 《正义》："君子既见事之几微，则须动作而应之，不得待终其日，言赴几之速也。" ④此引豫卦六二爻辞，原意详见该注。 ⑤于：如也。 宁：何也。 断：断然，速也，有当时、立即之意。 ⑥微：隐微。 彰：昭著。望：仰望。

子曰："颜氏之子，其殆庶几乎[①]？有不善未尝不知，知之未尝复行也。《易》曰：'不远复，无祇悔，元吉[②]。'"

【注释】 ①颜氏之子：孔子的高材弟子颜回。 殆：尽也，此处谓竭尽全力之后。 庶几：将近，差不多。《郭氏传家易说》："颜子亚圣之道，未能无过，故《论语》称'不贰过'；未能无得失，故《中庸》言'得一善，则拳拳服膺而弗失之'，由此则知，庶几于圣人矣。" ②此引复卦初九爻辞，原意详见该注。

天地絪缊，万物化醇[①]；男女构精，万物化生[②]。《易》曰"三人行，则损一人；一人行，则得其友"[③]，言致一也[④]。

【注释】 ①絪缊：天地二气浑然一体交相感应之貌。许慎《说文》引孟氏《易》作"壹壸"。段玉裁注云："谓元气浑然，吉凶未分，故其字从吉凶壶中，会意。"《释文》："絪，本又作氤"；"缊，本又作氲"。《本义》："絪缊，交密之状。" 醇：《本义》"谓厚而凝也，言气化者也。" ②男女：泛指万物的阴阳两性，如人之男女、动物之雌雄、植物之牝牡。构精：谓异性交合。 《本义》："化生，形化者也。" ③此引损卦六三爻辞，原意详见该注。 ④致一：归于一也。《正义》："天地若有心为二，则不能使万物化醇也"；"若男女无自然之性，而各怀差二，则万物不化生也"。来氏《易注》："损一人者两也，得其友者两也，两相与则专一，若三则杂乱矣，岂能成功。" 损六三爻辞有致一之道者，此其微言大义也。

子曰："君子安其身而后动，易其心而后语。定其交而后求。君子脩此三者，故全也[①]。危以动，则民不与也；惧以语，则民不应也；无交而求，则民不与也。莫之与，则伤之者至矣[②]。《易》曰：'莫益之，或击之，立心勿恒，凶'[③]。"

【注释】 ①易：平易。 脩：同修。 全：完全周备。 ②危以动：冒险以动，徼幸求成。 不与：不助、不予也。 不应：不响应。

伤之者至矣：谓受损伤极严重之意。 ③此引益卦上九爻辞，原意详见该注。此处谓虽立其心然不能持之以恒者，不可能修全上述三个方面，故有凶危。

《易》之兴也，其当殷之末世，周之盛德邪？当文王与纣之事邪[1]？是故其辞危[2]。危者使平，易者使倾[3]。其道甚大，百物不废[4]。惧以终始，其要无咎[5]。此之谓《易》之道也[6]。

【注释】 ①从上述十例爻辞的内容，《系辞》作者推断，《易经》的卦爻辞可能写成于殷末周初之际。 周文王：姬姓，名昌，商纣时为西伯。《集解》引虞翻："文王三分天下有其二，以服事殷，周德其可谓至德也。"纣：商纣王，又称帝辛，商朝末代残暴无道之君。 ②辞：指卦爻辞。 危：凶险、忧惧。《正义》："此一节明《易》之兴起在纣之末世，故其辞皆忧其倾危也，以当纣世忧畏灭亡。故作《易》辞多述忧危之事，亦以垂法于后，使保身危惧，避其患难也。" ③平：安也。易：简慢也。 《本义》："危惧故得平安，慢易则必倾覆。" ④其道：指殷末周初这段历史时期的经验与教训。广大：指具有普遍意义。 废：置也。 百物不废：指任何事物都在这个道的范围之内，概莫能置之道外。 ⑤以：于也。因惧而生警戒之心，自始至终谨慎从事。 ⑥此段《正义》在第八章，《本义》单列为第十一章，今据文义移此。

【评析】 以上十段为第四章。《正义》将此第一段置于第三章之末，立第二段至第九段为第四章，第十段在第八章之末。《本义》立此第一段至第九段为第五章，第十段为第十一章。

此章列举九个卦中的十条爻辞，说明《易经》的卦爻辞大约写成于殷末周初。因为这些卦爻辞多含危惧警戒之意，反映了殷末周初周文王兴起与商纣王灭亡的历史经验与教训。《系辞》作者认为：咸九四"天下何思何虑？天下同归而殊途，一致而百虑。天下何思何虑！"反映了客观事物往来屈信的自然之理，人体悟之以至于"精义入神"，则可以"利用安身"，以屈求信，致用崇德，穷神知化。文王囚于羑里可当其事矣。困六三"困于石，据于蒺藜，入于其宫，不见其妻，凶"。商纣王残暴无道，"名必辱"，"身必危”，“既危且辱，死期将至”，此爻之言，当此矣。余下诸条，总括为两条严重的历史教训。其一，“成器而动”。器，其人之才与德也。“德薄而位尊，知小而谋大，力小而任重”，此该器不足以胜其任，其动必凶。修德行在于积善去恶，“善不积不足以成名，恶不积不足以灭身”。文王积善，“藏器于身，待时而动”，故能以盛德兴周。其二，“安而不忘危，存而不忘亡，治而不忘乱”，这是一条安身治国之道。安危、存亡、治乱是可以互相转化的，因此应该“见几而作”，在安、存、治的时候，注意到危、亡、乱的因素，不能待到危、亡、乱已经昭著，然后才去慌张应付。“安其身而后动，易其心而后语，定其交而后求。君子脩此三者，故全也。”先静而后动，先退而后进，谨慎稳妥，在安危、存亡、治乱中可以立于主动，少受损伤。一言以蔽之，“其道甚大，百物不废。惧以终始，其要无咎”。

《易》之兴也，其于中古乎？作《易》者，其有忧患乎[①]？其称名也，杂而不越，于稽其类，其衰世之意邪[②]？夫《易》，彰往而察来，而微显阐幽，开而当名辨物，正言断辞则备矣[③]。其称名也小，其取类也大，其旨远[④]；其辞文，其言曲而中，其事肆而隐[⑤]。因贰以济民行，以明失得之报[⑥]。

【注释】 ①此句承上启下。中古，指上章所云“当殷之末世，周之盛德”之时。此句两问，《正义》在第六章之首，《本义》在第七章之首，今据文意移此。②称名：指卦名。 杂而不越：指卦序之排列阴卦阳卦错综相杂而不相逾越。 《集解》引《九家易》：“阴阳，杂也；名，谓卦名。阴阳虽杂，而卦象各有次序，不相逾越。”于：语助词。稽：考察。 类：比类。 于稽其类：考察这些卦名取象比类的含义。衰世：指商朝衰败之末世。 ③彰往：昭著往昔。 察来：豫知未来。 微显：使微小之事得以显著。 阐幽：使幽深之理得以阐明。 《本义》：“‘而微显’，恐当作‘微显而’。开而之而，亦疑有误。”朱熹之说允矣。又“开而”之间和之下恐有脱字。 当名：指卦名与卦画相宜。 当：适当也。 辨物：卦画象征各类事物，通过卦名可以分辨事物之类别。 正言：直截了当的语言。 断辞：吉凶悔吝等类判辞。来氏

《易注》："所断之辞吉则正言其占，凶则正言其凶，无委曲无回避也。" 备：具备也。 ④此句云卦名有以小喻大的作用。《横渠易说》："卦有称名至小而与诸卦均齐者，各著其义也，盖称名小而取义大也。" 旨远：谓旨意深远。 ⑤文：交杂也。 曲：委曲婉转。 中：射中之中，合乎事实之意。肆：直也，此处谓"叙事大小本末极其详备"（来氏《易注》）。 隐：理隐寓于事中。 此句谓卦名正反交杂并存，曲而有中，直而有隐。 ⑥贰：指一阴一阳之道。 济：成也。 报：应也。以上"其称名也"句至此处，《正义》在第五章之尾，《本义》在第六章之尾，今据文意移此。

是故履，德之基也①；谦，德之柄也②；复，德之本也③；恒，德之固也④；损，德之脩也⑤；益，德之裕也⑥；困，德之辨也⑦；井，德之地也⑧；巽，德之制也⑨。

【注释】 ①履：卦名。 德：伦理规范。 履：礼也。 礼辨上下尊卑等级名分，不知礼无以修德，故"履，德之基也"。 ②谦：卦名。 柄：器具之被人所执持的部位。德贵崇而礼贵卑，卑谦者积德，盈满者丧德，是以卑谦乃修德之入手处，故"谦，德之柄也"。 ③复：卦名。卦一阳生于下，象征善端萌生。 来氏《易注》："万善从此充广，亦犹木之有根本而枝叶自畅茂矣，故为德之本。" ④恒：卦名。《论语·子路》："不恒其德，或承之羞。"修德不能持之以恒，则其德不固，故云"恒，德之固也"。 ⑤损：卦名。 减损恶则善得修，故"损，德之脩也"。 ⑥益：卦名。 裕：充裕也。 增益善则德充裕，故"益，德之裕也"。 ⑦困：卦名。辨：分辨也。 《正义》："若遭困之时，守操不移，德乃可分辨也。" ⑧井：卦名。井卦之名，一字而含多义，此处主要取井田制之井，为人群生息居住之地。（案：井田制有"四井为邑，四邑为丘，四岳为甸，甸方八里"之建制，井为最小单位。） 德在人而施于人，离开人群居住之地，则德无从修亦无所施也，故云"井，德之地也"。 ⑨巽：卦名。制：相宜裁断之意。 《横渠易说》："量宜接物，故曰制也。"巽者，顺也。来氏《易注》："巽既顺于理，又其巽入细微，事至则随宜断制，故为德之制。"

履，和而至[①]；谦，尊而光[②]；复，小而辨于物[③]；恒，杂而不厌[④]；损，先难而后易[⑤]；益，长裕而不设[⑥]；困，穷而通[⑦]；井，居其所而迁[⑧]；巽，称而隐[⑨]。

【注释】 ①礼，调节统治阶层的内部关系，使之稳定而无争端。《礼记·乐记》："礼至则不争。" ②来氏《易注》："谦以自卑则不尊矣，谦以自晦则不光矣。今谦自卑而人尊，自晦而愈光。尊而光，此谦之才德所以极其善也。" ③王引之："辨，读曰遍。"一阳下生，其势小也；遍及万物，其德崇也。 ④世事皆正邪、美丑、善恶相杂。正不被邪所诱，美不被丑所染，善不被恶所侵，持德而不厌倦，唯恒而已矣。 ⑤先难：减损自身之不善，人于开始之时多不能忍痛。后易：一旦养成习惯，乃至于"闻过则喜"，"见善思齐"，则减损自身之不善为易事耳。 ⑥设：造作。《本义》："益但充长而不造作。" ⑦穷：尽头。人陷于困境，坚持德操不移，至于尽头，则转化为畅通。 ⑧《系辞》上传云："君子居其室，出其言善，则千里之外应之，况其迩者乎！"千里之外得以应之，是君子居其所而善言远近也。 ⑨称：相当、符合。来氏《易注》："巽则能顺其理，因时以称其宜；然其性入而伏，则又形迹之不露。称而隐，此巽之才德所以极其善也。"

履以和行[①]，谦以制礼[②]，复以自知[③]，恒以一德[④]，损以远害[⑤]，益以兴利[⑥]，困以寡怨[⑦]，井以辨义[⑧]，巽以行权[⑨]。

【注释】 ①行：用也。 礼之用，和为贵，故"履以和行"。 ②制：制约。 提倡卑谦，可以制约礼过严而亢。 ③知：觉知。 上章以"有不善未尝不知，知之未尝复行也"释复初九爻辞，说明行善道出于自觉。这种自觉性，是"德之本"，是德由小而至于崇的内在保证。 ④《正义》："恒以一德者，恒能始终不移，是纯一其德也。" ⑤损其不善而归于善，如此可以远离祸害。⑥益善则崇德而广业，故可以兴利。⑦《正义》："困以寡怨者，遇困守节不移，不怨天，不尤人，是无怨于物，故寡怨也。"⑧《本义》："辨义，谓安而能虑。"井，安居之地。身安则能周密思虑，周密思虑则能辨明道义。⑨权：顺时制变也。权者，德之权，是对德的灵活变通的表现。《正义》："巽顺以既，能顺时合宜，故可以行权也。若不顺时制变，不可以行权也。"

【评析】 以上四段为第五章。此章第一段"其称名也"以下，《正义》在第五章，《本义》在第六章；第二段至第四段，上接"作《易》者，其有忧患乎"，《正义》立为第六章，《本义》立为第七章。

此章第二段是介定履、谦、复、恒、损、益、困、井，巽九卦之卦名取义与道德修养的关系。第三段与第四段是对第二段九个介定的逐次说明，这三段对九个卦名的介定与说明，正好可以看作是第一段"其称名也小，其取类也大，其旨远；其辞文，其言曲而中，其事肆而隐"云云的例证。又第一段"其称名也，杂而不越，于稽其类，其衰世之意邪"云云，与"作《易》者，其有忧患乎"以及三陈九卦，上下呼应。作《易》者因处于衰世而生忧患，因有忧患而注重修德以远害。《正义》云："作《易》者既有忧患，须修德以避患，故明九卦为之所用也。"《本义》亦云："此章三陈九卦，以明处忧患之道。"作《易》者"有忧患"，卦名有"衰世之意"，三陈九卦，强调修德为"处忧患之道"，文义贯通。以上四段合为一章，非刻意求异于先贤，实文义该当如是耳。

此章大意有三：其一，《系辞》作者认为，卦名的确定大约也在殷末周初之际，因"其称名也"，有"衰世之意"，"有忧患"之情。其二，卦名的特点有二：一为以小喻大，旨义深远；二为曲而有中，直而有隐。其三，三陈九卦，以明处忧患而修德之理。其对卦名之阐述方法正好合于以小喻大、曲直并用的特点，意在发其微言大义，不在训释卦名原意也。

夫乾，天下之至健也，德行恒易以知险[①]；夫坤，天下之至顺也，德行恒简以知阻[②]。能说诸心，能研诸侯之虑[③]，定天下之吉凶，成天下之亹亹者。

【注释】 ①德行恒易以知险：谓由天体运行的至健而不难的永恒功能，可以体知到险难。《本义》："至健，则所行无难，故易。""然其于事皆有以知其难，而不敢易以处之也。" ②德行恒简以知阻：谓由地体顺承于天而所行不烦的永恒功能，可以体知到阻碍。《本义》："至顺，则所行不烦，故简。""顺者如自下趋上而知阻。""既简而又知阻，则不困于阻矣。" ③王弼《周易略例·明爻通变》引此作"能说诸心，能研诸虑"，《温公易说》据此认为"侯之"二字为衍文。《横渠易说》："《系辞》言能研诸虑，止是剩侯之二字。"剩，犹衍也。《本义》："侯之二字，衍。"说：通悦。 诸：之于合音。 《横渠易说》："简易故能悦诸心，险阻故能研诸虑。"

是故变化云为，吉事有祥，象事知器，占事知来[①]。天地设位，圣人成能；人谋鬼谋，百姓与能[②]。八卦以象告，爻彖以情言，刚柔杂居，而吉凶可见矣[③]。变动以利言，吉凶以情迁[④]。是故爱恶相攻而吉凶生，远近相取而悔吝生，情伪相感而利害生[⑤]。凡《易》之情，近而不相得，则凶，或害之，悔且吝[⑥]。将叛者其辞惭，中心疑者其辞枝，吉人之辞寡，躁人之辞多，诬善之人其辞游，失其守者其辞屈[⑦]。

【注释】 ①云为：《正义》："或口之所云，或身之所为也。" 变化云为：指人事因言行所引起的各种变化。 祥：祥瑞之兆。 《正义》："吉事有祥者，若行吉事则有嘉祥之应也。象事知器者，观其所象之事则知作器物之方也。占事知来者，言卜占之事则知未来之验也。"
②成能：指圣人作《易》，以成就天地自然运动变化之功用，而与天地相参。 人谋：谋之于人。 鬼谋：谋之于鬼神。 与能：参与其能。与：参与，利用。 能：《易》的占筮功能。《本义》："天地设位，而圣人作《易》以成其功。于是人谋鬼谋，虽百姓之愚，皆得以与其能。"
③象：卦画及其所象征的事物。 爻彖：爻辞和卦辞。情：含物之情形与人之情感两义。《横渠易说》："爻彖所趋各异，故曰情言。"刚：阳

爻。 柔：阴爻。杂居：交杂共居一卦六位之中。 ④变动：指爻卦之变动。 以利言：以是否有利为言谈之内容。 迁：转移。或吉或凶，因所占事物之具体情况为转移。 这两句是说占筮时如何解释卦爻之象与辞。 ⑤爱恶相攻：此就卦体中爻性之间的关系言。爱，指异性之爻相互吸引；恶，指同性之爻相互排斥。爱则吉，恶则凶，象征矛盾的统一与斗争。 远近相取：此就卦体中爻位之间的关系言。远者相间，近者相邻。远者或疏或应，近者或昵或比，故生悔吝。 情伪相感：《正义》："情，谓实情；伪，谓虚伪。""若以情实相感则利生，若以虚伪相感则害生也。" ⑥此句伸说"远近相取而悔吝生"句中相近之爻的关系。如四爻近五，五为君位，位逼于君，不相得也，故上文有"四多惧，近也"之说。 ⑦此句伸说"情伪相感而利害生"。 其辞惭：《正义》："辞不以实，故其辞惭也。"惭：伪诈也。 枝：模棱两可，歧而不一也。 吉人：善人。 躁人：浮躁之人。 游：游荡无实。 守：所守之志（信念、德行、主见等等）。 屈：亏屈不伸展。

【评析】 以上两段为第六章。《系辞》下传终。《正义》立此为第九章，《本义》立此为第十二章。

此章以乾易坤简之功能与上传第一章相呼应，说明《易》体现了天地之道，能悦心研虑，故遵循其道则可以"定天下之吉凶，成天下之亹亹"。天、地、人三才之道非仅一卦体之，全《易》皆如是也。《横渠易说》云："天人不须强分，《易》言天道，则与人事一滚论之，若分别则只是薄乎云尔。自然人谋合，盖一体也，人谋之所经画，亦莫非天理。"此章第二段，专以人事言，亦是天地自然之理，故人道与天道相契合也。

说卦传[1]

(一)

昔者圣人之作《易》也[2]，幽赞于神明而生蓍[3]，参天两地而倚数[4]，观变于阴阳而立卦[5]，发挥于刚柔而生爻[6]，和顺于道德而理于义[7]，穷理尽性以至于命[8]。

昔者圣人之作《易》也，将以顺性命之理[9]。是以立天之道曰阴与阳[10]，立地之道曰柔与刚[11]，立人之道曰仁与义[12]，兼三才而两之，故《易》六画而成卦[13]。分阴分阳，迭用柔刚[14]，故《易》六位而成章[15]。

(二)

天地定位，[16]山泽通气[17]，雷风相薄[18]，水火不相射[19]。八卦相错[20]，数往者顺，知来者逆，是故《易》逆数也[21]。

(三)

雷以动之[22]，风以散之[23]，雨以润之[24]，日以烜之[25]，艮以止之[26]，兑以说之[27]，乾以君之[28]，坤以藏之[29]。

【注释】 ①《说卦传》旨在说明八卦所代表的物象。从人伦、人体、方位、器物、颜色、性质和动作诸方面，阐述八卦取象的内容，为认识《易》象的内涵及其推演提供基本信息。 ②昔者：以往、从前。

未断定确切时间。现代多数学者认为指殷周之际。 圣人：汉以后许多学者以为是伏羲、文王、周公，谓伏羲画八卦、文王重为六十四卦并作卦辞、周公作爻辞，其实都只是一种推测。 ③幽：隐也，暗也。赞：赞助。神明：神妙的变化。 蓍：蓍草，传为多年生的神草，古代用以占筮吉凶。 暗中赞助神妙的变化，发明用蓍草进行占筮的方法。④参：即三，奇数。两：即二，偶数。《系辞上》有："天一、地二；天三、地四；……"即以奇数为天数，偶数为地数。 倚：立也。 倚数：将天数同地数两相参杂，从而建立七、八、九、六之筮数。占筮过程，蓍草九揲、七揲为阳爻，六揲、八揲为阴爻。 ⑤观变于阴阳：观察用蓍草相揲（即四营十八变）所显示阴爻（即六、八）或阳爻（即九、七）。 立卦：观察揲蓍所得奇偶之数及其产生的次序来确立与之对应的卦象。由此可见，是先有六十四卦的卦象，再通过占筮取得筮数，依筮数而求其所对应的卦象。即以卦之阴阳变化，拟议事物之阴阳变化。⑥刚：阳也。柔：阴也。生爻：依照筮数或奇或偶的刚柔特性而规定或阴或阳的爻象。 奇数偶数各按其刚柔特性发挥作用，便产生不同的阴阳爻象。⑦道：即事物发展的一般规律。 德：即事物运动变化的特殊性质。 理：治理。 义：宜也， 上述倚数、立卦、生爻的过程，既顺从事物发展的规律与特性，也符合治事的时宜。 ⑧穷理：探测事物变化的特殊规律。 尽性：了解事物固有的特性。 以至于命：即以至于把握最一般的自然法则。 ⑨性：指事物本性。 命：指自然法则。 将以顺性命之理：将使《易》理成为顺应事物本性和自然法则的普遍原理。 ⑩天之道：即自然的法则。 一阴一阳的对立和统一，是观察宇宙变化的自然法则。 ⑪一柔一刚的对立和统一，是观察地上万物变化的基本法则。 ⑫仁：嘉惠于人。 义：宜也，严以律己。 仁与义的对立和统一是处理人与己之间社会关系的基本原则。 ⑬三才：即天、地、人。 六画：即六爻。 兼三才而两之：六爻之中含三才；三才各兼两爻。五、上两爻象天，初、二两爻象地，三、四两爻象人。 成卦：每卦六爻而成六十四卦。 ⑭六十四卦每卦六爻，初、三、五为阳爻，属刚；二、四、上为阴爻，属柔，刚与柔交相迭用。⑮六位：六十四卦每卦六爻的爻位。章：文章也。《易》卦六个爻位，阴柔与阳刚相互交错，组成一个完整的体系。⑯天：即乾卦。地：即坤卦。乾坤两卦之位置，犹天在上地在下，确定不移。⑰山：即艮卦。泽：即兑卦。山上的云水下降而成沼泽，泽水蒸发而成云雨遍于山林。山与泽相对立，而山气与泽气时相交通。⑱雷：即震卦。风：即巽卦。薄：入也。风和雷既各自发动，又相互应和，从而使雷声浩大，风速迅猛。⑲水：即坎卦。火：即离卦。射：厌弃。水与火虽不相容，存在对立性；但又绝不相互厌弃，存在着统一性。⑳八卦相错：即谓天、地、山、泽、雷、风、水、火，并非彼此孤立，而是相互联系、相互错杂渗透，构成矛盾的统一体。㉑数：推算。数往者顺：占《易》而推知过去之事，由古及今，推论已生之事，此谓顺。知来者逆：占《易》而推知未来之事，由现在及未来，推论未生之事，此谓逆。《易》逆数也：《易》是逆知未来之事的，故可说《易》通预测之术。㉒雷即震，震即动，故言“雷以动之”。㉓风即巽，风具吹散万物之特性，故言“风以散之”。㉔雨即水，即坎，雨水有滋润万物生长之特性，故言“雨以润之”。㉕日即离，烜即暴晒，阳光能够暴晒万物，故言“日以烜之”。㉖艮即山，山的特征是静止不动，能减缓震动，消减风力，阻止水流，故言“艮以止之”。㉗兑即泽，说即悦，水泽利于万物生长，万物无不喜悦，故言“兑以说之”。㉘乾即天，君即主宰，天为万物之主宰，故言“乾以君之”。㉙坤即地，藏即包藏、包容，地能包容万物，故言“坤以藏之”。

（四）

帝出乎震，齐乎巽，相见乎离，致役乎坤，说言乎兑，战乎乾，劳乎坎，成言乎艮[30]。

万物出乎震，震东方也[31]。齐乎巽，巽东南也，齐也者，言万物之絜齐也[32]。离也者，明也，万物皆相见，南方之卦也[33]。圣人南面而听天下，向明而治，盖取诸此也[34]。坤也者，地也，万物皆致养焉，故曰致役乎坤[35]。兑，正秋也，万物之所说也，故曰说言乎兑[36]。战乎乾，乾西北之卦也，言阴阳相薄也[37]。坎者水也，正北方之卦也，劳卦也，万物之所归也，故曰劳乎坎[38]。艮，东北之卦也，万物之所成终，而所成始也，故曰成言乎艮[39]。

(五)

神也者，妙万物而为言者也[40]。动万物者，莫疾乎雷[41]；桡万物者莫疾乎风[42]；燥万物者，莫熯乎火[43]；说万物者，莫说乎泽；润万物者，莫润乎水[44]；终万物始万物者，莫盛乎艮[45]。故水火相逮，雷风不相悖。山泽通气[46]，然后能变化，既成万物也[47]。

【注释】 ㉚帝：非上帝，指大自然一切生机的主宰者。 帝出乎震：万物的生机出于震（指春分时）。 齐乎巽：万物生长整齐于巽（立夏）。 相见乎离：充分显现于离（夏至）。 致役乎坤：获得资助于坤（立秋）。 说言乎兑：成熟欣喜于兑（秋分）。 战乎乾：交配结合于乾（立冬）。 劳乎坎：勤劳倦怠于坎（冬至）。 成言乎艮：大功告成并重新萌动于艮（立春）。 ㉛震代表东方，于时为春分。万物出生于东方、春分时。 ㉜巽代表东南方，于时为立夏。 万物之絜齐：万物长得整齐一致。 ㉝离卦代表日，象征光明。 万物皆相见：万物充分显现其繁荣景象。离代表南方，故谓之“南方之卦”。 ㉞圣人坐北朝南而听朝政，犹如面向光明而治理国事，大概就是取法于此卦。 ㉟坤卦象征大地，万物都于其中获得滋养，故言“致役乎坤”。 ㊱兑卦象征正秋，万物均硕果累累而喜悦不已，故言“说言乎兑”。 ㊲战：交接。 乾卦位于西北方，于时为立冬。立冬之时，阴盛阳衰之转折，阴与阳相互搏击。 ㊳坎卦象征水，位于正北方，于时为正冬。此时万物春生、夏长、秋成，已疲劳衰老，需进入归藏阶段，故言“劳乎坎”。 ㊴艮卦位于东北，为万物成其终（收藏）和万物成其始（新生）之时，于时为冬末春初，故言“成言乎艮”。㊵神：神奇，神妙。造物主的神奇，在于它化育万物神妙莫测。㊶疾：急。鼓动万物者没有比雷霆更急骤的。㊷桡：同挠，散也。吹拂万物者，没有比风更急剧的。㊸燥：烤干，干燥。熯：火盛也。使万物干燥者，莫热于火。㊹说：同悦。润：滋润。能使万物喜悦的莫过于泽；能滋润万物的莫过于水。㊺盛：美盛，美好。使万物得其所终归且得其所萌始者，莫盛美于艮（山）。㊻逮：及也。悖：乱也。所以水火不相容，又能相济；雷风各自发动，又能相互助长；山泽高下对立，又能互通气息。㊼造物主的神妙变化，通过动万物，桡万物，燥万物，说万物，润万物，终始万物，使万物得以繁荣生长，天地之间充满无限生机。

（六）

乾，健也。坤，顺也。震，动也。巽，入也。坎，陷也。离，丽也。艮，止也。兑，说也[48]。

乾为马，坤为牛，震为龙，巽为鸡，坎为豕，离为雉，艮为狗，兑为羊[49]。

乾为首，坤为腹，震为足，巽为股，坎为耳，离为目，艮为手，兑为口[50]。

乾天也，故称乎父。坤地也，故称乎母[51]。震一索而得男，故谓之长男。巽一索而得女，故谓之长女[52]。坎再索而得男，故谓之中男。离再索而得女，故谓之中女[53]。艮三索而得男，故谓之少男。兑三索而得女，故谓之少女[54]。

乾为天，为圜，为君，为父，为玉，为金，为寒，为冰，为大赤，为良马，为老马，为瘠马，为驳马，为木果[55]。

坤为地，为母，为布，为釜，为吝啬，为均，为子母牛，为大舆，为文，为众，为柄。其于地也为黑[56]。

震为雷，为龙，为玄黄，为旉，为大涂，为长子，为决躁，为苍筤竹，为萑苇。其于马也为善鸣，为馵足，为作足，为的颡。其于稼也，为反生。其究为健，为蕃鲜[57]。

巽为木，为风，为长女，为绳直，为工，为白，为长，为高，为进退，为不果，为臭。其于人也为寡发，为广颡，为多白眼，为近利市三倍。其究为躁卦[58]。

坎为水，为沟渎，为隐伏，为矫輮，为弓轮；其于人也为加忧，为心病，为耳痛，为血卦，为赤；其于马也为美脊，为亟心，为下首，为薄蹄，为曳；其于舆也为多眚，为通，为月，为盗；其于木也，为坚多心[59]。

离为火，为日，为电，为中女，为甲胄，为戈兵；其于人也为大腹；为乾卦，为鳖，为蟹，为蠃，为蚌，为龟；其于木也为科上槁[60]。

艮为山，为径路，为小石，为门阙，为果蓏，为阍寺，为指，为狗，为鼠，为黔喙之属。其于木也为坚多节[61]。

兑为泽，为少女，为巫，为口舌，为毁折，为附决；其于地也为刚卤；为妾，为羊[62]。

【注释】 ㊽乾象征天，刚健而主动。坤象征地，柔顺而配天。震象征雷，震动而生变化。巽象征风，吹拂大地无孔不入。坎象征水，往下流而居陷阱。离象征火，附丽于物而燃烧。艮象征山，静止不动且阻止他物运动。兑象征泽，润育动物植物，使之生长、喜悦。 健、顺、动、入等均指八卦的基本象征意义，即意象，又称卦德。 ㊾乾性刚健，而马为行健者，故乾为马，坤性柔顺，而牛为驯服者，故坤为牛。震性活跃，而龙善飞腾于天地间，故震为龙。巽性如风呼号，而鸡为晨鸣者，故巽为鸡。坎性如坑中之泥水，而豕为泥淖中的嬉戏者，故坎为豕。离性附丽，象征有华丽羽毛附于其身的野雉。艮性制止，象征禁止外人进入的看家狗。兑性喜悦，象征人所抚爱的羊羔。 以上马、牛、龙、鸡、豕、雉、狗、羊为八卦代表的动物形象，取象利于比类，八卦的取象仍在于喻意。 ㊿乾为天，为宇宙自然之最上方，犹如人之首，故乾为首。坤为地，能包藏万物，犹如人腹能包藏食物，故坤为腹。震为动，而足为行动者，故震为足。巽为木，股似木之干，故巽为股（从高亨说）。坎为陷坑，耳为头部之陷坑，故坎为耳。离为火、为明，象征炯炯目光，故离为目。艮为山，山陵起伏，犹人之手指，故艮为手。兑为泽，吞容众流，如人之口吞入饮食，故兑为口（从高亨说）。 以上八句取人体八种器官，喻八卦取象贯彻“近取诸身”的原则。 ㉛称：犹等也，即相当。 乾为天，刚健而有为；坤为地，柔顺而生物，故乾相当于父，坤相当于母。 ㉜索：求也。 震一索而得男，坤阴求得一阳而为男。震（☳）为阳卦，象征男性，又震初爻为阳，故为长男。 巽一索而得女，乾阳求得一阴而为女，巽（☴）为阴卦，象征女性，又巽初爻为阴，故为长女。 ㉝坎（☵）为阳卦，为男，且中爻为阳，故为中男。 离（☲）为阴卦，为女，且中爻为阴，故为中女。 ㉞艮（☶）为阳卦，为男，且末爻为阳，故为少男。 兑（☱）为阴卦，为女，且末爻为阴，故为少女。 ㉟圜：圆也，古时有以天为圆形之说，故言乾为圜。 天居尊而有为，主宰万物，君亦居尊而有为，且主宰社会，故言乾为君。 父为一家之主，故乾为父。 乾刚健洁净且尊贵，犹玉和金也。 乾为秋末冬初且位居西北，常遭天寒、冰冻，故为寒，为冰。 大赤即大红色，象征精力旺盛；且周人崇尚赤色，赤为五色之主，故乾为大赤。 良马，刚健有力；老马，喻人年老资深受敬重；瘠马，即瘦马，精干；驳马，斑驳出众，均为乾之特性。木果，圆而坚硬，亦为乾之特性。 ㊱布柔软且能包藏（人为衣、物包裹），犹地之性。 釜即锅，亦能包容食物，属地之性。 吝啬：隐藏而不示人。均：平均，犹大地普载万物，不分轻重。 子母牛：幼小的牝牛，柔嫩可爱。 舆：大车，能载藏物品。文：文采，犹地生万物丰富多彩。众：臣民，卑下而顺从。柄：生物之本也。 沃壤色黑，故坤为黑色。 ㊲玄：黑中带赤的颜色。《坤·文言》：“天玄而地黄。”震为天与地始交，故象玄黄交杂。 旉：花的总称。 震为正春季节，桃花开，故为旉。 大涂：即大路。震性动，故代行动的大道。 决：疾走不顾也。躁：本作趮，行走疾速。

决躁：即言疾速行走，犹雷震运动疾速也。苍筤竹：初生的青竹。萑苇：春天生的葭草。竹与萑苇均有节，拔节而生，含"动"意。善鸣：好鸣叫。馵：后左足长白毛的马。作足：双举前足。的颡：额头长白毛的马。此四种马均行动迅速，取其"动"意。反生：即倒生。果实（属刚）在地下，枝叶（属柔）在地上，如土豆、地瓜、生姜等等，象震（☳）之阳刚在下，阴柔居上。究：终究、终极。健：刚健。蕃鲜：即茂盛，新鲜的草木。㊿巽为风，易招风者莫若木，故巽为木。木需引绳而取直，故言绳直。工：削木而绳直的工匠。白：指木去其表皮，其里为白色。长：长远，谓风扫大地，吹拂千万里，故长远。高：风能上至云霄，故高。进退：风向回还，时进时退。不果：谓风向不定，强弱亦不定，犹人不果断也。臭：气味也，风吹拂物体，必散发各种气味。寡发：头发稀疏。广颡：头额宽广。多白眼：眼睛里白色部分较多。古代相面术以寡发、广颡和多白眼为木质（即质朴）之性。近利市三倍：高亨谓"人栽植树木，树木长成，或售其果，或卖其材，可得近于三倍之利于市"。躁：躁动。躁卦：喻巽风吹拂大地，其势躁急。㊾沟渎：积水之沟渠。水紧贴于地面，渗透于地下，故有隐伏之状。矫：使曲者变直。輮：使直者变曲。矫輮：即曲直，谓水流或直或曲。弓轮：指弯曲之物，犹水之性。加忧：增加忧愁，坎为险，故加忧。心病：精神加忧故致疾病。耳痛：耳在头部为陷，灌水生疾则痛。血卦：地之有水，犹人之有血。坎为血卦，故色赤。美脊：脊背美丽。薄蹄：即马蹄薄弱而易伤。古代相马术，谓以上四种马均行路迟缓，易于驾驭。曳：牵引。水流冲走所遇之物，犹马牵引他物。眚：灾害。坎为坑陷、沟渎，易使车行路不利。通：通达，水流畅通。月：其光寒白如水，故世有"月光如水"之语。盗：盗贼之性喜隐伏，如水之喜潜行。坚多心：外柔内刚之棘木，或柔中有刚，水性亦如是。⑥⓪电、火、日，均为光明之物。胄：盔也。兵：兵器也。甲胄和戈兵均为防卫身体的坚固武器，离卦（☲）为两阳护卫一阴，呈外刚内柔之象，与甲兵护身之象同。离卦中虚，似人腹中空。乾：干燥。离为日、火，能烤物使物干燥。

蠃：蚌属，大者可以为酒杯，亦可为乐器。鳖、蟹、蠃、蚌、龟均有坚硬的外壳，而内藏肉身，如离卦（☲）外刚内柔之象。科：空也。科上槁：谓树干空心，亦外强中空，离卦之象。㉛径路：山中羊肠小道。小石：山中小石。门阙：门的两旁所筑的楼台，中有通道。象艮（☶）之形。果，木实也；蓏，草实也，二者均为山中之物。阍，阍人，守门外不准人妄入；寺，寺人，守门内不准人妄出，都是阻止人擅自出入，取艮为"止"意。指：手指，似山峰林立。鼠：指山鼠。黔：黑也。黔喙：肉食之野兽，亦居山中。多坚节：喻山木坚硬而多节。节，有"止"意。㉜巫：祝也，女子能以舞降神者。兑为少女，为口，喻女巫以口舌通神。口舌：即兑之象征。毁折：兑为秋季，秋天果实成熟，枯枝易毁折。附决：断决也，如果实成熟落地，与枝断决。枯枝毁折，熟果附决，均秋成喜悦之象。卤：谓盐碱地。刚卤：泽水停滞使土地变成了硬结的盐碱地。妾：家庭中位卑的少女。兑为少女，又为泽，均为卑下之位。羊：具有任人摆布的温驯性格，似少女之性。

【评析】　《说卦传》历来分章不统一，或分十一章，或分三章，此分为六章。

第一章，阐明圣人作《易》时，生蓍、立数、取象、演卦以至推其爻变的原理；作《易》者效法天地人三才之道，其目的在"穷理尽性"。

第二章，说明"先天八卦"（或伏羲八卦）数往知来的"逆数"原则，阐明八卦中包含既对立又统一的基本原理。先天八卦代表的方位是离东、坎西、乾南、坤北。

第三章，说明八卦表征的八种自然物类［雷、风、雨（水）、日（火）、山（艮）、泽（兑）、天（乾）、地（坤）］的基本功能。

第四章，说明"后天八卦"（或文王八卦）代表的方位与季节，其方位是震东兑西；离南坎北。其季节为震春兑秋，离夏坎冬。其用意在于说明万物发生、发展必依赖一定的时空条件。

第五章，综合先天八卦、后天八卦，统论乾坤、六子神妙万物的功能，及六子之间存在的对立统一关系。

第六章，说明一卦有多象，八卦共计一百一十二象。作《易》者“近取诸身”、“远取诸物”的取象原则。卦象有取卦形者，如坎为耳，离为目；有取卦义者，如乾健、坤顺、震动、艮止；有取卦象之引申义者，如乾象君，震象龙，离象甲胄等。所取诸象，包括人体器官、动物、植物，器具、颜色等。不过，对于八卦取象的依据，未作具体说明，不少地方实属牵强附会。朱熹早已指出：“其间多不可晓者，求之于经，亦不尽合也。”（《周易本义》）

《说卦传》包含着一些值得注意的思想内容。

（一）先有“数”，后有“象”，然后才有“义理”的思想。《说卦传》作者以为圣人作《易》是先揲蓍而得奇偶之数，再依数来立卦象和爻象，而后再表达事物的道理，这一思想近些年来逐渐为张政烺、徐锡台等考古学家有关“数字卦”的研究成果所证实，说明了《易》本为占筮之书，而后才逐渐成为哲学义理之书。

（二）“三才之道”思想。所谓：“立天之道曰阴与阳，立地之道曰柔与刚，立人之道曰仁与义。”将天道、地道和人道都看作是对立着的两极的统一，且认为对立的双方是彼此区分，又相互交错的关系，反映了《易传》中包含着对立统一的辩证法思想。

（三）“先天八卦”和“后天八卦”思想。《说卦传》：“数往者顺，知来者逆，是故《易》逆数也。”这表明《易传》主张从过去推演未来的“逆数”学说。宋代学者陈抟和邵雍称它为“先天之学”。邵氏说：“此伏羲八卦之位：乾南、坤北、离东、坎西、兑居东南、震居东北、巽居西南、艮居西北。于是八卦相交而成六十四卦。”朱熹解释说“自震至乾为顺，自巽至坤为逆”。（见图一）顺者阳气日升，逆者阳气日消。邵氏以此与四时变化相结合，从而以阴阳互为消长来说明事物变化，特别是天时和节气变化的规律性。

“后天八卦”是依据《说卦传》第四章构造的，又称“文王八卦”。他认为伏羲八卦为天道，文王八卦为地道，地道源于天道。文王承继了伏羲的事业，故称“后天之学”。认为“先天之学”为“易之本”，“后天学”为“易之用”。

与“先天八卦”不同，方位主震东兑西，离南坎北。（见图二）

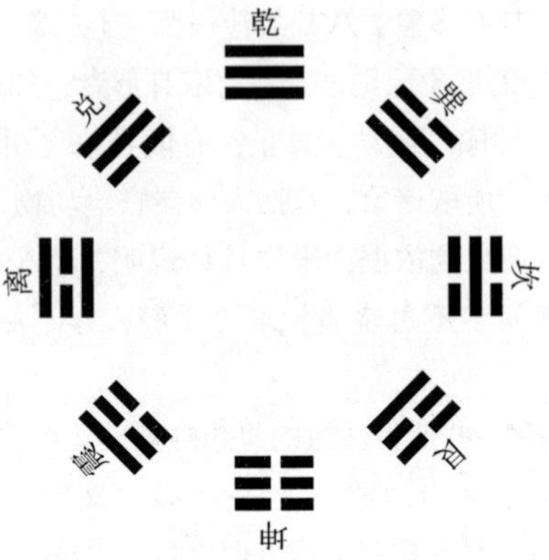

乾 巽 兑 坎 离 艮 震 坤

图一

离 巽 坤 震 兑 艮 乾 坎

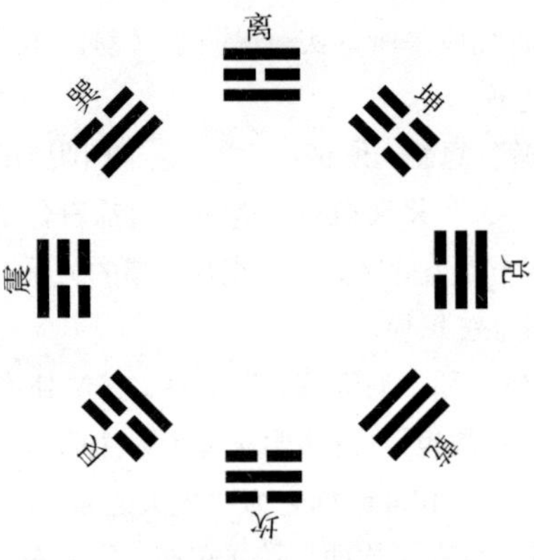

图二

（四）《说卦传》详述八卦所取之象，与人们的生产和生活有着密切联系，包括人伦、人体、地理、方位、动物、植物、颜色、性质和动作等，此外关于形状、矿物、气候、器物、农作物、贸易、水利、气味、疾病、武器、交通和巫术等方面均有反映。这说明八卦具有表征人们认识事物的符号表达功能，堪称中国古代精神文化中特有的“代数学”。

当然，《说卦传》所述八卦之象例，未免牵强、烦琐，切不可盲目地据以释《易》。牵强地以象释《易》，是古代用八卦进行占筮的做法。

序卦传[1]

经　上

有天地，然后万物生焉[2]。盈天地之间者唯万物，故受之以《屯》。屯者盈也[3]。屯者，物之始生也。物生必蒙，故受之以《蒙》。蒙者，蒙也，物之穉也[4]。物穉不可不养也，故受之以《需》。需者，饮食之道也[5]。饮食必有讼，故受之以《讼》[6]。讼必有众起，故受之以《师》。师者，众也[7]。众必有所比，故受之以《比》。比者，比也[8]。比必有所畜，故受之以《小畜》[9]。物畜然后有礼，故受之以《履》，履者，礼也[10]。履而泰然后安，故受之以《泰》。泰者，通也[11]。物不可以终通，故受之以《否》[12]。物不可以终否，故受之以《同人》[13]。与人同者，物必归焉，故受之以《大有》[14]。有大者不可以盈，故受之以《谦》[15]。有大而能谦必豫，故受之以《豫》[16]。豫必有随，故受之以《随》[17]。以喜随人者必有事，故受之以《蛊》。蛊者，事也[18]。有事而后可大，故受之以《临》。临者，大也[19]。物大然后可观，故受之以《观》[20]。可观而后有所合，故受之以《噬嗑》。嗑者，合也[21]。物不可苟合而已，故受之以《贲》。贲者，饰也[22]。致饰然后亨则尽矣，故受之以《剥》。剥者，剥也[23]。物不可以终尽，剥，穷上反下，故受之以《复》[24]。复则不妄矣，故受之以《无妄》[25]。有无妄，物然后可畜，故受之以《大畜》[26]。物畜然后可养，故受之以《颐》。颐者，养也[27]。不养则不可动，故受之以《大过》[28]。物不可以终过，故受之以《坎》。坎者，陷也[29]。陷必有所丽，故受之以《离》。离者，丽也[30]。

【注释】 ①《序卦传》的中心思想在说明《易经》六十四卦的排列顺序或结构。根据卦名，揭示卦与卦之间相互联结的哲学意义。对卦名的解释多有牵强、片面之处。全传分为上、下两部分，上部分解说上经从《乾》至《离》三十卦的顺序；下部分解说下经从《咸》至《未济》三十四卦的顺序。 ②天象征乾，地象征坤，此处以天地代乾坤。乾坤为《易》之开端，天地乃万物之端，故言有天地然后产生万事万物。此论乾、坤二卦为《易》之首。 ③受：继，紧接着。受之以：接着是。以下通篇如此。 盈：充盈，充满。 充满天地之间的，唯有万事万物，所以乾坤之后接着是象征事物生长的“屯”。屯，表示阴阳之气充盈，万物萌生。 ④屯：难也，《说文》：“屯，像屮（草）木之初生，屯然而难。从中贯一屈曲之也。”屯为会意字，“屮”，像种子萌芽生根之状，“一”，像大地。萌芽冲破大地，生长甚难。 万物必始于蒙，故屯卦之后接着蒙卦。 蒙：萌芽。 穉：同稚，幼小。 ⑤物始生而幼稚，不能不加以滋养。故蒙之后为需。 需：供养也。 供养必靠饮食，故言“需者，饮食之道也”。 ⑥讼：争讼。 饮食必有讼，物初生而幼稚，急需给养；为求生存，互夺给养，必引起争讼，故需之后为讼。⑦师：兵众也，兵众二千五百人为师。 讼必有众起：争讼必有众人卷入，故讼后接着师。 ⑧比：亲密也。 众人参与其事，必定各有所亲比，故师卦之后为比卦。 ⑨畜：同蓄，积蓄。民众相亲近，其力量必小有蓄聚，故比之后为小畜。 ⑩礼：礼仪制度。 人物蓄聚多了，必须有一定的礼仪制度，以便组织、管理，故小畜之后接着按礼行事的履卦。 ⑪泰：安泰。有了礼仪制度，泰然信守，然后才会平安无事，故履之后为泰。 ⑫否：闭塞而不畅通。 事物不可能永远通畅而无阻碍，泰极则转否，故泰后为否。 ⑬同人：与人同一志向，同一行为。 事物不可以永久闭塞，否则思通，终因和同于人而疏通，故否后接同人。⑭大有：大获所有。 能与民众和同者，外物必来归附，定能大有所获，故同人接大有。 ⑮谦：让也，不骄傲自满。 大有成就的人不可自满骄盈，故大有下接谦卦。 ⑯豫：安也，即安逸。 成就大业且能谦虚谨慎的人，必定安逸快乐，故谦后为豫。⑰随：跟随，追随。自己安乐，并使他人安乐的人，定会有人随从，故豫后为随。⑱蛊：事，祸乱。有事：即起祸乱。因私心所好而随从他人的人，终会惹起事端，故随后为蛊。⑲临，居上临下，喻有大志，故称“临者大也”。遇事端而能果敢平治，然后可以成大志，临大事，故蛊后接着临。⑳观：注视也，引申为尊仰。志向伟大的人，自能受人尊仰，故临之后为观。㉑噬嗑：合和也。能受人尊仰，则可上下融合，故观之后接噬嗑。㉒贲：文饰。事物不可以苟且和合，必有待于礼乐文饰，故噬嗑之后有贲卦。㉓亨：亨通，顺达。剥：剥离。礼乐文饰固可亨通，文饰至极，必剥尽其朴实本质，故贲之后为剥。㉔穷上反下：穷尽于上，便会反复于下。事物不可始终居于穷极，物极必有反复，故剥之后为复。㉕妄：虚妄不实。因穷极而复反，则能惩前毖后而无妄行，故复之后为无妄。㉖畜：同蓄。不妄行则事物日益发展，大有积蓄，故无妄之后接大畜。㉗颐：养，滋养。事物大有积蓄，必有利于颐养，故大畜之后为颐卦。㉘大过：大为过甚。万物得不到滋养，就不可能有所发展，然而滋养应防止过甚，故颐之后为大过。㉙事物不可以永远过度地发展，那样将遇到坎坷，故大过后接坎卦。㉚离：丽也。丽：依附，附著。遭遇坎坷、险境，必要有所依附，才能解脱危难，故坎之后为离。

经　下

有天地然后有万物，有万物然后有男女，有男女然后有夫妇，有夫妇然后有父子，有父子然后有君臣，有君臣然后有上下，有上下然后礼义有所错[31]。夫妇之道不可以不久也，故受之以《恒》。恒者，久也[32]。物不可以久居其所，故受之以《遁》。遁者，退也[33]。物不可以终遁，故受之以《大壮》[34]。物不可以终壮，故受之以《晋》。晋者，进也[35]。进必有所伤，故受之以

《明夷》。夷者，伤也[36]。伤于外者必反其家，故受之以《家人》[37]。家道穷必乖，故受之以《睽》。睽者，乖也[38]。乖必有难，故受之以《蹇》。蹇者，难也[39]。物不可以终难，故受之以《解》。解者，缓也[40]。缓必有所失，故受之以《损》[41]。损而不已必益，故受之以《益》[42]。益而不已必决，故受之以《夬》。夬者，决也[43]。决必有所遇，故受之以《姤》。姤者，遇也[44]。物相遇而后聚，故受之以《萃》。萃者，聚也[45]。聚而上者谓之升，故受之以《升》[46]。升而不已必困，故受之以《困》[47]。困乎上者必反下，故受之以《井》[48]。井道不可不革，故受之以《革》[49]。革物者莫若鼎，故受之以《鼎》[50]。主器者莫若长子，故受之以《震》。震者，动也[51]。物不可以终动，止之，故受之以《艮》。艮者，止也[52]。物不可以终止，故受之以《渐》。渐者，进也[53]。进必有所归，故受之以《归妹》[54]。得其所归者必大，故受之以《丰》。丰者，大也[55]。穷大者必失其居，故受之以《旅》[56]。旅而无所容，故受之以《巽》。巽者，入也[57]。入而后说之，故受之以《兑》。兑者，说也[58]。说而后散之，故受之以《涣》。涣者，离也[59]。物不可以终离，故受之以《节》[60]。节而信之，故受之以《中孚》[61]。有其信者必行之，故受之以《小过》[62]。有过物者必济，故受之以《既济》[63]。物不可穷也，故受之以《未济》，终焉[64]。

【注释】 ㉛《易经》下篇自《咸》始。咸：感也。咸之象为上兑（少女）下艮（少男），男下女，即男子亲迎于女家，相感而结成夫妇。错：措也，即施行。 此段谓：有天地，便能生成万物；有万物，便有雌雄、男女之分别；有男女之分别，便会产生夫妇关系；有夫妇，便会产生父子关系；有父子，人类社会日益复杂，需要加以治理而建立君臣隶属体制；有君臣体制，便有了上下等级名分；有了等级名分，礼仪制度才能施行于社会。此论“咸”为社会人伦之始。㉜男女必结成夫妻，这是恒久不变的自然法则，天地之大本。《荀子·大略》：“《易》之《咸》见夫妇。夫妇之道不可不正也，君臣、父子之本也。”故咸之后为恒。㉝遁：退避，隐退。事物不能永久保持原状，人不可久居原位，当有所退避，故恒之后为遁。㉞万物不可以始终隐避，到一定程度便会重新兴盛壮大，故遁之后为大壮。㉟晋：进升，发展。事物不可以安于壮大，当更加前进，发展，故大壮之后为晋卦。㊱明：光明也。夷：伤也。明夷：光明受到损伤。事物不断发展、前进，终究会走向反面而遭受损伤，故晋卦之后为明夷。㊲反：即返，返回。家：家室。在外面受到伤害，必返回家中求得家人的宽慰，故明夷之后为家人。㊳睽：乖离，离散。和睦的家庭终会穷困，家道一旦穷困，家人必会彼此乖离，故家人之后为睽。㊴蹇：行动艰难貌，引申为艰难。家人彼此乖离，必定会造成家庭艰难，故睽之后为蹇。㊵解：缓解，解救。事物不会永远处于艰难状态，艰难终会得到缓解，故蹇之后为解。㊶矛盾得到缓解，往往麻痹懈怠，而招致新的亏损，故解之后为损。㊷益：盈满，增益。亏损达到极点，物极必反，必将有所增益，故损之后为益。㊸夬：同决，溃决。洪水增益不止，必会导致水坝溃决，故益卦之后接着夬卦。㊹姤：相遇，遭遇，指遇到阻拦。河水决堤泛滥，必定绕过山陵在低处相遇，故夬之后为姤。㊺萃：草茂盛貌，引申为聚集。事物不断相遇，必会日益聚集，故姤之后为萃。㊻水流汇聚则水位上升，土壤积聚则丘陵突起，故萃之后为升。㊼不断升高，达到极点，必然转向反面，面临困境，故升之后为困。㊽反：返也。困穷于上，必反跌向下，穷上而反下，正如用桔槔提水于井，故困卦之后接着井卦。㊾革：革新，淘治。水井易受泥沙堵塞不得不经常淘治、整修，故井之后为革。㊿鼎：三足两耳的烹煮器，能烹熟牛羊，以祭神灵。能改革旧物，烹成新味的莫过于鼎，故革之后为鼎。51鼎是祭祀用的礼器，古代陈鼎器而主祭的是嫡长子，故言“主器者莫若长子”。《说卦》“震为长子”，所以鼎卦之后接着震卦。52震：动也。事物不可以无休止地动荡不定，必有所止，故言“止之”。艮为山，像静止，所以震卦之后为艮卦。53事物不可以永远静止不动，当日渐缓缓前进，故艮之后为渐。㊿④归妹：嫁少女，少女以夫家为归宿。事物渐进不可漫无止境，必有其归宿，故渐之后为归妹。㊿⑤事物有所依归，必定日益丰盛，故归妹之后接着丰卦。㊿⑥丰盛富有到极点的人，终将丧失其安居之所而外出行旅，故丰之后为旅。㊿⑦巽：为风，为入，风随地可入。外出行旅者难有长久栖身之地，只能随遇而入，故旅之后为巽。㊿⑧说：同悦，喜悦。随遇而入的旅客于其所归必生喜悦。《说卦》“兑为说”，故巽之后为兑。㊿⑨涣：涣散、离散。喜有所归，毕竟非久居之地，终究会离散，故兑之后为涣。⑥⓪节：节制、约束。事物不可以始终游离、涣散，必将有所节制，故涣之后为节。⑥①中：即忠，诚也。孚：信也。依礼仪加以节制，而后才会使人衷心信服，故节之后为中孚。⑥②过分诚信的人，往往刻板地履行其职责，造成小有过失，故中孚之后为小过。⑥③过物：超越常规。既济：事件成功。善于超越常规行事者，办事定能成功，故小过之后为既济。⑥④物不可穷：事物的存在和发展不可穷尽。未济：未最后成功，未完结。终焉：谓六十四卦以未济卦终结。

【评析】 《周易》六十四卦可能有多种卦序，现存者有两种，一种是通行本《周易》的卦序，另一种是长沙马王堆出土帛书《周易》的卦序。帛书《周易》的卦序是按上卦相同者分为八组，上卦之次序为：乾、艮、坎、震、坤、兑、离、巽；八组之中其下卦之次序为乾、坤、艮、兑、坎、离、震、巽。其六十四卦次序是：键（乾）、妇（否）、掾（遁）、礼（履）、讼、同人、无孟（无妄）、狗（姤）；根（艮）、泰畜（大畜）、剥、损、蒙、蘩（贲）、颐、个（蛊）；赣（坎）、襦（需）、比、蹇、节、既济、屯、井；辰（震）、泰壮（大壮）、余（豫）、少过（小过）、归妹、解、丰、恒；川（坤）、泰、嗛（谦）、林（临）、师、明夷、复、登（升）；夺（兑）、夬、卒（萃）、钦（咸）、困、勒（革）、隋（随）、泰过（大过）；罗（离）、大有、溍（晋）、旅、乖（睽）、未济、筮嗑（噬嗑）、鼎；筭（巽）、少蓺（小畜）、观、渐、中复（中孚）、涣、家人、益。显然与通行本卦序迥异。它的优点是利于占筮者按卦象检索卦序。正如高亨先生所言，这种排列“不具有哲学之意义”。它表明通行本的卦序并不一定就是原初卦序，只不过是诸多种卦序之一种。

《序卦传》作者将通行本《周易》六十四卦，俨然看作依次紧密相连贯的整体，犹如环环相扣的链条，每一卦均是此链条中不可或缺的一环。值得肯定的是，其中包含着较深刻的有机整体论的哲学思想。但同时必须指出，通行本《周易》六十四卦的卦序并不如《序卦传》作者所描述的那么严密，那么令人信服，因为其叙说六十四卦之顺序除以卦象为据来解释乾坤咸震四卦之外，其于六十卦均以卦名为依据，多与经义不合。如：履，经文原义为“践行”，《序卦传》以为“履者，礼也”；离，经文原义为“灾咎”，《序卦传》以为“离，丽也；”蒙，经文原义为“蒙昧”，《序卦传》以为“蒙，物之稺也”等等。另外，就《序卦传》本身而言，仍不能说明自《上经》的《离卦》如何过渡到《下经》的《咸卦》。这说明《序卦传》难免牵强附会。

《序卦传》包含着较丰富的哲学思想。除上面已提及的有机整体论思想之外，它还提出了“盈天地之间者唯万物”的朴素唯物主义本体论思想，并把“天地→万物→男女→夫妇→父子→君臣→礼义”看作是事物产生和发展的必然序列，反映出素朴的唯物主义万物起源论和历史进化论思想。不仅如此，《序卦传》的作者还认识到了事物的运动变化，有时向正面发展，有时则向相反方向转化的朴素辩证法思想。如说物不可终通，故受之以《否》。物不可终难，故受之以《解》。损而不已必益，故受之以《益》。益而不已必决，故受之以《夬》。和升而不已必困，困乎上者必反下。物不可穷也，故受之以未济终焉。等等。

《序卦传》过分主观地将六十四卦安排成一个序列，难免有形而上学的弊病。如其言“震者，动也。物不可以终动，止之，故受之以《艮》；……物不可终止，故受之以《渐》；渐者，进也”。这里，一方面强调“物不可以终动”，另一方面又强调“物不可终止”，这样，试图通过否定“动”的永恒性来说明“止”的现实性，又试图通过否定“止”的永恒性来说明“动”的现实性，这显然有相对主义的错误。

杂卦传

乾刚坤柔[1]。比乐师忧[2]。临观之义，或与或求[3]。屯见而不失其居[4]。蒙杂而著[5]。震，起也。艮，止也[6]。损、益，盛衰之始也[7]。大畜，时也[8]。无妄，灾也[9]。萃聚而升不来也[10]。谦轻而豫怠也[11]。噬嗑，食也[12]。贲，无色也[13]。兑见而巽伏也[14]。随，无故也[15]。蛊则饬也[16]。剥，烂也[17]。复，反也[18]。晋，昼也。明夷，诛也[19]。井通而困相遇也[20]。咸，速也。恒，久也[21]。涣，离也。节，止也[22]。解，缓也。蹇，难也[23]。睽，外也。家人，内也[24]。否、泰，反其类也[25]。大壮则止，遁则退也[26]。大有，众也。同人，亲也[27]。革，去故也。鼎，取新也[28]。小过，过也。中孚，信也[29]。丰，多故也。亲寡，旅也[30]。离上而坎下也[31]。小畜，寡也。履，不处也[32]。需，不进也。讼，不亲也[33]。大过，颠也[34]。姤，遇也，柔遇刚也[35]。渐，女归待男行也[36]。颐，养正也[37]。既济，定也[38]。归妹，女之终也[39]。未济，男之穷也[40]。夬，决也，刚决柔也，君子道长，小人道忧也[41]。

【注释】 ①乾刚坤柔：论乾与坤的对立统一性。乾为天，性刚健，凡刚性之事物以乾代表，如父、雄、男、阳；坤为地，性柔顺，凡柔性之事物以坤代表，如母、雌、女、阴。《杂卦传》不依《序卦传》所述六十四卦的次序，杂乱其次序，仅从对立特性上揭示某两卦的关系。通篇显示了作者的矛盾观。乾与坤，纯阳纯阴，为相错卦。 ②比乐师忧：论述比与师的对立性质。比与师均一阳统五阴。比，一阳居九五尊位，为君主之象，上下皆顺从，乐安其位，故为比乐。师，一阳居九二，为帅位，帅师出征，多忧凶险，故为师忧。师（䷆）与比（䷇），阴阳同体而上下相反，为相综卦。《杂卦传》通篇以相综或相错关系论两卦之特性。　③临观之义，或与或求：述临与观的相反特性。临卦四阴在上，二阳居下；观卦二阳在上，四阴在下，同体而相反，为相综卦。临指居上临下，意在临民施政，故称与。观指“观民设教”，意在调察实情，故称求。　④屯见而不失其居：《序卦传》：“屯者，物之始生也。”见，指万物出现。万物始生，现出地面，故云“不失其居”，即已立住脚跟。⑤蒙杂而著：《序卦传》：“蒙者，蒙也，物之稚也。”杂，郭、京作稚。著，显著。万物初生，虽属幼稚，却已显示其存在。　屯（䷂）与蒙（䷃）亦相综卦，均论万物初生之特性，或已立住脚根，或已初露头角。⑥震，起也；艮，止也：论震与艮相综卦之特点。震为雷，雷震则万物奋起；艮为山，山象静止不动。是震（䷲）与艮（䷳）相综，而有一动一静、一起一止的对立特性。　⑦损、益，盛衰之始也：论相综卦损与益相互转化的特性。《序卦传》：“损而不已必益”，“益而不已必决”。损之极必转化为益，故损为盛之始；益之极必转化为损，故益为衰之始。⑧大畜，时也：大大积蓄力量，待时而动，则兴盛有时。这是强调必然性。　⑨无妄，灾也：无妄，指真实而无虚假。处世无妄，本不应招灾。《无妄》的爻辞中，有“无妄之灾”、“无妄之疾”，说明无妄亦有不时之灾。这是强调偶然性。　大畜与无妄，亦相综卦。二者可参互见义。无妄亦有“时”，大畜未必无“灾”。不可只信其必然，忽视其偶然。⑩萃聚而升不来：论萃与升二卦相综，各有特性。萃，聚也。《序卦传》：“物相遇而后聚，故受之以萃。”升，上升也。韩康伯：“方在上升，故不还也。”来，还也。聚而不散与升而不来，实亦相反之象。⑪谦轻而豫怠：论谦与豫二综卦，亦具相反性质。谦卑之人，不看重自己，自轻居下，不致怠惰；逸豫享乐之人，过分看重自己，日益淫乐，必然怠惰亡身。自轻者，人必敬之；自乐者，人必耻之，是谦与豫的相反之意。⑫噬嗑，食：《彖传》：“颐中有物曰噬嗑。”噬，以齿嚼物。嗑，上下颚相合。噬嗑为咀嚼食物，食求兼味以爽口。　⑬贲，无色：《序卦传》：“贲，饰也”，饰必调众色以为文。《说苑》：“孔子曰：贲非正色也。”白当正白，黑当正黑，嗑非正色，故称“无色”。　噬嗑与贲，二卦相综；

食有兼味，贲非正色，其相反之义显。 ⑭兑见而巽伏：论兑巽二卦相综关系。见，同现，显现；伏，隐伏。兑卦阴爻显于上，巽卦阴爻伏于下，二卦有隐显相反之义。邦有道，则显于朝，取悦于君。兑，悦也。邦无道，则隐入山林，遁世无闷。巽，入也。 ⑮随，无故：无故，无事。《大象传》："随，君子以向晦入宴息。"表示无事而休息，随遇而安，无所事事。⑯蛊则饬：蛊，事也。《大象传》："蛊，君子以振民育德。"饬，整治。蛊表示有事，需勤加整治，有所事事。 随与蛊为相综卦，一为无事可为，一为有事当治，二者有相反之义。 ⑰剥，烂：剥，一阳居上，五阴在下，若五阴欲剥一阳，阳已衰败腐烂，显示一阳将尽。⑱复，反：五阴在上，一阳居下，若一阳复归，侵逼五阴，有上升发展景象。 剥与复二卦相综，显然性质相反。 ⑲晋，昼；明夷，诛：晋，"明出地上" (《彖传》)，如日方升，明同白昼。明夷，"明入地中" (《象传》)，大地幽暗，日光熄灭。二卦相综，一明一暗，一昼一诛，其义相反。 ⑳井通而困相遇：《彖传》："井养而不穷。"既不穷，必亨通。《象传》："泽无水，困。"既穷困，必抵遇不安。遇，敌对、抵遇，与"通"相反。井与困相综，一亨通，一抵遇（敌对），其义相反。㉑咸，速；恒，久：咸，感也，有感立即有应。韩康伯："物之相应，莫速乎感。"故咸则"速"。恒，久也。恒常之物，必可久长。咸与恒，卦相综，义相反。 ㉒涣，离；节，止：涣为涣散，故离。节为节制，约束，故止。涣与节，二卦相综，一主离散，一主约束，有相反之义。㉓解，缓；蹇，难：解，上震（动）下坎（险），《彖传》："动而免乎险，解。"指危险得到缓解。蹇，上坎（险）下艮（止），象处于危险之下。《彖传》："蹇，难也。险在前也。"解与蹇，二卦相综，一处于险境之外，一处于险境之中，其义相对。 ㉔睽，外；家人，内：睽者，乖也。乖离者必疏远而排斥于外。家人，父子兄弟亲如一家，必和睦而团聚于内。二卦相综而义相反。 ㉕否、泰，反其类：否，闭塞；泰，亨通。卦相综，事相反。《彖传》：否，"大往小来"，"是天地不交而万物不通也"；泰，"小往大来"，"是天地交而万物通也"。 ㉖大壮则止，遁则退：大壮，乃事物壮大至极，当有所止，保持稳定，抑制衰退。遁，乃退守，积蓄力量，以求再进。二卦相综，一主进中防退，一主退中求进。 ㉗大有，众；同人，亲：大有（䷍），柔居尊位，上下应之，众望所归，故得“众”。同人（䷌），柔得中而应乎乾，夫妇同心故“亲”。㉘革，去故；鼎，取新：《彖传》：“汤武革命，顺乎天而应乎人。”革必去其故弊。王朝创立，必立鼎（神器）以象征新贵，故鼎必取新。二卦相综，显示改朝换代的两大行动趋向。 ㉙小过，过：中孚，信：小过，指“行过乎恭，丧过乎哀，用过乎俭”，稍稍越过“中”道，并不违背中道。中孚，信守“中”道，不许超越。二卦相综，显示对中道的一种立场，两种做法。 ㉚丰，多故；亲寡，旅：丰收年月，喜庆异常，亲朋故友必多。“亲寡，旅”，何楷作“旅，寡亲”，旅居异乡，形影相吊，故寡亲。一多一寡乃丰、旅二综卦相反之意。 ㉛离上而坎下：离为火，火就燥，炎上。坎为水，水流湿，润下。一上一下显出相综二卦的特性。㉜小畜，寡；履，不处：小畜，小有积蓄，物不甚丰，故称寡。履，行也，行必或进或退，不居一处。二卦相综，多寡、出处有别。 ㉝需，不进；讼，不亲：需，等待，表示不莽闯而进，故称不进。讼，争讼，必不相亲。二卦相综，其相反之义不显。㉞大过，颠：大过，上兑下巽，呈“泽灭木”之象。若木舟载物大过，将沉于泽，有舟沉人亡之祸。

自大过以下八卦，旧简错乱，未按错、综关系排列次序，有待重新清理。其次序当是大过与颐相错，渐与归妹、既济与未济、姤与夬相综。以下注释准此，原文照旧。 ㉟姤，遇也，柔遇刚：姤（䷫）一阴居下，五阳在上。一柔与五刚相遇，故称“柔遇刚”。遇，遭遇，抵当，敌对，或投合。 ㊱渐，女归待男行：渐上巽（☴）下艮（☶），巽为长女，艮为少男。《彖传》：“渐之进也，女归吉也。”女子出嫁，待男子亲迎而后行。 ㊲颐，养正：颐，养也。口咀食物，吸取营养，受益而滋养身体。若食不正常，或暴饮暴食，或贪食无厌，则不得其养。 颐与大过为相错卦，亦称旁通卦。卦象旁通，义亦有相通之处。“大过”谓做事不可太过，否则有颠覆之灾；“颐”谓食物当合乎正常乃得其养，否则将受其害。 ㊳既济，定：定，成也。兴建事业，大局已定，表明已成功。或阴阳调和安定，万物期其必成。 ㊴归妹，女之终：女子出嫁，谓之归妹。出嫁之女，终生生活于夫家，故为“女之终”，表明终身大事已定。归妹与渐为相综卦，“女待男行”同“女之终”，是女子已嫁、未嫁之别。㊵未济，男之穷：未济，事业未成。男子志在创业。若事业未成，是男子尚未摆脱穷困，故称“男之穷”。未济同既济为相综卦，前者讲未成（穷），后者讲已“定”，相反之义，显而易见。㊶夬(䷪)卦一柔居五刚之上，阳刚正盛，阴柔将消，故称刚决柔。决：拒决，断决，除决。阴消阳长的趋势，显示“君子道长，小人道忧”。正气压倒邪气，君子排除小人。夬同姤为相综卦，一讲“刚决柔”，一讲“柔遇刚”，其义相反，异常鲜明。

【评析】 《杂卦传》并不是杂乱无章，只是对《序卦传》所定卦序，有所错杂。它本身是按相错或相综的原则安排次序的。相错卦即旁通卦，二卦阴阳爻正好错开、相反。六十四卦中，相错之卦共四对，乾与坤，小过与中孚，离与坎，大过与颐，共是八种卦体；相综之卦共二十八对，比与师，临与观，既济与未济、夬与姤等，共是二十八种卦体，倒、顺各为一卦。所以六十四卦，只有三十六种卦体。《杂卦传》是按卦体的错综关系，排成三十二对。

三十二对错综关系，实际上是突出一个中心思想，卦与卦之间存在对立统一关系，相错之卦，同位之爻其爻性相异，乃“以异相明”；相综之卦，一卦之爻位，上下颠倒，便得另一卦，其卦体相同，乃“以同相类”。无论“以异相明”还是“以同相类”，卦义均存在对立统一的错综关系。它诱导人们时时从相反的方面思考问题，既知其一，必知其二，防止只知其一，不知其二的形而上学思维方法。

《杂卦传》既从错综关系上分析卦义，往往提出一些耐人寻味的问题和论断，如乾刚坤柔；比乐师忧；损益，盛衰之始也；谦轻而豫怠也；涣，离也，节，止也；否泰，反其类也；革，去故也，鼎，取新也，等等。这些论断，简明扼要，一语中的，适成千古哲言，发人深思。《杂卦传》是一篇独特的哲学论文，若无深湛哲学思想，很难写出。

附录：易学名词概念浅释

按：《周易》是一部很难读的古书，它文字古奥，所涉概念繁多。为了帮助初学者读懂该书，我们特对一些与之相关的基本名词概念作了简释，供初学者参考。

三　易

指古《易》的三种类型，即《连山易》《归藏易》《周易》。《周礼·春官宗伯·太卜》："掌三易之法：一曰《连山》，二曰《归藏》，三曰《周易》。"郑玄《易赞》及《易论》曰："夏曰《连山》，殷曰《归藏》，周曰《周易》。"又释之曰："《连山》者，象山之出云，连连不绝；《归藏》者，万物莫不归藏于其中；《周易》者，言易道周普，无所不备。"《三易》除《周易》今尚存外，《连山》《归藏》早已亡佚，其具体内容无法考证。

周　易

亦名《易经》，又简称为《易》。"易"有三义，即变易、简易、不易。《易》之称为《周易》者，古有二说：一说它是周人之书，一说"周"有周密、周普、周流等义，所谓"易道周普，无所不备"也。令人所言《周易》，含《经》与《传》两部分，《经》即为《易经》，《传》即为《易传》。

易经

儒家重要经典之一，是我国古代流传下来的一部占筮之书，由八卦及其演成的六十四卦组合而成。分《上经》和《下经》。自《乾》至《离》三十卦为《上经》，自《咸》至《未济》共三十四卦为《下经》。卦有卦画、卦辞、爻辞。卦画由“--”（阴爻）“—”（阳爻）两个基本符号组成，先组合成“八卦”，然后八卦两两相重，演化为六十四卦。六十四卦每卦有一条卦辞，共有六十四条卦辞。每卦由六爻构成，每爻有一条爻辞，共有三百八十六条爻辞（含乾卦“用九”，坤卦“用六”两条）。八卦以及六十四卦的排列组合，非常精巧周密，体现了我们祖先的智慧。现代自然科学中的一些重要发现，常同八卦的排列组合不谋而合。六十四卦的卦辞爻辞，虽为卜筮的记事、断占之语，仍然有着珍贵的史料价值：它们不仅记录了当时的社会概况，也透露了我们祖先对哲学、政治、道德、战争、社交、婚姻以及应付危难等问题的严肃思考，其中包含着许多有价值的思想成果，成为我们民族传统文化的重要源头。《四库全书总目提要》云：“易道广大，无所不包，旁及天文、地理、乐律、兵法、韵学、算术，以逮方外之炉火，皆可援《易》以为说。”因此，《易经》在我国文化史上，享有极其重要的地位。古往今来的著名学者，差不多都研究过易道，留下了无比丰富的易学遗产。近年来，随着东方文化回归热的出现，《易》更成为世界学者共同探索的古代奥秘。

易　传

《易传》是一部专门解释《易经》的书，全书共有十篇，即：《彖传》上、下，《象传》上、下，《系辞传》上、下，以及《文言传》、《说卦传》《序卦传》《杂卦传》等，传统称为“十翼”。《彖传》着重解释卦名与卦辞，说明各卦的基本思想；《象传》有《大象》和《小象》两种形式。《大象》着重解释卦辞，指出如何按照卦的基本思想去行动；《小象》着重解释爻辞。《文言》是专门论述乾、坤两卦的基本思想的。“十翼”原乃独立成篇，汉代经学家开始将《彖传》《象传》以及《文言传》分列于六十四卦中，附于有关经文之后，起注解经文之作用。《系辞传》《说卦传》《序卦传》《杂卦传》仍独立成篇。《系辞传》是总论《经》的基本思想的，《说卦传》是总述八卦代表的各类事物及其原理、变化等，《序卦传》是对六十四卦排列次序的说明，《杂卦传》是说明各卦组之间的关系的。《易传》汉人称之为《易大传》。

关于《易传》的作者和成书时代，有各种不同说法。但根据它的各篇内容来考察，十篇非出自一人之手，亦非一时之作，其主要篇章当成于战国时期，在流传中难免为后人加工整理过。

《易传》虽是阐发《易经》思想的专著，但它同《易经》比起来，在思想体系上有着自己的独有特征。其中所包含的哲学思想无比丰富，可以同《老子》并肩比美。它把“太极”作为化生万物的本原，提出了“易有太极，是生两仪。两仪生四象，四象生八卦”的本体论概括。在发展观上，注重事物的对立、变化，提出了“一阴一阳之谓道”、“日新之谓盛德”、“生生之谓易”、“刚柔相推，变在其中”等重要命题，把“穷则变，变则通，通则久”作为事物变化运动的普遍法则。在人生观方面，提出“自强不息”、“厚德载物”、“待时而动”、“居安思危”等重要原则，对我们民族的思想意识和伦理道德观念产生了十分深远的影响。但《易传》未能摆脱《易经》的宗教神学观念，仍保留着“神道设教”的思想残余，并且用“天尊地卑”来论证封建等级秩序的合理性。这些都应当通过批判加以剔除。

太　极

《易·系辞传》关于世界万物最后本原的重要范畴。《系辞上》曰：“易有太极，是生两仪，两仪生四象，四象生八卦。”这里所说的“太极”，乃是产生世界万物的最后本体，相当于《老子》所说的“道”。“太极”究竟是物质实体还是精神实体，古人说法不一。王弼曰：“夫有必始于无，故太极生两仪也。太极者，无称之称，不可得而名，取有之所极，况之太极者也。”孔颖达曰：“太极，谓天地未分之前，元气混而为一，即是太初、太一也。故老子云‘道生一’，即此‘太极’是也。”可见，在历史上，“太极”既被解释为精神的东西，亦被解释为物质的东西。到了宋代，朱熹把老子之“无极”同《易传》之“太极”糅合起来，提出了“无极而太极”的命题，完成了宋明理学的理论建树。

宋人对“太极”研究颇多，并有“太极图”流传后世。“太极图”旧传约有三种，即：“周子太极图”、“先天太极图”、“来氏太极图”。前者为周敦颐传自陈抟，后者为来知德据“先天太极图”改造而成。惟“先天太极图”流传最广，几与八卦并列而家喻户晓，其图见下页。

此图明人赵㧑谦称为“天地自然之图”，谓“虙戏（伏羲）时龙马负而出于荥河，八卦所由以画者也”；并云此图世传蔡元定得于蜀之隐者，秘而不传，赵氏得之于陈伯敷氏，“熟玩之有太极函阴阳，阴阳函八卦自然之妙”（《六书本义》）。清人胡渭释曰：“其环中有太极，两边黑白回互，白为阳，黑为阴。”据此，则图中黑白表示阴阳二气运行之情状。杭辛斋言：此图“可谓之‘两仪生四象，四象生八卦’之图。但流传既久且远，世俗已无人不认此为‘太极图’者”。“惟学者宜详究其义理，因名责实，而求真谛”。（《易楔》）

两 仪

指由太极最先生出来的两种物质实体。《系辞上》曰：“易有太极，是生两仪。”此“两仪”或曰指“天地”，或曰指“阴阳”，实际上，两种说法可以统一起来，天地乃阴阳演化而成。《周易乾凿度》：“易始于太极，太极分而为二，故生天地。”郑康成注：“轻清者上为天，浊重者下为地。”足见“天地”亦即阴阳也。“仪”，匹也。两仪即两相匹配，指阴阳互相对立，构成一对基本矛盾，用符号代之，即为“--”（阴）“—”（阳）。

四象

由两仪演化而成的四种物象。《系辞上》云：“两仪生四象。”何谓“四象”？学界一般认为指四时之象。虞翻曰：“四象，四时也。”张载曰：“四象即乾之四德，四时之象。”四时即春夏秋冬。春夏秋冬之运行，是阴阳消长的必然结果。春为“少阳”（用符号代之为“⚎”），夏为“老阳”（用符号代之为“⚌”），秋为“少阴”（用符号代之为“⚍”），冬为“老阴”（用符号代之为“⚏”）。

八卦

由“四象”演生出来的八种事物。《系辞上》曰：“四象生八卦。”即由少阳（⚎）、老阳（⚌）、少阴（⚍）、老阴（⚏）进一步演化而成为☰（乾）、☷（坤）、☳（震）、☴（巽）、☵（坎）、☲（离）、☶（艮）、☱（兑），它们分别代表天、地、雷、风、水、火、山、泽八种事物。

八卦之卦名、卦画、卦象之对应关系，可列如下表示之：

卦名	乾	坤	震	巽	坎	离	艮	兑
卦画	☰	☷	☳	☴	☵	☲	☶	☱
卦象	天	地	雷	风	水	火	山	泽

为了熟记卦画与卦名之对应关系，朱子《周易本义》附有《八卦取象歌》，其文曰：

☰乾三连，☷坤六段；

☳震仰盂，☶艮覆碗；
☲离中虚，☵坎中满；
☱兑上缺，☴巽下断。

六十四卦

八卦分别两两相重，即为六十四卦。八卦是构成六十四卦的基本要素，传统称之为“经卦”。每一经卦自重并与其他七卦相重，则八经卦分别重合八次，即演生出六十四个“别卦”。如乾卦（☰）自重则为䷀（乾），其与坤（☷）相重则为䷊（泰）与䷋（否）；与震（☳）相重，则为䷡（大壮）、为䷘（无妄），……如此类推，即可组合成六十四卦。别卦之卦象较经卦之卦象更为复杂，其同卦相重，仍象一种事物或含有重复之意义；其异卦相重，则象两种事物之联系。如泰卦（䷊），下乾上坤，象征天在下，地在上。比喻上下交通，人事通泰兴盛。这反映了作者对自然界、人类社会现象的种种认识。

八经卦相重演化为六十四个别卦，其间的对应关系，朱子《周易本义》有《分宫卦象次序》：

“乾为天，天风姤，天山遁，天地否，风地观，山地剥，火地晋，火天大有。坎为水，水泽节，水雷屯，水火既济，泽火革，雷火丰，地火明夷，地水师。艮为山，山火贲，山天大畜，山泽损，火泽睽，天泽履，风泽中孚，风山渐。震为雷，雷地豫，雷水解，雷风恒，地风升，水风井，泽风大过，泽雷随。巽为风，风天小畜，风火家人，风雷益，天雷无妄，火雷噬嗑，山雷颐，山风蛊。离为火，火山旅，火风鼎，火水未济，山水蒙，风水涣，天水讼，天火同人。坤为地，地雷复，地泽临，地天泰，雷天大壮，泽天夬，水天需，水地比。兑为泽，泽水困，泽地萃，泽山咸，水山蹇，地山谦，雷山小过，雷泽归妹。”

熟记此歌，即可画出六十四卦之卦画并得出与之相对应的卦名。如文中“风火家人”，说的是“家人卦”乃由巽（☴）与离（☲）结合而成，且离下巽上，用卦画表示：䷤。

卦　序

指八卦及六十四卦之排列次序。六十四卦相互之间有一定的内在联系，这个联系通过卦的排列次序表现出来，即为卦序。今本《易》之六十四卦之卦序，乃以《序卦传》之卦序说为据。按照这个排列次序，其中有两项主要规律可循：

其一，从相承相邻的两卦看，多以卦形互为倒置为次序。如屯卦（䷂）与蒙卦（䷃）相依，其卦形恰好颠倒。师卦（䷆）与比卦（䷇）相依，其卦形亦颠倒。这种以“反对卦”两两相依的情况，共有二十八对（涉及五十六卦）；另有乾卦（䷀）、坤卦（䷁）、颐卦（䷚）、大过卦（䷛）、坎卦（䷜）、离卦（䷝）、中孚卦（䷼）、小过卦（䷽）等卦，乃以六爻互为交变为次序（位置对应之爻阴阳互变），如乾卦与坤卦相依，六爻对应互变；颐卦与大过卦相依，亦是六爻对应互变。这种以“正对卦”两两相次，仅有以上四对，涉及八种别卦。

其二，从宏观上看，六十四卦由乾、坤而演至既济、未济，中间所经各环节、各阶段，皆有相承相受之联系，体现出事物产生、发展、递进、转化的全过程，一切运动变化都是在六十四卦这个完整体系之内进行的。由此可见，六十四卦之排列次序蕴含着极深的哲理，研究易学不能不明其中要义。

朱子《周易本义》附有《卦名次序歌》，曰：

乾坤屯蒙需讼师，比小畜兮履泰否。
同人大有谦豫随，蛊临观兮噬嗑贲。
剥复无妄大畜颐，大过坎离三十备。
咸恒遁兮及大壮，晋与明夷家人睽。
蹇解损益夬姤萃，升困井革鼎震继。
艮渐归妹丰旅巽，兑涣节兮中孚至。
小过既济兼未济，是为下经三十四。

熟读此歌诀，有助于我们牢记卦序。若要进一步探索六十四卦排列顺序之哲理，必须认真研究《序卦传》。

象、卦象、爻象

象是《易》的基本范畴，“易”的思想体系正是通过“象”表现出来，所以从某种意义说来，“易”也就是“象”，故《系辞》曰：“易也者，象也。”“象”有三种要义：一曰现象，二曰意象，三曰法象。《系辞》所言“天垂象”、“在天成象”、“仰则观象于天”、“见乃谓之象”，皆指现象而言；其曰“设卦观象”、“八卦成列，象在其中矣”、“君子居则观其象”以及“失得之象”、“忧虞之象”、“进退之象”，“昼夜之象”云云，皆意象也；《系辞》曰“圣人有以见天下之赜，而拟诸其形容，象其物宜，是故谓之象”，又曰“天垂象，圣人则之”。又曰“象也者，象此者也”，则以天象及天下事物之象为法象矣。(参见蒋伯潜《周易概论》)现象、意象、法象三者互相联系。首先有自然和社会诸现象存在，然后才能为圣人所法；圣人效法诸象通过八卦和六十四卦表现出来，成为意象。意象通过卦形表现出来，乃为卦象；通过爻表现出来，则为爻象。

卦象指八卦及六十四卦所象之事物及事物属性。八卦及六十四卦正是通过“象”来模拟客观事物以及客观事物的联系和变化。如八卦除分别象征天、地、雷、风、水、火、山、泽八种事物外，还象征该八种事物的特征，如：乾为健，坤为顺，震为动，巽为入，坎为陷，离为丽（附着），艮为止，兑为说（悦）等。其象征事物的特性大体不变，而其所象征事物则可类比而广取，如乾既象天，又可象君、龙、金、玉、良马等，均与“乾为健”之“健”义一致。

八卦重为六十四卦，其卦象更为复杂。其同卦相重，仍象一种事物或含有重复意义。如（☰）（乾）自重为䷀，其卦名仍称作“乾”，所象之事物与事物之特性同经卦之乾（☰）。其异卦相重，则象两种事物（包括事物特性）之联系。如屯卦（䷂），上坎为雨，下震为雷，反映的是雷雨并作之象；泰卦（䷊），上地下天，体现的是天地相交、阴阳相感之象。此外，卦象还与卦位有关。两经卦重为一别卦，总是一经卦在上，一经卦在下。在上者称为上卦（亦称外卦、前卦），在下者称为下卦（亦称内卦、后卦）。卦位常常影响或决定别卦所象征两种事物之关系。如观卦（䷓），下坤上巽，坤为顺，巽为逊，是观有“顺而巽”之象。很明显，此象与卦位密切相关。关于卦象说可参阅《说卦传》。

爻象即阴阳两爻所象之事物。六十四卦是由⚋、⚊两种称作爻的符号，由下而上顺序结合而成，每卦六爻。⚋通称阴爻；⚊通称阳爻。阴爻象征退守、消极的事物或事物特性，如女性、臣奴、柔弱等；阳爻象征积极、进取之事物或事物之特性，如男性、君王、刚强等。此外，由于阴爻（⚋）是由两段组成的，故又代表偶数；阳爻（⚊）是由一段构成的，故又象征奇数。

卦爻辞

卦辞与爻辞的合称。六十四卦，每卦都有表明各卦各爻寓意的文辞，分别称之为卦辞和爻辞。

卦辞：每卦开头都有一则囊括全卦之宗旨的文辞，这就是卦辞。如《乾卦》开头为“乾，元亨利贞”。文中“乾”，为卦名，“元亨利贞”即为卦辞。六十四卦，共有六十四则卦辞。

爻辞：每卦由六爻构成，自下而上，各爻都有一段说明该爻寓意的文辞，这就是爻辞。如《泰卦》：“九三，无平不陂，无往不复，艰贞无咎。勿恤其孚，于食有福。”这里从“无平不陂”到“于食有福”一段文字，就是《泰卦》“九三”这一爻的爻辞。三百八十四爻，共有386条爻辞（含《乾卦》“用九”、《坤卦》“用六”）。

《系辞传》曰“辞也者，各指其所之”，可见“辞”起着指明发展方向、去向、未来的作用，故卦辞和爻辞乃是指明卦和爻的前途、未来的工具，卦和爻所寄寓的吉、凶、休、咎，皆可从卦辞和爻辞中揭示出来。如果说六十四卦卦形的暗示，是《周易》的符号象征，那么卦辞和爻辞则是《周易》的语言文字表述，两者相辅为用，共同表达《易》之义理。

爻题、爻性、爻位

六十四卦，每卦都由六爻结合而成，每爻都有爻题、爻性、爻位。

爻题，指各爻的题识。构成爻题有两个因素，一是爻性，二是爻位。爻分阴（--）和阳（—）两种。阳爻用奇数一、三、

五、七、九中最大的“九”表示，阴爻用偶数二、四、六、八、十中间的“六”表示。“九”、“六”分别表示爻的阳性和阴性。卦的构成，自下而上，最下方的位置称作“初”，顺序而上，为“二”、“三”、“四”、“五”，最上方的位置称作“上”。把爻的属性与爻的位置结合起来，就成为爻题。如：乾卦（䷀）全由阳爻所构成，自下而上，第一爻称为“初九”，第二爻称为“九二”，依次读下去，为“九三”、“九四”、“九五”、“上九”。这里从“初九”至“上九”，均可称之为爻题，其中“九”为爻性，“初”、“二”、“三”、“四”、“五”、“上”等为爻位。又如贲卦（䷕）自下而上其爻题为“初九”、“六二”、“九三”、“六四”、“六五”、“上九”。其中“初”、“二”、“三”、“四”、“五”、“上”为爻位，“六”与“九”为爻性。

爻题、爻位、爻性互相结合，各起不同的作用。爻题可帮助我们识别各爻所在的位置及其属性，以便同爻辞结合起来，探究该爻的发展趋势。爻性则有利于我们揭示各爻的爻象。一般说来，阳爻象征刚强、进取的事物；阴爻象征柔弱退守的事物。爻位则象征事物发展过程中所处的或上或下、或贵或贱的地位、条件、身份等。一般说来，初位象征事物发端萌芽，主于潜藏勿用；二位象征事物崭露头角，主于适当进取：三位象征事物功业小成，主于慎行防凶；四位象征事物新进高层，主于警惧审时；五位象征事物圆满成功，主于处盛戒盈，上位象征事物发展终尽，主于穷极必反。这些只是讲的一般情况，在各卦各爻的具体环境中，由于种种因素的作用，会有多种多样的特殊变化情状，故必须作具体分析，不可绝对化。在传统易说中，爻位亦有被譬指人的社会地位，如初为士民，二为卿大夫，三为诸侯，四为三公、近臣，五为天子，六为太上皇。这是封建时代等级观念在易学上的反映。

三　才

“三才”，亦作“三材”，指天、地、人，或曰天道、地道、人道。《易》学家把“三才”用于六爻所体现的三级层次，认为初、二象征“地”位，“三”、“四”象征“人”位，“五”、“上”象征“天”位。这是从另一角度阐释爻位，亦可揭示六爻的等级区别。《系辞下》：“《易》之为书也，广大悉备，有天道焉，有人道焉，有地道焉，兼三材而两之，故六。六者非它也，三材之道也。”又《说卦传》：“立天之道曰阴与阳，立地之道曰柔与刚，立人之道曰仁与义，兼三才而两之。”《系辞》和《说卦》所讲的“兼三才而两之”，正是指的爻位两两并列，分别表示天、地、人而构成三级层次的情况。《易》的这一思想，为以后的思想家不断发挥。东汉王符曰：“天本诸阳，地本诸阴，人本中和。三才异务，相待而成。”（《潜夫论·本训篇》）北宋张载亦云：“易一物而三才备：阴阳气也，而谓之天；刚柔质也，而谓之地；仁义德也，而谓之人。”（《横渠〈易说·说卦〉》）

中（得中）

“中”或曰“得中”，是表现卦德的一个重要概念。《易》之六十四卦，每卦均有上体和下体之分。下体之中爻为全卦之第二爻（九二或六二），上体之中爻为全卦之第五爻（九五或六五）。爻位如果处于“二”或“五”，即曰“中”或“得中”。“中”，指行为适中，不偏不倚。守中是《易》的一个重要观念。

“中”有“刚中”与“柔中”之分。凡阳爻居中位，象征“刚中”之德；阴爻居中位，则象征“柔中”之德。若阳爻处五位，则为刚中而正；阴爻处二位，则为柔中而正。“中正”，是《易》提倡的一个道德观念，尤具善美的发展前途。

“中”与“正”相较，“中”德又优于“正”德。《御纂周易折中》指出：“程子曰：正未必中，中则无不正也。六爻当位者未必皆吉，而二、五之中，则吉者独多，以此故尔。”这种主中的思想，与先秦儒家所提倡的“中庸之道”，旨意一致。

当位与不当位

《易》之爻位，有阴位和阳位之分。六爻之中，奇数之位（即“初”、“三”、“五”）为阳位，偶数之位（即“二”、“四”、“上”）为阴位。阳爻处于阳位（“初”、“三”、“五”）、阴爻处于阴位，则为“当位”（或曰“得位”、“得正”）；反之，如果阳爻居阴位、阴爻居阳位，则为“不当位”（或曰“失位”、“失正”）。例如，既济卦（䷾），初九、九三、九五均为阳爻得阳位；六二、六四、上六均为阴爻得阴位，所以既济卦可以说六爻皆“当位”。相反，未济卦（䷿）则是另一种情况。其初六，六三、六五均为阴爻居阳位；而九二、九四、上九又均为阳爻居阴位。所以未济卦六爻皆“不当位”。

就卦德而言，“当位”比不当位其发展前途为好。“当位”象征事物的发展合乎正道、常则，有发展前途；“不当位”则象征违背正道、常则，没有发展前途。但这一点也不能绝对化。各卦各爻由于所处的环境、条件的不同，也会出现特殊的情状。“当位”者也有不吉之兆，而“不当位”者，也可逢凶化吉。因此，必须联系爻位所处的具体环境作具体分析，不能一概而论。

乘、承与比、应

在各卦的六爻中，客观上存在着“乘”、“承”与“比”、“应”等内在关系，揭示这些关系，是研究卦象、卦德不可少的重要步骤。

（一）关于“乘”与“承”：各卦中，相邻的二爻，上方的爻对下方的爻谓之“乘”，下方的爻对上方的爻谓之“承”。由于《周易》有“扶阳抑阴”、“扶强抑弱”的思想观念，所以对于上述定义必须加以限定：《易》例讲的“乘”，指的是阴爻居阳爻之上，有弱者乘凌强者之势。如屯卦（䷂）初九为阳爻，六二为阴爻，故六二同初九的关系为“柔乘刚”。在《易》的作者看来，“柔乘刚”违反正道，没有好的结果，故《象》曰：“六二之难，乘刚也。”同理，《易》例讲的“承”，指的是阴爻居阳爻之下。在《易》的作者看来，阴居阳下，合乎正道，有发展前途。如巽卦（䷸）初六为阴，九二为阳。初六对九二来说，是“柔承刚”；又六四为阴，九五为阳，六四对九五而言，亦是“柔承刚”。《象传》曰：“柔皆顺乎刚，是以小亨。”

（二）关于“比”与“应”：“比”，邻也。卦中相邻的两个爻称为“比”，如初与二、二与三、三与四、四与五、五与上均为相邻的关系，皆可称“比”。相比的二爻，常有“乘”与“承”的关系，这已如上述。爻位互比的关系，象征事物处在相邻环境时作用与反作用、顺承与悖逆的关系，揭示这种关系，是研究卦德的重要环节。

“应”，指的是卦下体之爻与卦上体之爻的对应关系。如下体之初爻与上体之四爻、下体之二爻与上体之五爻、下体之三爻与上体之上爻均为对应关系。在对应的两爻中，如一为阴，一为阳，则象征二爻可以交通，是为“应”，即相互呼应是也。如两爻皆阴或两爻皆阳，则象征两爻不可交通，是为“无应”，即不能相互呼应是也。如：大畜卦（䷙）其初九与六四相应，九二与六五相应，而九三与上九不相应。一般说来，相应象征矛盾的统一与和谐，有发展前途。不相应则象征矛盾未趋统一，无发展前途。

互　体

指同一卦中，内函着他卦之体，或曰一卦之体与他卦之体交互并存，即为互体（或互卦）。在《易》各卦六爻之间，除初、上两爻外，中四爻又可能包函着他卦之形体，其中二、三、四爻合成下卦，谓之“下互”，三、四、五爻合成上卦，谓之“上互”。如屯卦（䷂），内震外坎，其六二、六三、六四合成为“坤”，是为“下互”；其六三、六四、九五合成为“艮”，是为“上互”。《国语》所载《易》说，多用“互卦”。

四营十八变

关于占卦方法与步骤的归纳。《系辞》曰：“是故四营而成易，十有八变而成卦。”“四营”古有两说：（一）《集解》引荀爽曰：“四营者，谓七、八、九、六也。”“七”，指少阳之爻，“八”指少阴之爻，“九”指老阳之爻，“六”指老阴之爻。后文说：“易有四象”，“四象”即此四种爻象。《易》卦皆由四种爻构成，爻之阴、阳性与变否亦由四种爻而定，故曰“四营而成易”。“四营”指爻象之四个营区。（二）《集解》又引陆绩曰：“分而为二以象两，一营也；卦一以象三，二营也；揲之以四以象四时，三营也；归奇于扐以象闰，四营也。韩康伯说同。孔颖达《疏》曰："营，谓经营，谓四度经营蓍策，乃成《易》之一变也。"高亨按："两说皆通。依前说，'四营'即'四象'，《易经》六十四卦皆由四种爻象构成，故曰'四营而成易'。依后说，'四营'是四次布策之方法。四次布策为一变，三变成一爻，六爻成一卦。《易经》六十四卦皆用四次布策之方法，故曰'四营而成易'。"（参见《周易大传今注》）

"十八变"：按照"四营"之方法，四次布策为一变，三变成一爻。每卦六爻，故完成一卦，须演变十八次，此为十八变也。

大衍之数

即"天地之数"。《系辞》曰："天一，地二；天三，地四；天五，地六；天七，地八；天九，地十。天数五，地数五，五位相得各有合。天数二十有五，地数三十，凡天地之数五十有五，此所以成变化而行鬼神也。"以上告诉我们，一、三、五、七、九为"天数"，将其相加，得"二十五"，故曰"天数二十五"。二、四、六、八、十为"地数"，将其相加得"三十"，此为"地数三十"。天数与地数相加，得五十五，故曰"凡天地之数五十有五"。这"五十五"即为"天地之数"。古人衍卦，所用策数，乃模仿"天地之数"，故《系辞》曰："大衍之数五十有五（后'有五'二字原文脱，据金景芳说增补）"是大衍之数亦为五十五，与天地之数相合。

占断之辞

八卦作为"天人之间的通路"，其目的在于探测天意。"天意”在卦中是通过卦象和爻象表现出来，所以占筮的结果，需要筮者对卦的吉、凶、休、咎作出判断。这种判断，用语言表达出来，记录在卦、爻辞中。在《易》中，断卦有专门的断占之辞，如：“利”、“吉”、“吝”、“厉”、“悔”、“咎”、“凶”等。“利”，即指办某事顺利、得利；“吉”，即指吉祥如意；“吝”，即遇到艰难；“厉”，指危险；“悔”，指悔恨；“咎”，灾难（此灾难比“凶”稍轻）；“凶”，祸殃。

河图洛书

“河图”即黄河之图，“洛书”即洛水之书。“河图洛书”本为先秦之神话，最先见于《尚书·顾命篇》：“河图在东序。”《论语·子罕篇》：“子曰‘凤鸟不至，河不出图，吾已矣夫’。”（《史记》之《孔子世家》引《论语》此文，“河不出图”之下，有“雒不出书”一语。）《管子·小匡篇》：“昔人之言受命者，龙龟假，河出图，雒出书，地出乘黄。今三祥未有见者。”以上从《论语》到《小匡篇》，均把“河图洛书”视作天降之祥瑞。但《易传》有“河出图，洛出书，圣人则之”一语，似“河图洛书”并非虚幻之物。自汉代起，学者把“河图洛书”同《易》联系起来，众说纷纭，归纳起来，主要有：（一）把《河图》作为“八卦”之源，《洛书》作为《洪范》之源。《汉书·五行志》曰：“《易》曰：‘河出图，雒出书，圣人则之。’刘歆以为：虙羲（伏羲）氏继天而王，受《河图》，则而画之，八卦是也。禹治洪水，赐洛书，法而陈之，《洪范》是也。”《尚书·顾命》伪孔安国《传》曰：“伏羲氏王天下，龙马出河，遂则其文，以画八卦，谓之《河图》。”又《洪范》伪孔安国《传》曰：“天与禹，洛出书，神龟负文而出，列于背，有数至于九，禹遂因而第之，以成九类。”（二）“河图、洛书”俱为《易》之源。《礼纬·含文嘉》云：“伏羲德合上下，天应以鸟数文章，地应以河图洛书，乃则以作《易》。”（三）宋人以一至十数，排成“一六居下，二七居上，三八居左，四九居右，五十居中”（此即“五行数”方位）的形式，称为《河图》（见图一）；又以一至九数，排成“戴九履一，左三右七，二四为肩，六八为足，五居中央”（此即“九宫数”方法）的形式，称为《洛书》（见图二）。以上诸说均无确证，不可全信，但有一点可以肯定：“河图洛书”乃我国古代文化起源的古老传说。

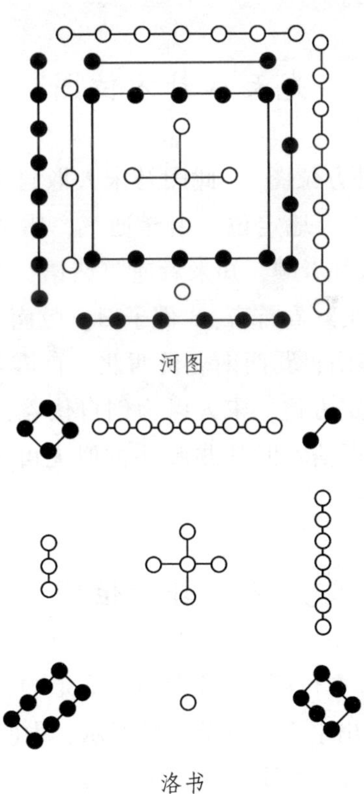

河图

洛书

人更三圣

指《易》学之发扬光大先后经过三位圣人的创造性整理。“三圣”说法不一，一说指画卦的伏羲氏、演绎八卦的周文王、传述《易》学的孔子；一说指文王、周公、孔子。事实上，《易》学是我们祖先集体智慧的结晶，从画卦到重卦到写出卦爻辞乃至后来《易大传》之成书，都经历了无数学者加工整理，并非两三位圣人所能完成的。

先天八卦方位图

即“伏羲八卦方位图”。此图乃宋人取自邵雍所传，旨在解释《说卦传》之“天地定位，山泽通气，雷风相薄，水火不相射；八卦相错，数往者顺，知来者逆”诸语，并明其中所含的八种方位。《朱子本义》卷首言：“邵子曰：乾南、坤北，离东、坎西，震东北、兑东南，巽西南、艮西北。自震至乾为顺，自巽至坤为逆。”此图所定方位，宋人以为创自伏羲，故又称“伏羲八卦方位图”，恐不可信。但其渊源甚古似无可置疑，推其源，当出自道家。

后天八卦方位图

即“文王八卦方位图”。此图乃宋人取自邵雍所传，旨在解释《说卦传》“帝出乎震”一节，并指示文中所表明的八卦方位。《朱子本义》卷首云：“邵子曰：‘此文王八卦，乃入用之位，后

优羲八卦方位图

天之学也。'"故又谓之"文王八卦方位"。图中震、兑、离、坎分别表示正东、正西、正南、正北，又称"四正卦"，余四卦称"四偶卦"。汉学家采用此图，但不取"后天"、"文王"之名，称为"帝出乎震图"，似乎更为确切。

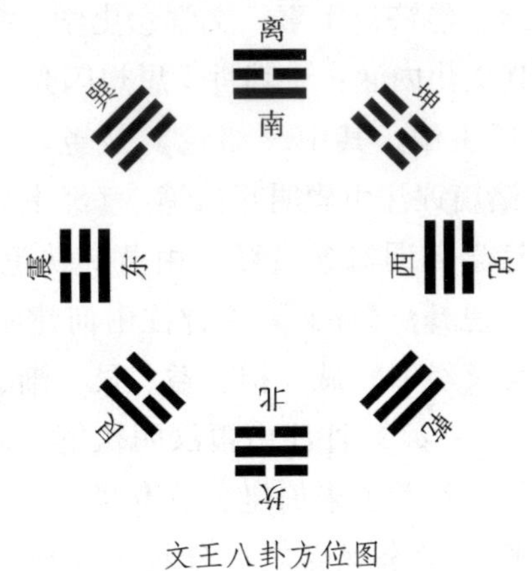

文王八卦方位图

后 记

《周易》注疏，数以千计，文字内容，鲜有确诂；文化价值，迄无定评。本不积细流无以致江海之旨，愿将此书公诸同好，期献千虑之一得。

于《周易》体例之改变，作了大胆尝试。坚持经、传区分原则，将《彖》《象》《文言》独立，破千余年来经、传间杂陈例，俾于经、传文化内涵之剖析以提供方便。然分中有合，合中有分。《彖》与《小象》同经文联系较紧，独立之后，仍殿经文，以便参照。

经、传内容之评注，既重义理剖判，亦重象数分析。克服“以象解经”的局限，力避牵附。欲视《周易》为最古百科知识小集，竭力从政治、经济、军事、文学、史学、宗教，民俗、科技诸方面，发掘其文化内涵；于其哲学思想闪光，尤加注意。

本书由唐明邦主编。其中《绪论》及乾坤二卦和《文言》《大象》《杂卦》诸篇评注由唐明邦执笔；《经上》屯、蒙等二十四卦之评注及《易学名词概念浅释》由黄钊执笔；《经下》恒、遁等二十八卦及《说卦》《序卦》之评注由何建明执笔；《经上》泰、否、剥、复及《经下》咸、损、益、艮、渐、中孚等十卦之评注由罗炽执笔；《系辞》评注由萧汉明执笔。最后由唐明邦通读定稿。编写过程，参考了朱伯崑、黄寿祺、金景芳、高亨、李镜池等先生的著作，诸家观点之有分歧者，择善而从，断以己意。限于学术思想水平，定有疏漏和错误，敬请读者赐正。

一九九〇年元月